职业教育"十三五"改革创新规划教材

U0749241

汽车机械基础

廖小吉 陈轶辉 主 编

张 冉 叶校瑛 副主编

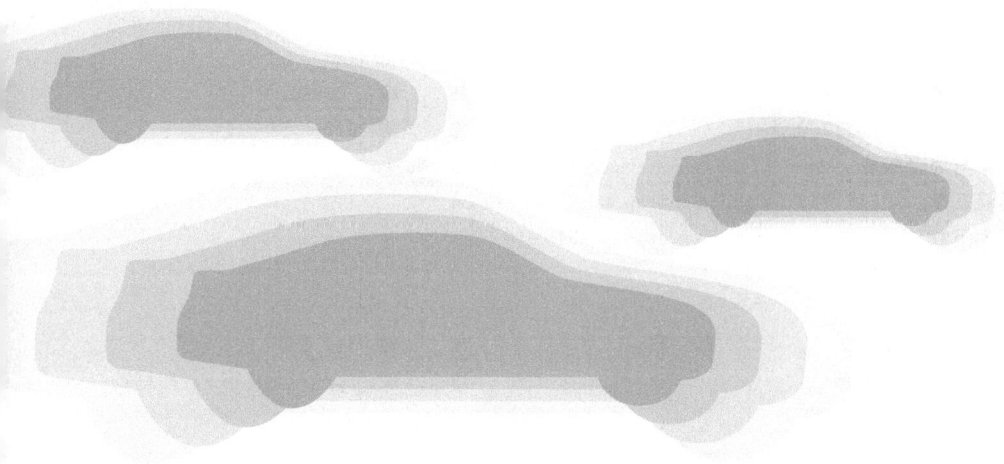

清华大学出版社

北京

内 容 简 介

本书根据高职高专院校汽车类专业的教学实际,遵循"贴近专业实际、符合专业能力培养定位、有利于学生学习"的原则,结合汽车专业领域相关知识及职业技能要求编写而成。

本书内容包括绪论、常用汽车材料、静力学基础知识、材料力学基础知识、常用机构、带传动与链传动、齿轮与蜗杆传动、轮系、连接、轴系、液压与气动技术基础知识 10 个单元。

本书可作为高职高专院校汽车类专业的教学用书,也可作为函授大学、成人教育学院、中职学校等汽车类专业课程的教材,同时可作为汽车从业人员的技术参考书以及相关行业岗位培训参考用书。

图书在版编目(CIP)数据

汽车机械基础/廖小吉,陈轶辉主编.—北京:清华大学出版社,2017(2025.8 重印)
(职业教育"十三五"改革创新规划教材)
ISBN 978-7-302-47283-4

Ⅰ. ①汽…　Ⅱ. ①廖… ②陈…　Ⅲ. ①汽车－机械学－高等职业教育－教材　Ⅳ. ①U463

中国版本图书馆 CIP 数据核字(2017)第 122639 号

责任编辑:孟毅新
封面设计:张京京
责任校对:袁　芳
责任印制:沈　露

出版发行:清华大学出版社
　　　　　网　　　址:https://www.tup.com.cn,https://www.wqxuetang.com
　　　　　地　　　址:北京清华大学学研大厦 A 座　　　　　邮　　编:100084
　　　　　社 总 机:010-83470000　　　　　　　　　　　　邮　　购:010-62786544
　　　　　投稿与读者服务:010-62776969,c-service@tup.tsinghua.edu.cn
　　　　　质量反馈:010-62772015,zhiliang@tup.tsinghua.edu.cn
　　　　　课件下载:https://www.tup.com.cn,010-83470410
印 装 者:涿州市般润文化传播有限公司
经　　销:全国新华书店
开　　本:185mm×260mm　　　　印　　张:15　　　　字　　数:341 千字
版　　次:2017 年 7 月第 1 版　　　　　　　　　　印　　次:2025 年 8 月第 5 次印刷
定　　价:49.00 元

产品编号:074564-02

前言

本书以《中国制造 2025》战略为依据，根据高职高专院校汽车类专业的教学实际，在遵循"贴近专业实际、符合专业能力培养定位、有利于学生学习"的原则，结合汽车专业领域相关知识及职业技能要求编写而成。在编写过程中，认真贯彻教育部《关于加强高职高专教育人才培养工作的若干意见》的文件精神，以"必需、够用"为度，紧密结合汽车维修领域的职业需求进行内容的取舍、提炼和整合，更加注重实用性。

本书将传统机械专业的多门主干课程的内容整合成一本书，力争做到学时少、内容精、重视应用、避免出现深奥的原理分析及复杂的公式推导。

本书内容包括绪论、常用汽车材料、静力学基础知识、材料力学基础知识、常用机构、带传动与链传动、齿轮与蜗杆传动、轮系、连接、轴系、液压与气动技术基础知识 10 个单元，将汽车相关机械基础知识紧密围绕汽车专业特点展开阐述。

本书内容实现机械知识与汽车专业知识的有机结合，突出介绍机械基础知识在汽车专业上的运用。本书很好地体现汽车专业学习中的基础性和实用性，具有专业培养的针对性。本书结构按照由简单到复杂、由理论基础到实际应用，在内容上融入汽车专业职业能力培养的理念，尽可能利用汽车零部件作为教学任务的引入，力求"以图悟理、图文并茂、以图表代文字"，大量运用实物图，以求充分调动学生的学习兴趣，通过对知识的归纳，用表格、曲线、图片等直观形式表达抽象的定义、结构和原理，方便学生能动性地开展自主学习，增强解决问题的能力，促进学生职业素养的养成。在语言叙述上做到通俗易懂、准确、精练，强化学生的技术应用服务意识，为适应未来的就业形势，引导学生学会应用所学知识解决一些基本的实际问题，适应当前高职高专工学结合、校企一体的要求。每单元后均附有供师生参考的复习思考题，以便教师组织教学后对学生学习质量进行检查及效果评价。

本书由唐山工业职业技术学院廖小吉、陈轶辉担任主编，张冉、叶校瑛担任副主编，全书由廖小吉统稿。

在本书的编写过程中，我们参考了大量资料和文献，在此对原作者表示诚挚的谢意！由于编者水平有限，书中难免存在疏漏及不当之处，敬请读者批评、指正。要了解更多教材信息，请关注微信订阅号：Coibook。

编　者
2017 年 3 月

CONTENTS

目 录

绪　论

（1）能分析指出汽车的组成部分名称。

（2）能区分机器、机构、构件、零部件等。

人类通过长期生产实践创造和发明了各种机械，用于减轻体力劳动，提高劳动生产率，完成各种复杂的工作。早在古代，人类就知道利用杠杆、滚子、绞盘等简单机械从事建筑和运输。远在五千年前就使用了简单的纺织机械，在夏朝以前就发明了车子，晋朝的连机碓和水碾就应用了凸轮原理。西汉时的指南车和记里鼓车都应用了轮系。现代机械中应用的青铜轴瓦和金属的人字齿轮，在我国东汉时代的文物中都可以找到它们的原始形态。随着生产发展的需要，人们设计制造了汽车、开采机、机床等各种各样的机器，它们在现代生产活动中发挥着巨大的作用。机器已成为人类不可缺少的生产工具，同时也是社会生产力发展的重要标志。

用机械进行生产实践，可以减轻劳动强度，提高生产效率，保证产品质量。了解机械的组成及其特点，对更好地发挥机械的作用有着重要的意义。

0.1　机械的概念及组成

机械是现代社会进行生产和服务的基本要素，机械的发展史就是一部人类进步史。机械包括机构和机器，它们都是具有确定运动的物体的人为组合，机器能够代替人完成一定的功能，如实现能量形式的转化、传递物料或信息等。组成机构的最小运动单元是构件，零件则是组成机器的最小制造单元。汽车是机械设备中的典型代表。

在人们的生产和生活中广泛使用着各种机器。生产活动中常见的机器有起重机、拖拉机、电动机及各种机床等，日常生活中常见的机器有汽车、缝纫机、洗衣机等。机器的种类繁多,结构形式和用途也各不相同,但它们都具有共同的特征。

图 0-1 所示为单缸内燃机,它由气缸体、活塞、进气阀、排气阀、连杆、曲轴、凸轮、顶杆、齿轮等组成。内燃机工作时,燃气推动活塞作往复运动,经连杆使曲轴做旋转运动。凸轮和顶杆用来控制进气和排气。曲轴经齿数比为 1∶2 的一对齿轮带动凸轮轴转动,曲轴每转两周,进、排气阀各启闭一次,把燃气的热能转换为曲轴转动的机械能。又如图 0-2 所示的颚式破碎机,它由电动机、带轮、V 带、偏心轴、动颚板、摇杆、定颚板及机架等组成。通过带传动电动机带动偏心轴转动,进而使动颚板产生平面运动,与定颚板一起实现压碎物料的功能。

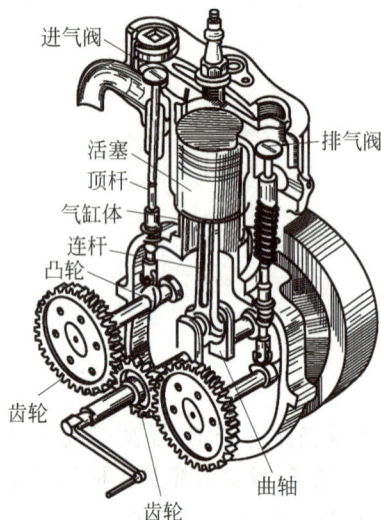

图 0-1 单缸内燃机

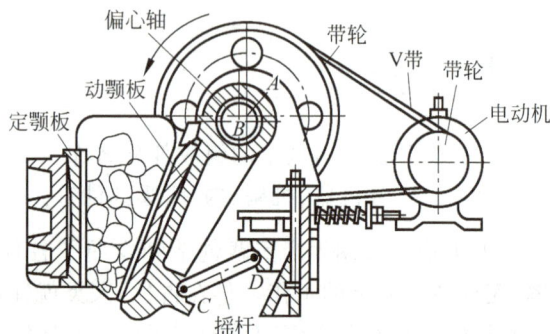

图 0-2 颚式破碎机

从以上两台机器的实例可看出,机器具有三个共同的特征。

(1) 机器是人为的实物组合。

(2) 机器各部分形成运动单元,各单元之间具有确定的相对运动。

(3) 机器能代替或减轻人的劳动,完成有效的机械功(颚式破碎机、机床等),传递能量、物料与信息,或者作能量的交换(内燃机、发电机等)。

机构是人们为研究机器的运动规律提出的。机构是多个构件的组合,能实现预期的机械运动。图 0-1 所示的内燃机中,曲轴、连杆、活塞和气缸组成连杆机构,凸轮、顶杆和气缸体组成凸轮机构等。由此可见,一部机器可能由一种机构或多种机构组成。但从运动观点来看,机器与机构并无差别。因此,习惯上用"机械"一词作为机器和机构的总称。

构件是机器工作中基本的运动单元,图 0-3 所示内燃机的构件连杆,由连杆体、螺栓、螺母及连杆盖等几个刚性零件组成。

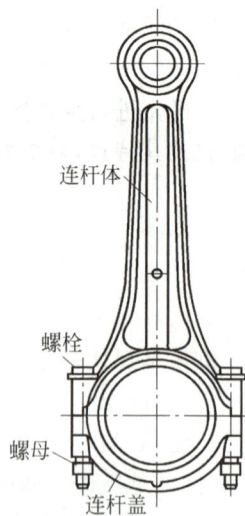

图 0-3 内燃机的构件连杆

零件是机械中基本的制造单元,是不可拆分的。

各种机器中广泛使用的机构称为常用机构,如平面连杆机构、凸轮机构、齿轮机构和间歇运动机构等。

机器中的零件根据使用的广泛性可分为两类:一类是通用零件,是在各种机器中都经常使用的零件,如螺栓、齿轮、轴承、联轴器等;另一类是专用零件,是仅在特定类型机器中使用的零件,如活塞、曲轴、汽轮机叶片等。

本课程研究汽车上各类有独立功能的机构和机械零部件的工作原理、结构,同时研究各通用机械零件的特点、结构及工作原理、选用原则、使用及维护,以及介绍有关的国家标准和规范。

汽车主要由发动机、底盘、车身、电气设备和电子控制部分四大部分组成。

1. 发动机

发动机是汽车的动力装置,其作用是使燃料燃烧产生动力,通过底盘的传动系统驱动车轮使汽车行驶,如图 0-4 所示。发动机主要有汽油机和柴油机两种。

汽油发动机由曲柄连杆机构、配气机构和燃料供给系统、冷却系统、润滑系统、点火系统、起动系统组成。柴油发动机的点火方式为压燃式,所以无点火系统。

2. 底盘

底盘的作用是接收并传递发动机的动力,使汽车产生运动,保证汽车按照驾驶员的操纵正常行驶,如图 0-5 所示。底盘由以下几部分组成。

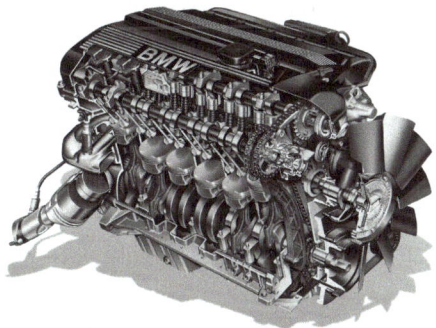

图 0-4 汽车发动机

图 0-5 汽车底盘

传动系统——将发动机的动力传递给驱动车轮,它包括离合器、变速器、传动轴、驱动桥等部件。

行驶系统——将汽车各总成及部件连成一个整体并对全车起支承作用,以保证汽车正常行驶。行驶系统包括车架、前轴、驱动桥的壳体、车轮(包括转向轮和驱动轮)、悬架等部件。

转向系统——保证汽车能按照驾驶员选择的方向行驶,由方向盘、转向器及转向传动装置组成。

制动装置——使汽车减速或停车,并保证驾驶员离开后汽车能可靠地停驻。汽车的制动装置包括若干个相互独立的制动系统,每个制动系统都由供能装置、控制装置、传动装置和制动器组成。

3. 车身

车身是驾驶员工作的场所,也是装载乘客和货物的场所。车身应为驾驶员提供方便的操作条件,以及为乘客提供舒适安全的环境或保证货物完好无损。

4. 电气设备和电子控制部分

电气设备由电源和用电设备两部分组成。电源包括蓄电池和发电机。用电设备包括发动机的起动系统、汽油机的点火系统和其他用电装置。电子控制部分主要包括传感器、ECU 和控制电路等组成。

由以上分析可看出:汽车是一个复杂的机械系统,是现代机械的典型代表,具有机械的普遍特征。

0.2   本课程的性质、目的和任务

汽车机械基础是学生接触的第一门与汽车专业紧密相关的课程,也是汽车维修高技能人才职业能力培养和职业素养养成的第一阶段。本课程作为专业基础课程,涉及的主要内容为汽车机械中的常用机构和一般工作条件下常用参数范围内的通用零部件,研究其工作原理、运动特性、结构特点、使用和维护、标准和规范的基本知识和方法。

本课程是一门重要的专业基础课,是专门培养学生具有一定机械认知能力的课程。解决常用机构和通用零部件的分析问题。

本课程的主要任务如下。

(1) 掌握汽车常用机构的组成、运动特性和机械动力学的基本知识,具有一定分析常用机构的能力。

(2) 掌握汽车通用机械零件的工作原理、结构特点、基本的设计方法。

(3) 具有运用标准、规范、手册、图册及查阅有关技术资料的能力。

(4) 获得实验技能的基本训练。

总之,本课程是理论性和实践性很强的汽车类专业基础课程。在教学中具有承上启下的作用,是汽车类专业学生的必修课程。

0.3   课程学习方法

本课程是从理论性、系统性很强的基础课向实践性较强的专业课过渡的一个重要环节,课程的技术性较强。因此,在学习本课程时学生必须在学习方法上有所转变和适应,应注意以下几个要点。

1. 系统地掌握课程内容

本课程基本上以每一种机构或者零部件为一单元来安排教学。学习时应了解每一种

机构或者零部件的类型、结构及性能特点和应用范围；掌握对工作情况的分析和可能的失效形式；掌握公式中各系数的物理概念、参数的选择原则和对设计结果的影响；了解公式的推导过程，复杂的公式不要求记、背。

汽车机械基础是多学科知识的综合应用，所以与学习理论性的基础课有明显不同。初学本课程时，会有一个逐渐适应的过程。因此，学完一个单元要进行小结，以便于逐步掌握各种零部件的规律和分析方法。每个单元附有复习思考题，它能帮助学习，检查对基本概念和基本方法的掌握情况。

2. 把注意力放在提高分析问题和解决问题的能力上

汽车机械基础要解决的都是实际问题，因此，在掌握课程内容的基础上，要去分析和解决实际问题，逐步熟悉工程中解决问题的方法。

3. 重视实践，多做练习

本课程是实践性很强的课程，不能仅停留在字面上的理解。需要独立去完成练习题和设计作业；要到现场去观察和分析汽车常用零件的形式，以逐步积累工程实际知识和建立实际概念。

4. 注意自学能力的提高

科技发展很快，新结构、新材料、新方法不断涌现。因此，建议学生不仅在学习时要培养自学能力，而且提倡在教师指导下，多看参考文献，掌握新的信息。

复习思考题

1. 机器的特征有哪三个？机器与机构有何区别？计算机是否属于机器？为什么？
2. 什么是构件？什么是零件？试举例说明。
3. 汽车由哪几部分组成？各部分作用是什么？

单元 1

常用汽车材料

学习目标

(1) 知道汽车常用零件的材料和性能。

(2) 知道汽车运行材料的性能。

(3) 掌握汽车常用材料的选用。

1.1 汽车材料的分类

汽车由上万个零件组装而成,而这些零部件又是由几百个品种、上千个规格的材料加工制成的,所以材料是汽车的基础。可以说汽车的发展是以材料及其加工工艺的发展为基础的。

用于生产汽车的材料种类很多,有钢铁、有色金属、塑料、橡胶、玻璃、陶瓷,还有新型材料,如轻金属材料、复合材料、高技术合成材料等。汽车材料一般分为金属材料、非金属材料、汽车运行材料三大类。

金属材料是机械工程中最常用的材料,可分为黑色金属材料和有色金属材料两大类。黑色金属材料是铁基金属合金,包括碳钢、铸铁和合金钢。其他金属材料都属于有色金属材料及其合金。

非金属材料可分为有机材料、无机材料和新型复合材料。有机材料主要是指有机高分子材料,包括塑料、橡胶和合成纤维。无机材料是指金属和有机物之外的几乎所有的材料,但最常用的是陶瓷材料。新型复合材料是由两种或多种性质不同的材料通过物理和化学复合,组成具有两个或两个以上相态结构的材料。多种非金属材料之间、金属材料之间、非金属材料与金属材料之间通过不同的工艺进行复合,得到的复合材料既能保持原材料的特点,又能发挥组合后的新特性,从而能最有效地满足实际工作的需要。

汽车正常运行消耗的燃料、润滑剂、工作液和轮胎等非金属材料,统称为汽车运行材料。

1.2　金属材料

构成汽车的零件约有两万多个,在这些零件中,使用了各种各样的材料,其中约86%的是金属材料,而在金属材料中,钢铁材料占了80%。

1. 金属材料的分类

金属材料可分为黑色金属材料和有色金属材料两大类。黑色金属就是人们通常所说的钢和铁,工业上主要是指包括钢和铸铁在内的铁碳合金。所以黑色金属可以分为钢和铸铁两大类。

钢的分类方法很多,常见的分类方法如下。

(1) 按化学成分分类:分为碳素钢和合金钢。

(2) 按质量等级分类:分为普通结构钢、优质结构钢和高级优质结构钢。

(3) 按用途分类:分为结构钢、工具钢、特殊性能钢。

2. 碳钢

碳钢即碳素钢,是应用极其广泛的重要基础材料,主要由铁和碳两种元素组成。碳钢中碳的质量分数为0.02%~2.11%,另外含有少量的磷、硫、硅、锰等杂质,其他部分均为铁。碳钢按含碳量可分为低碳钢、中碳钢、高碳钢类。按质量等级分为普通碳素结构钢、优质碳素结构钢和高级优质碳素结构钢。按照用途可分为碳素结构钢和碳素工具钢。

1) 普通碳素结构钢

普通碳素结构钢所含杂质较多,所以质量差一些。国家标准规定,这类钢主要保证机械性能,不保证化学成分。这种钢多制成钢筋、槽钢、角钢和棒料等。一般用于制造机械性能要求不高的零件,如卡车车架、发动机支架、后视镜支杆、不重要的轴等。

普通碳素结构钢的牌号由代表屈服点的字母、屈服点的数值、质量等级、脱氧方法四部分组成。例如:Q235AF。其中,Q表示屈服点。235表示屈服极限为235MPa。A表示质量等级为A级。普通碳素结构钢的质量等级共有A、B、C、D四个等级,质量依次提高,A级质量最低,D级质量最高。F表示沸腾钢。若为半镇静钢则用"b"表示,若为镇静钢则省略。常用的普通碳素结构钢的力学性能见表1-1。普通碳素结构钢在汽车上的应用见表1-2。

2) 优质碳素结构钢

优质碳素结构钢中的有害杂质磷和硫的含量比较少,钢的质量好,它既保证化学成分又保证机械性能。一般用来制造机械性能要求较高的机器零件。

表 1-1　常用的普通碳素结构钢的力学性能

牌号	等级	拉伸试验													冲击试验	
		屈服点 σ_s/MPa						拉伸强度 σ_b/MPa	伸长率 δ_s/%						温度/℃	冲击功/J
		钢材厚度(直径)/mm							钢材厚度(直径)/mm							
		≤16	>16~40	>40~60	>60~100	>100~150	>150		≤16	>16~40	>40~60	>60~100	>100~150	>150		
Q195		(195)	(185)					315~390	33	32						
Q215	A	215	205	195	185	175	165	335~410	31	30	29	28	27	26		
Q235	A	235	225	215	205	195	185	375~460	26	25	24	23	22	21		27
	B														20	
	C														0	
	D														−20	
Q255	A	255	245	235	225	215	205	410~510	24	23	22	21	20	19		
	B														20	27
Q275		275	265	255	245	235	225	490~610	20	19	18	17	16	15		

表 1-2　普通碳素结构钢在汽车上的应用

牌号	用途
Q235A	车厢板件、制动器底板、油底壳、发动机支架、拉杆、销、键、法兰轴、螺钉等
Q235AF	机油滤清器凸缘、发动机固定连接板、前板弹簧夹箍、后视镜支杆等
Q235B	车轮轮辐、轮毂、操作拉杆、齿板、差速器螺栓锁片、三、四、五挡同步器锥盘等
Q235BF	消声器、后支架、百叶窗叶片等

按含碳量不同,优质碳素结构钢分低碳钢、中碳钢和高碳钢三种。

(1) 低碳钢。低碳钢一般碳的质量分数小于 0.25%。它的强度比较低,但塑性、韧性都比较好,容易冲压。因此,常用来制成各种板材,制造各种冲压零件与容器。

低碳钢也常用来制造各种渗碳零件(经过淬火之后,钢件表面硬度高耐磨性好,而心部保持着一定的强度和韧性),如齿轮、短轴、销等。因此,这类钢又称渗碳钢。

(2) 中碳钢。中碳钢的碳的质量分数一般为 0.3%~0.6%。它具有较高的强度,但塑性和韧性差些。

中碳钢可用调质处理来提高强度和韧性,因此,可用来制造各种轴类、杆件、套筒、螺栓和螺母等。调质之后再经表面淬火,则可制造表面硬而耐磨的零件,如齿轮、花键轴等。中碳钢又称调质钢。

(3) 高碳钢。高碳钢的碳的质量分数一般为 0.6%~0.9%。这种钢的硬度和强度高,但塑性和韧性差。如经过淬火并中温回火之后,不但具有较高的硬度,而且具有良好的弹性,因此可以用来制造对性能要求不太高的弹簧,如板簧、螺旋弹簧等。

优质碳素结构钢又分为普通含锰量钢和较高含锰量钢。普通含锰量钢的锰的质量分数为 0.25%～0.8%,较高含锰量钢的锰的质量分数为 0.7%～1.0%。

常用的优质碳素结构钢的力学性能及在汽车上的应用见表 1-3、表 1-4。

表 1-3　常用的优质碳素结构钢的力学性能(摘自 GB/T 699—1999)

牌　号		试样尺寸/mm	热处理	屈服点 σ_s/MPa	拉伸强度 σ_b/MPa	伸长率 δ_s/%	冲击功/J	硬度 HB	
								未热处理	退火
普通含锰量钢	08F	25	正火	175	295	35		131	
	08	25		195	325	33		131	
	10F	25		185	315	33		137	
	10	25		205	335	31		137	
	20	25		245	410	25		156	
	30	25		295	490	21	63	179	
	40	25		335	570	19	47	217	187
	45	25		355	600	16	39	241	197
	50	25		375	630	14	31	241	207
	60	25		400	375	12		255	229
	70	25		420	715	9		269	229
	80	25	调质	930	1080	6		285	241
	85	25		980	1130	6		302	255
较高含锰量钢	15Mn	25	正火	245	410	26		163	
	25Mn	25		275	450	24		197	
	30Mn	25		315	540	20	63	217	187
	40Mn	25		355	590	17	47	229	207
	50Mn	25		390	645	13	31	255	217
	60Mn	25		410	695	11		269	229
	65Mn	25		430	725	9		285	229

表 1-4　常用的优质碳素结构钢在汽车上的应用

牌　号	用　途
8	驾驶室、油箱、离合器等
15	发动机气门帽、离合器调整螺栓、曲轴调整螺栓、消声器前托架螺栓、曲轴箱通风阀体、气门弹簧座机旋转套等
20	离合器分离杠杆、风扇叶片、驻车制动杆等
35	曲轴正时齿轮、机油泵轮、连杆螺母、气缸盖螺栓、发动机推杆、车轮螺栓、半轴螺栓锥形套、前后轴头螺母等
45	凸轮轴、曲轴、转向节主销、气门推杆、变速杆、齿环、离合器踏板轴及分离叉等
50	离合器从动盘
65Mn	气门弹簧、活塞销卡簧、摇臂轴回复弹簧、风扇离合器阀片、活塞油环簧片、转向操纵拉杆弹簧、摇臂轴复位弹簧、离合器压板盘弹簧等

3）碳素工具钢

在碳素工具钢中，碳的质量分数为 0.65%～1.3%。

碳素工具钢具有较高的硬度、耐磨性和足够的韧性，一般用来制造各种工具、模具、量具和切削刀具（低速）等。常用的碳素工具钢牌号有优质钢 T7、T8、…、T13 和高级优质钢 T7A、T8A、…、T13A 等两大类。

3. 合金钢

为了提高钢的某些性能，人们在碳素钢的基础上，有目的地加入了锰、硅、镍、钒、钼、钨、铬、钛、硼、铝、铜、氮和稀土等合金元素，便形成了合金钢。合金钢的种类繁多，其分类方法也有很多种。我国最常采用的是按用途分类，将合金钢分为合金结构钢、合金工具钢和特殊性能钢三大类。

1）合金结构钢

合金结构钢具有高的淬透性，热处理后具有良好的综合性能，主要用来制造承受负荷较大或截面尺寸较大的机器零件。合金结构钢分合金渗碳钢、合金调质钢、合金弹簧钢和滚动轴承钢四种。

根据国家标准的规定，合金结构钢的牌号用"两位数字＋元素符号＋数字"表示。元素符号前两位数字表示钢的平均碳的质量分数，以万分之一为单位。元素符号用合金元素的符号，其后面的数字表示该合金成分，以百分之一为单位。当合金成分的质量分数＜1.5%时，只标明元素名称，不标明数字；当成分的质量分数为 1.5%～2.4%、2.5%～3.4%、…时，则在元素符号后相应地标上 2、3、…。如 15MnV，表示碳的平均质量分数为 0.15%，锰、钒的平均质量分数均小于 1.5%的合金结构钢。若为高级优质钢，则在钢的牌号末尾加上"A"，如 18Cr2Ni4WA。对属于合金结构钢的滚动轴承，则采用另外的方法来标注牌号。滚动轴承钢牌号的首位用"滚"或"滚"字的汉语拼音字首"G"来表示其用途，后面紧跟的是滚动轴承的常用元素"Cr"，其后数字则表示铬的质量分数，以千分之一为单位。如 GCr15，表示钢中铬的平均质量分数为 1.5%。易切削钢牌号的表示方法与上相似，用"易"或"易"字的汉语拼音字首"Y"开头，后面和合金钢牌号表示方法无异，如易40锰或 Y40Mn，表示碳的质量分数为 0.40%，锰的质量分数＜1.5%的易切削钢。

（1）合金渗碳钢。合金渗碳钢含碳量低（碳的质量分数 $w_C = 0.1\%$～0.25%），加入的主要合金元素是铬、镍、锰、硼等，合金元素的质量分数不超过 5%。这种钢经过渗碳淬火并低温回火之后，其表面具有很高的硬度及耐磨性，而心部却能保持着足够的强度和韧性，同时达到了外硬内韧的效果，保证了比较重要的机械零件在复杂工作条件下的正常运行。常用合金渗碳钢的牌号有 15Cr、20Cr、20CrV、20MnV、20Mn2、20CrNi3、20Cr2Ni4、18CrNi4WA，一般用来制造活塞、齿轮、凸轮、轴类等。

（2）合金调质钢。合金调质钢一般是中碳钢（$w_C = 0.25\%$～0.5%），主加合金元素为锰、铬、硅、镍、硼等，还加入少量的钼、钨、钒、钛等元素，一般经过调质处理后再使用。经过调质后的钢具有很高的硬度和强度，良好的韧性，可用来制造轴、螺栓、连杆、齿轮等。常用的合金调质钢的牌号有 40Cr、40Mn2、35CrMn、40CrMn、40CrNi、40CrMnMo、40CrNiMoA。

（3）合金弹簧钢。合金弹簧钢含碳量中等且偏高（$w_C=0.5\%\sim0.7\%$），加入主要元素有锰、硅、铬等，有些弹簧钢还加入钼、钨、钒等元素。合金弹簧钢经淬火后进行中温回火处理，可得到较高的弹性极限、高的疲劳强度和足够的韧性，用来制造各种弹性零件如减振板簧、螺旋弹簧、缓冲弹簧等。如 55Si2Mn、60Si2Mn、55SiVB 等，广泛用于制造汽车螺旋弹簧和板簧；50CrVA、30W4Cr2VA 等用于制造承受应力较高或工作温度较高的重要弹性零件，如气门弹簧、阀门弹簧等。

（4）滚动轴承钢。滚动轴承钢含碳量高（$w_C=0.95\%\sim1.1\%$），添加元素以铬为主（$w_{Cr}=0.5\%\sim1.65\%$），辅以硅、锰等。滚动轴承钢必须具有高而均匀的硬度和耐磨性，高的疲劳强度，足够的韧性和淬透性，以及一定的耐蚀性等。常用滚动轴承钢的牌号有 GCr9、GCr15、GCr15SiMn、GSiMoMnV，广泛应用于汽车、拖拉机、内燃机等各种机械轴承。

常用合金结构钢的力学性能及应用见表 1-5。

表 1-5　常用合金结构钢的力学性能及应用（GB/T 3077—1999）

种类	牌号	应用
渗碳钢	15Cr	活塞销、气门弹簧座等
	20Cr	截面尺寸小于 30mm 的渗碳件或氰化件
	20Mn2	截面尺寸小于 50mm 的渗碳零件，如小轴等
	20MnV	高压容器、锅炉、高压管道焊接件及冲压件
	20CrMnTi	二、三挡滑动齿套，四、五挡滑动齿套，一挡、倒挡齿轮，变速器中间轴，变速器齿轮及第一轴和中间轴、半轴齿轮，万向轴和差速器十字轴
	20CrMnMo	高硬度、高强度、高韧性的零件，如曲轴等
	12CrNi2	强度不高受力复杂渗碳零件，如小齿轮、小轴
	15MnVB	钢板弹簧中心螺栓、变速器 1 轴、2 轴、中间轴、中间轴啮合齿轮，二、三挡滑动齿轮套，二、三、四、五挡齿轮
	20MnVB	传动十字轴、转向万向轴、后桥减速器齿轮、差速器十字轴
调质钢	45Mn2	进气门、半轴套、钢板弹簧 U 形螺栓
	50Mn2	离合器从动盘、减振盘
	40Cr	发动机支架固定螺栓、差速器壳螺栓、减振器销、水泵轴、连杆、连杆盖螺栓
	35SiMn	通用机械的传动轴、心轴、连杆、齿轮等
	40CrV	变载、高负荷零件，如连杆、螺旋桨、轴等
	40MnB	半轴、水泵轴、传动轴花键、万向节叉、转向节、气缸盖螺栓等
	40MnVB	性能优于 40Cr，代替 40Cr 制作重要调质零件
	40CrNi	用于锻造和冲压的重要零件，如连杆、圆盘
弹簧钢	65Mn	气门弹簧、制动复位弹簧、摇臂轴定位弹簧、离合器压紧弹簧
	55Si2Mn	制作汽车、拖拉机的板簧、螺旋弹簧等
	60Si2Mn	牵引钩弹簧、钢板弹簧
	60Si2CrA	综合性能好，制作各种高负荷、耐冲击的弹簧
	55CrVA	综合性能高，制作大截面、高应力的弹簧

2）合金工具钢

合金工具钢具有较高的硬度和耐磨性，足够的韧性，耐高温性能好，热处理变形小，常用来制造刃具、量具和模具等。

（1）合金工具钢的牌号表示方法。与合金结构钢的牌号表示方法相比，合金工具钢中合金元素的表示方法未变，如 CrWMn 表示各合金元素的质量分数均小于 1.5%，合金工具钢的碳的质量分数表示方法则有所不同，当碳的质量分数≥1.0%，不标出碳的质量分数，如 CrWMn 钢。当碳的质量分数<1.0%时，用一位数字在最前面表示碳的质量分数，以千分之一为单位，其后紧随合金元素，如 9SiCr 表示碳的质量分数为 0.9%，其他各合金元素的质量分数皆小于 1.5%。

（2）刃具钢的碳的质量分数一般在 0.8%～1.5%，主要合金元素有铬、钨、锰等，它有低合金工具钢和高速钢等几种。

常用的低合金刃具钢有 9SiCr、9Mn2V、CrWMn 等，其中以 9SiCr 钢应用为多。高速钢具有良好的红硬性，在切削零件刃部温度高达 600℃时，硬度仍不会明显降低，能以比低合金工具钢高得多的切削速度加工零件。常用的牌号有 W18Cr4V、9W18Cr4V 等，常用于车刀、铣刀、高速钻头等。

（3）量具钢的碳的质量分数一般在 0.90%～1.50%，具有良好的硬度和耐磨性。

量具钢主要用于制造卡尺、千分尺、样板、塞规、块规等各种测量工具。常用的牌号有 CrWMn、Cr2、GCr15、W18Cr4V 等。

（4）模具钢根据性质和使用条件的不同，可分为冷作模具钢和热作模具钢。

冷作模具钢是用于在室温下对金属进行变形加工的模具用钢。对于几何形状比较简单、截面尺寸和工作负荷不太大的模具可用高级优质碳素工具钢 T8A、T10A、T12A 和低合金刃具钢 9SiCr、9Mn2V、CrWMn 等。对于形状复杂、尺寸和负荷较大的模具多用 Cr12 型钢，如 Cr12、Cr12MoV 或 W18Cr4V 等。

热作模具钢是用于制造在受热状态下对金属进行变形加工的模具用钢，小型热锻模一般选用 5CrMnMo，制造大型热锻模多选用 5CrNiMo。

3）特殊性能钢

特殊性能钢是一种具有特殊物理性能和化学性能的合金，一般有不锈钢、耐热钢和耐磨钢等。

（1）特殊性能钢的牌号表示方法

特殊性能钢牌号的表示方法与合金工具钢基本相同，如 9Cr18 钢表示钢中碳的质量分数为 0.9%，铬的质量分数为 18%。但是不锈钢、耐热钢在含碳量很低时，表示方法有所不同，当碳的质量分数 $w_C \leqslant 0.03\%$ 或 $w_C \leqslant 0.08\%$ 时，分别在第一个合金元素符号前冠以"00"或"0"表示其碳的质量分数，如 00Cr17Ni14Mo2、0Cr18Ni9 等。

（2）不锈钢

不锈钢有铬不锈钢和铬镍不锈钢两种。铬不锈钢的合金元素以铬为主，它可以抵抗空气、水对钢的腐蚀，常用来制造在自然条件下防锈的零件，如汽轮机叶片、医疗工具、量具等。铬镍不锈钢的合金元素以铬和镍为主，它可以抵抗酸碱的腐蚀，常用来制造各种耐酸容器和输送管道等。常用不锈钢的牌号有 1Cr13、2Cr13、1Cr17Mo、1Cr18Ni9 等。

（3）耐热钢

耐热钢具有在高温条件下不被氧化和仍有高的强度的性能，一般用来制造高压锅炉、汽轮机、内燃机和热处理炉等。常用耐热钢的牌号有 0Cr19Ni9、1Cr17、1Cr11MoV、1Cr13 等。

（4）耐磨钢

耐磨钢具有能承受强烈冲击和高的耐磨性的特点，一般用来制造拖拉机履带、破碎机颚板、坦克履带等耐磨耐冲击零件。常用耐磨钢的牌号有 ZGMn13-1、ZGMn13-2 等。

4. 铸铁

碳的质量分数为 2.11%～6.69% 的铁碳合金称为铸铁。工业上常用的铸铁一般碳的质量分数是 2.5%～4%。铸铁除含碳量较高之外，并且含有一定量的硅、锰、硫、磷等元素。

铸铁中含有石墨。石墨本身具有润滑作用和吸油能力，因此铸铁有良好的减摩性和切削加工性。此外，由于铸铁的含碳量较高，使它的熔点低，流动性好，因此易于铸造。

按铸铁中碳的存在形式不同，可分为白口铸铁、灰口铸铁、球墨铸铁、可锻铸铁、蠕墨铸铁。

（1）白口铸铁。白口铸铁中的碳几乎全部以渗碳体的形式存在，其性能特点是脆而硬，切削加工非常困难，一般不用于制造零件。可用于制造一些具有高硬度和耐磨性要求的零件，如轧辊、球磨机的磨球等。其组织为白口组织。

（2）灰口铸铁。灰口铸铁中碳全部或大部分以片状石墨形态存在，断口呈灰色。它的力学性能虽不如钢，但因石墨的存在而具有一些优点。例如，具有吸振性、良好的铸造性、加工性、减振性和减摩性，所以在机械中应用很广，如在机床中占总质量的 60% 以上。

灰口铸铁的牌号由"HT＋数字"表示，如 HT150，表示最低抗拉强度为 150MPa 的灰口铸铁。

（3）球墨铸铁。球墨铸铁中的碳全部或大部分以球状石墨形式存在，是在浇注前向铁水中加入球化剂进行球化处理，并加入少量的孕育剂以促进石墨化，在浇注后直接得到具有球状石墨结晶的铸铁。它的力学性能接近碳素结构钢，还具有铸铁的特性，所以应用于凸轮轴、曲轴中，可以有效地降低机器的振动，具有较强的耐磨性。球墨铸铁的牌号用"QT＋两组数字"表示，如 QT450-10 表示球墨铸铁的最低抗拉强度为 450MPa，最低延伸率为 10%。

（4）可锻铸铁。可锻铸铁中的碳全部或大部分以团絮状石墨形式存在。可锻铸铁是由白口铸铁在固态下经长时间石墨化退火而得到的具有团絮状石墨的一种铸铁。但可锻铸铁并不表示真的能锻造，这个名称仅表示它比一般铸铁具有较高的韧性和塑性。其牌号用"KTH/KTZ＋两组数字"表示，如 KTZ450-06，表示可锻铸铁的最低抗拉强度为 450MPa，最低延伸率为 6%。可锻铸铁常用来制造管接头、阀门外壳等。

常用的铸铁在汽车上的应用见表 1-6。

表 1-6　常用的铸铁在汽车上的应用

种类	牌号	用途
灰口铸铁	HT100	不重要零件如盖、手轮、把手、重锤等
	HT150	进排气歧管、变速器壳体、水泵叶轮
	HT200	凸轮轴正时齿轮、飞轮壳、进排气歧管、气缸盖、变速器壳体、气缸体、气缸盖气门导管、前后制动鼓
	HT250	飞轮、气缸体、曲轴带轮
	HT300	重要零件如锥齿轮、高压油缸等
可锻铸铁	KTH300-06	强度、塑性、韧性均比灰铸铁好，可作薄壁铸件。如管道配件、低压阀门
	KTH350-10	后桥壳、差速器壳及左右盖、减速器壳、差速器轴承盖及螺母、板弹簧吊架、轮毂、制动蹄片
	KTZ450-06	可代替有色合金、低合金钢和低、中碳钢制作较高强度和耐磨性的零件，如轴承座、拖拉机履带轨板、曲轴等
	KTZ600-03	
球墨铸铁	QT400-18	韧性高、低温性能好，可制作减速机壳体、农具
	QT450-10	前后轮毂、转向器壳及盘、制动蹄、牵引钩、牵引钩衬套、前后轴承座及弹簧衬套、制动室支架、辅助钢板弹簧支架
	QT500-7	中等强度和韧性，可制作内燃机的油泵齿轮、机车轴瓦
	QT600-13	曲轴、摇臂、钢板弹簧侧垫板及滑块、后牵引钩支承座、发动机摇臂
	QT700-2	具有较高强度、耐磨性和一定的韧性，可制作部分机车主轴、空压机曲轴等
	QT800-2	
	QT900-2	具有高强度和耐磨性，可制作内燃机的凸轮轴、锥齿轮等

5. 有色金属

通常把铁和铁碳合金称为黑色金属，把黑色金属以外的金属材料都称为有色金属。汽车上一些零件必须用有色金属材料制造，以满足特殊要求。汽车上常用的有色金属主要有铝、铜及其合金和轴承合金。

1）铝和铝合金

（1）纯铝。纯铝是一种银白色的金属，密度为 $2.70g/cm^3$，熔点为 660℃。由于纯铝的强度很低，其抗拉强度仅为 90～120MPa，一般不易做承力结构材料使用。工业纯铝的牌号以"L"开头，是铝的汉语拼音的第一个字母。后面为数字，是顺序号。数字越大，杂质越多。如 L1、L2、L3、L4。在汽车工业中，纯铝主要用于制造空压机垫片、排气阀垫片和铭牌等。

（2）铝合金。在纯铝中加入硅、铜、镁、锌、锰等合金元素后形成铝合金，铝合金除了保留纯铝的低密度、良好的导电性和导热性等优点外，提高了铝合金的强度，可作为承受大载荷的结构材料。铝合金分为变形铝合金和铸造铝合金两大类。变形铝合金又分为防锈铝合金、硬铝合金、超硬铝合金和锻铝。铸造铝合金用于制造各种铸件，适用于形状复杂、不易加工的铝合金零件。

使用轻量化材料是实现汽车轻量化的重要途径，而铝是应用得比较成熟的轻量化材料之一。近 20 年来，铝在汽车上的用量在汽车材料构成比中所占份额有着明显的增加。由铝合金制造的零件已经遍及汽车的发动机、底盘、车身等各个部位。铸造铝合金在汽车上的应用见表 1-7。

表 1-7　铸造铝合金在汽车上的应用

牌　号	应　用
ZL103	风扇、离合器壳体、前盖等
ZL104	气缸盖罩、机油滤清器底座、转子罩、转子体、外罩及过滤法兰
ZL108	发动机活塞、进气歧管

2）铜和铜合金

（1）纯铜。纯铜呈紫色,具有良好的导电性、导热性、耐蚀性和塑性,但强度、硬度不高,价格贵,故一般不直接制作构件。常用的是铜合金。在汽车上只有个别场合应用纯铜,例如气缸垫、进排气管垫、轴承垫片、一些管接头、制动管、散热管、油管和电器接头等。

（2）铜合金。常用的铜合金可以分为黄铜、青铜和白铜三类。黄铜是以锌为主加元素的铜合金,又分为普通黄铜和特殊黄铜。除了黄铜和白铜外,所有的铜基合金都称为青铜,分为锡青铜和无锡青铜。铜合金在汽车上的应用见表 1-8。

表 1-8　铜合金在汽车上的应用

种类	牌　号	应　用
黄铜	H90	排气管密封圈外壳、水箱体、冷却管、暖风散热器散热管
	H68	上下水箱、水箱夹片、水箱体主片、暖风散热器主片
	H62	进出水管、加水口座及支承、水箱盖、曲轴箱通风管及通风阀
	HPb59-1	化油器进气阀本体、曲轴箱通风阀座、放水阀本体及溢流阀座
	HSn90-1	转向节衬套、行星齿轮及半轴支承垫圈
青铜	QSn4-4-2.5	活塞销衬套、发动机摇臂衬套
	ZCuSn5Pb5Zn5	机油滤清器上、下轴承
	QSi3-1	水箱盖出水阀弹簧、车门铰链衬套、松压阀阀套
	ZCuPb30	曲轴轴瓦、曲轴止推垫圈

1.3　非金属材料

汽车中除了大量使用金属材料外,非金属材料也得到越来越广泛的应用。非金属材料可分为有机材料、无机材料和新型复合材料。有机材料又分为工程塑料、合成纤维、橡胶、胶粘剂、涂料。陶瓷材料分为陶瓷、玻璃,陶瓷用于制造火花塞、传感器等;玻璃用于制造汽车前后门窗、侧窗等。复合材料包括非金属基复合材料、金属基复合材料,用于制造汽车车顶导流板、挡风窗框等车身外装板件。

1. 常用塑料

塑料是以高分子合成树脂为主要组分,并加入各种适量添加剂构成的可塑制成形的材料。塑料有两个特点:一是以高分子聚合物为主要成分;二是可塑。塑料是应用最广泛的高分子材料,它具有质量轻、可调性好、绝缘性好、耐磨性好和耐蚀性好等特点。塑料的种类繁多,目前已投入生产的塑料有几百种,常用的有六十多种。常用塑料包括热塑性工程塑料(PE、PP、PVC、ABS、PS、PA、POM、PC 等)、热固性工程塑料(酚醛树脂 PF、氨基树脂 UF、环氧树脂 EP 等)。

(1) 聚乙烯(PE)是塑料中产量最大的一种,约占塑料总产量的三分之一,属热塑性塑料。聚乙烯为白色半透明体,无臭、无味、无毒。耐蚀性和电绝缘性能好。主要制作塑料管、板、网以及化工管道、化工设备、小载荷齿轮、防腐蚀涂层等。

(2) 聚氯乙烯(PVC)是塑料中最早生产的品种,产量仅次于聚乙烯而居第二位,属热塑性塑料。聚氯乙烯树脂为无味、无毒白色粉末。可用于制作电线电缆的绝缘层。

(3) 聚苯乙烯(PS)是塑料中较早生产的品种,产量仅次于聚乙烯和聚氯乙烯而居第三位,属热塑性塑料。主要用于制作家用电器外壳、车辆罩、仪表外壳和化工中的储槽、管道、弯头,另外其泡沫塑料是很好的隔热、隔音材料。

(4) 聚酰胺(PA)是最早发展的工程塑料,商品名为尼龙,又称锦纶,属热塑性塑料。聚酰胺主要制作各种轴承、齿轮、螺钉、螺母、轴套、风扇叶片、储油容器、油管、高压密封圈、铰链、电缆、电器线圈等。

(5) 工程塑料(ABS)是在聚苯乙烯基础上发展起来的一个塑料品种。工程塑料由丙烯腈、丁二烯、苯乙烯三种组元共聚而成的,属热塑性塑料。工程塑料应用非常广泛,在机械行业制造齿轮、轴承、叶轮、管道、容器等;在电气行业制作家电、仪器、仪表零件和外壳;在汽车工业上制作各种零件和小轿车外壳。

(6) 聚甲基丙烯酸甲酯(PMMA)的透光性很好,故又称有机玻璃,属热塑性塑料。主要用来制造飞机、汽车、仪器仪表和无线电工业中的透明件。如挡风玻璃、光学镜片;电视机屏幕、建筑物天窗、装饰物等。

(7) 酚醛塑料(PF)以酚类化合物和醛类化合物在催化物作用下经缩聚反应生成,因多用木屑做填料,俗称"电木",属热固性塑料。常用来制造齿轮、凸轮、轴承、垫圈、皮带轮等结构件和各种电气绝缘零件,如电气绝缘板、电器插头、开关、灯口等,并可代替有色金属制造的金属零件。在化工方面用做耐酸泵,还可制造汽车的刹车片。

(8) 环氧塑料(EP)是以环氧树脂为基材的塑料,分子结构中含有两个或两个以上的环氧基团的有机高分子化合物统称为环氧树脂。环氧树脂的应用形式有增强塑料、泡沫塑料、浇铸塑料、粘结剂和涂料等。主要适用于制造模具、精密量具、电气及电子元件等重要零件。塑料在汽车上的应用见表1-9。

表 1-9　塑料在汽车上的应用

种　类	符　号	应　用
聚乙烯	PE	车内饰、油箱、挡泥板、方向盘、发动机罩、进气导管等
聚氯乙烯	PVC	车门内板、仪表盘、座椅面、盖板、方向盘等
聚丙烯	PP	保险杠、风扇罩、灯罩、导线外包层等
聚氨酯树脂	PU	车门扶手、方向盘、遮阳板、密封条、头枕等
工程塑料	ABS	控制箱、灯壳体、仪表盘、挡泥板、变速杆、散热器护栅等
有机玻璃	PMMA	灯罩、油杯、镜片、遮阳板、标牌、护罩等

续表

种　类	符　号	应　用
尼龙	PA	冷却风扇、滤网、把手、钢板弹簧销衬套、散热副油箱等
聚甲醛	POM	阀门、转向器衬套、万向节轴承、手柄及门销等
酚醛塑料	PF	制动衬片、离合器摩擦片、分电器盖等
聚碳酸酯	PC	保险杠、刻度板、壳体、水泵叶轮等

2. 橡胶

橡胶与塑料的不同之处是橡胶在室温下处于高弹态,它在外力作用下,能产生弹性变形,当去除外力后又能恢复到原来的状态。同时橡胶具有优良的伸缩性和积蓄能量的能力,以及良好的耐磨性、绝缘性和阻尼性。因此,橡胶是一种极重要的工程材料,用于制造汽车的轮胎、内胎、防振橡胶、软管、密封带、传动带等零部件。橡胶在汽车上的应用见表1-10。

表 1-10　橡胶在汽车上的应用

种　类	品　种	符　号	应　用
通用橡胶	天然	NB	轮胎、胶带、胶管
	丁苯	SBR	轮胎、胶板、胶布
	顺丁	BR	电线包皮、减振器、内胎、橡胶弹簧
	氯丁	CB	胶管、胶带、汽车门窗嵌条、密封件
	异戊	IR	胶管、胶带
	丁基	JIB	防振件、防水胎
特种橡胶	聚氨酯	UR	耐油胶管、垫圈、实心轮胎
	硅橡胶	Q	绝缘件、耐高低温件
	氟橡胶	FRM	耐腐蚀件、密封件
	丙烯酸酯	ACM	油封、火花塞护套

3. 陶瓷

陶瓷是最常用的一种无机非金属材料,其优点是具有很高的耐热性,且热膨胀系数小,硬度高和抗压强度高,耐磨性、抗氧化性、耐蚀性和绝缘性好。其缺点是塑性、韧性极差,是一种脆性材料。陶瓷按材料及烧制工艺的不同通常分为传统陶瓷和特种陶瓷两大类。传统陶瓷以天然硅酸盐矿物为原料烧制而成,也叫硅酸盐陶瓷。与之相区别,人们将近代发展起来的各种陶瓷总称为特种陶瓷,也称为新型陶瓷、高技术陶瓷或精细陶瓷。特种陶瓷以精制高纯的化工产品为原料,在化学组成、内部结构、性能和使用效能等各方面均不同于传统陶瓷。特种陶瓷具有各种优异、独特的性能,应用在汽车上,对减轻车辆自身质量、提高发动机热效率、降低油耗、减少排气污染、提高易损件寿命、完善汽车智能性功能都具有积极意义。

新型陶瓷是用碳化硅和氮化硅等无机非金属烧结而成,能耐1000℃以上高温。陶瓷材料主要应用在汽车传感器、发动机、制动器、减振器、喷涂技术上。采用新型陶瓷的涡轮增压器,比当今超耐热合金具有更优越的耐热性,而比重却只有金属涡轮的约1/3;

陶瓷制动器是在碳纤维制动器的基础上制造而成的,在 F1 赛车、民用轿车中都有应用,例如奔驰的 CL55 AMG;高级轿车的减振装置是综合利用敏感陶瓷正压电效应、逆压电效应和电致伸缩效应研制成功的智能减振器。由于采用高灵敏度陶瓷元件,这种减振器具有识别路面且能做自我调节的功能,可以将轿车因粗糙路面引起的振动降到最低限度。近年来,在航天技术中广泛应用的陶瓷薄膜喷涂技术开始应用于汽车上。这种技术的优点是隔热效果好、能承受高温和高压、工艺成熟、质量稳定。为达到低散热的目标,可对发动机燃烧室部件进行陶瓷喷涂,如活塞顶、缸套喷涂氧化锆。经过陶瓷喷涂处理的发动机可以降低散热损失、减轻发动机自身质量、减小发动机尺寸、减少燃油消耗量。

4. 复合材料

复合材料是由两种或两种以上性质不同的固体材料组合得到的材料。复合材料既保持组成材料各自的特性,又具有复合后的新特性。由于复合材料本身所具有的质量轻、强度高和其他优异性能,使得复合材料在当今高技术发展中占有十分重要的地位。

1) 玻璃纤维

玻璃纤维具有较高的比强度,较好的耐蚀性、抗冲击韧性,缺点是弹性模量低和刚性较差。玻璃纤维主要用于航天、航空、汽车、造船等领域,作受力构件用,如汽车车身、轻型船体。还可以作机械、化工、建筑的受力构件及电器设备中的绝缘件,如齿轮、叶片、化工管道、容器、围护结构、装饰门窗等。

2) 碳纤维材料

碳纤维材料是由碳纤维与树脂复合而成的。目前应用的碳纤维材料多数是碳纤维与热固性塑料的复合制品。碳纤维材料的强度比玻璃钢高,密度比玻璃钢小,所以它的比强度更高;它的弹性模量也比玻璃钢高。此外,它还具有良好的化学稳定性和良好的高低温机械性能。其主要缺点是脆性大。主要用于制作飞机发动机叶片、卫星壳体、齿轮、轴承、密封圈等。

3) 金属基复合材料

金属基复合材料(MMC)是复合材料中的一类重要材料,出现于 20 世纪 60 年代,70 年代在航空、航天及军事领域得到实际应用,经过 40 年的研究开发,MMC 已在包括汽车工业在内的多个行业得到日益广泛的应用。但总体上说还处于试验阶段,离大规模批量生产、全面取代传统材料还有很大的距离,需要研究和探索的问题还很多,科技工作者应进一步加强对 MMC 的开发研究工作,争取在国产汽车上早日实现这种新型材料的广泛应用。

MMC 的性能优点主要有以下几个方面:强度和比强度高、弹性模量和比刚度高、耐磨性能好、热膨胀系数低等。降低油耗最直接的手段之一是通过材料代换实现汽车轻量化,MMC 在这方面所能起的作用是毋庸置疑的。金属基复合材料主要用于制造发动机活塞、发动机缸体及缸套、制动盘、驱动轴、连杆、凸轮轴支架、进气门、摇臂、弹簧座、活塞环等多种汽车零件。

1.4　汽车运行材料

汽车运行材料是指在车辆运行过程中,使用周期较短,消耗费用较大,对车辆使用性能有较大影响的一些非金属材料。

汽车运行材料关系到汽车的安全性和可靠性,如当代汽车要求严格控制有害物质的无铅汽油;要求十六烷值较高的低含硫量的轻柴油;要求抗磨损、耐极压的润滑油;要求高温抗气阻性好、低温流动性好的制动液;要求使用寿命长、节省燃料的轮胎等。每种汽车运行材料只有具备要求的使用性能才能发挥其作用,汽车运行材料的品质是影响汽车技术状况的主要使用因素之一。汽车上的一些机械故障所引发的交通事故往往是由于汽车运行材料选用不当而造成的。

1. 汽车运行材料的分类

按对汽车运行的作用和消耗方式不同,汽车运行材料可分为四大类。

1) 车用燃料

车用燃料主要包括车用汽油、车用柴油、车用替代燃料(如甲醇、乙醇、乳化燃料、天然气、石油气、氢气)等。车用燃料的使用性能对汽车的动力性、排放性有直接影响。车用燃料的消耗费用约占汽车运输成本的1/3左右,直接影响汽车使用的经济性。

2) 车用润滑油料

车用润滑油料主要包括发动机润滑油、车辆齿轮油、车用润滑脂等。车用润滑油料的润滑性能、低温流动性能直接影响汽车运动件的有效润滑,其运动黏度直接影响汽车的效率传递,如选用不当,会使得汽车起步困难,并缩短汽车的使用寿命。

3) 车用工作液

车用工作液主要包括液力传动油、汽车制动液、液压系统用油、车用发动机冷却液、车用空调制冷剂、汽车风窗玻璃清洗液等。车用工作液的消耗费用和其他运行材料相比,虽然不是太多,但其对汽车性能,如行驶安全性、行驶舒适性等,有显著的影响,其选用的合理与否,对节约车用燃料和车用润滑油料,发挥车辆动力性能,延长汽车使用寿命有直接关系。

4) 汽车轮胎

轮胎是汽车行驶系统的主要组成部分之一,其使用的合理与否,直接关系到汽车的行驶安全性和使用经济性。

2. 汽油

车用汽油是从石油中提炼出来的,由碳、氢元素组成的烃类化合物。它是一种密度小、易于挥发的液体燃料,自燃点为415~530℃。汽油发动机对车用汽油的使用性能要求非常严格。采用电控多点喷射燃料供给系统、三元催化转化器并运用闭环控制的汽车,对汽油使用性能的要求更为严格。为满足汽油机的工作特点,保证汽油机的顺利起动、平稳运转,充分发挥汽油机的动力性能,对车用汽油使用性能的主要要求有:①适宜的蒸发性；②良好的抗爆性；③良好的氧化安定性；④对机件等无腐蚀性；⑤对环境等的无害性；⑥本身的清洁性。

3. 发动机润滑油

发动机润滑油是润滑系统的液态工作介质，是在以精制的矿物油、合成油为基础油中加入金属清净剂、无灰分散剂、抗氧抗腐剂、黏度指数改进剂、降凝剂、抗泡剂、防锈剂等各类添加剂制成。其主要作用是润滑、冷却、清洁、密封和防蚀。

对于发动机润滑油，要求主要包括以下几个方面，在工作期间必须能及时可靠地输送到各摩擦零件的表面；在各种工况下都能在摩擦面上形成足够牢固的油膜或其他形式的抗磨保护膜，从而减少摩擦和磨损；及时导出摩擦生成的热，使机件维持正常温度；可靠地密封发动机所有的间隙；从摩擦面带走磨屑和其他外来的机械杂质；本身不具有腐蚀性，并且能保护发动机零件不受外界腐蚀性介质的作用，以免发生腐蚀或腐蚀性磨损；在发动机零件表面形成的沉积物要少；理化性质稳定，在发动机工作过程中油的性质变化缓慢。

为保证发动机润滑油发挥正常的功效，必须在发动机润滑油中添加各种添加剂，以提高其高温清净性、低温分散性、抗磨性、抗氧抗腐性、抗泡沫性等。

发动机润滑油品种、规格是按照基础油的性能和各种添加剂所含数量来划分的。目前，美国润滑油的 API 性能分类法和 SAE 黏度分类法已被世界各国所公认和广泛采用，我国也参照这两种润滑油的分类方法制定了 GB/T 28772—2012《内燃机油分类》和 GB/T 14906—1994《内燃机油黏度分类》两个国家标准，相应制定了我国内燃机油的质量分类法和黏度分类法。

1）API 质量分类法

汽油发动机油以"S"系列代表，从"SA"一直到"SN"，字母越靠后，质量等级越高。柴油发动机油以"C"系列代表，字母越靠后，质量等级越高。当"S"和"C"同时存在时，为汽柴通用型油。

2）SAE 黏度分类法

SAE 是美国汽车工程师学会的简称，它规定了机油的黏度等级。该分类将机油分为冬季用油和春秋与夏季用油，黏度从小到大有 0W、5W、10W、15W、20W、25W、20、30、40、50、60 共 11 个黏度等级。

"W"是英文"Winter"的缩写，适合于冬天的低温气候使用，号数越低，表示其所适用的环境温度也越低。不带"W"的为春秋与夏季用油，号数越大，表明高温时的黏度越大，适用的最高气温越高。冬夏通用油牌号分别为：5W/20、5W/30、5W/40、5W/50、10W/20、10W/30、10W/40、10W/50、15W/20、15W/30、15W/40、15W/50、20W/20、20W/30、20W/40、20W/50，代表冬用部分的数字越小，代表夏季部分的数字越大者黏度越高，适用的气温范围越大。

3）发动机润滑油使用注意事项

（1）如果不是通用油，则汽油机油和柴油机油不能混用；不同牌号的发动机油也不能混用。

（2）质量等级较高的发动机油可替代质量等级较低的发动机油；反之，则不能。

（3）经常检查发动机油的液面高度。

（4）注意使用地区的气温变化，及时换用黏度等级适宜的发动机油。在满足使用要求的前提下，发动机油的黏度尽可能选择小些。

（5）适时（定期或按质）换油。

（6）严防水分、杂质等污染发动机油。

4. 车用工作液

车用工作液主要包括液力传动油、汽车制动液、液压系统用油、汽车发动机冷却液、车用空调制冷剂、汽车挡风玻璃清洗液等。

1）液力传动油

用作液压系统传动介质的油称为液力传动油，又称液压液、自动排挡油、方向机油、助力器油等，国外称为自动变速器油。液力传动油是市场上最复杂的多功能液体之一，性能要求非常全面，在传动过程中起到下列作用：分散热量，磨损保护，匹配的动、静摩擦特性，高低温下的保护作用。

国外液力传动油的分类是按照 ASTM（美国材料试验学会）和 API（美国石油学会）的分类方案，将液力传动油分为 PTF-1、PTF-2、PTF-3 三类。目前我国液力传动油尚无国家标准，现行标准为中国石化总公司的企业标准，该标准将液力传动油分为 6 号液力传动油和 8 号液力传动油两种。6 号液力传动油主要用于内燃机车、重负荷卡车、履带车、越野车等大型车辆液力变扭器和液力耦合器以及工程机械的液力传动系统。8 号液力传动油主要用于各种小轿车、轻型卡车的液力自动传动系统。

2）汽车制动液

汽车制动液是液压制动系统中传递制动压力的液态介质，使用在采用液压制动系统的车辆中。汽车制动液又称刹车油或迫力油，是制动系统制动不可缺少的部分。

常用的进口制动液有 DOT3、DOT4 两种。DOT 是美国汽车安全标准规定标称，其数字越大，级别越高。DOT3 与 DOT4 的不同之处主要在于沸点不同，DOT4 比 DOT3 更耐高温。国产制动液依据其平衡回流沸点，可分为 JG0、JG1、JG2、JG3、JG4、JG5 六个质量等级，序号越大平衡回流沸点越高，高温抗气阻性越好，行车制动安全性越高。制动液按其组成和特性不同，一般可分为矿油型、醇型和合成型制动液三类。其中合成型制动液是目前广泛应用的主要类型。

3）汽车发动机冷却液

汽车发动机冷却液是一种含有防冻添加剂的冷却液，简称防冻液，在汽车冷却系统中起着冷却和防冻的作用。防冻液是在清洁水中加入一定比例的防冻剂而配制成具有不同冰点的产品。根据防冻液中加入的防冻剂的不同构成不同品种的防冻液。目前，常用的防冻液品种有乙二醇型、酒精型和甘油型等。

4）车用空调制冷剂

汽车空调系统是实现对车厢内空气进行制冷、加热、换气和空气净化的装置。它可以为乘车人员提供舒适的乘车环境，降低驾驶员的疲劳强度，提高行车安全。空调装置已成为衡量汽车功能是否齐全的标志之一。而要实现空调的正常运行，制冷剂是不可缺少的。制冷剂被人们称为汽车空调的血液。

目前汽车空调制冷系统使用的制冷剂主要是 R134a 和 R22。制冷剂容器应避免日光直射、火炉烘烤，以防意外。制冷系统密封材料应用专用材料，添加制冷剂之前应先通过目测检查整个空调系统是否有泄漏点。

5）汽车挡风玻璃清洗液

挡风玻璃清洗液主要作用就是清洗玻璃，去除鸟粪、虫垢、树黏液等污垢。汽车挡风玻璃清洗液的特殊配方可以有效、安全地清洗汽车玻璃的各种污垢，另外，液体不仅不会留下水痕，也不会对玻璃膜造成伤害，清洁后的挡风玻璃清澈透明，能确保视线无阻。汽车挡风玻璃清洗液的凝点很低，一般可以保证零下 25℃ 不会凝固，非常适合北方的寒冷天气。

5. 车用轮胎

轮胎是汽车上唯一与地面直接接触的部件，与汽车悬架共同来缓和汽车行驶时所受到的冲击，保证汽车有良好的乘坐舒适性和行驶平顺性；保证车轮和路面有良好的附着性，提高汽车的牵引性、制动性和通过性；承受着汽车的重量。轮胎的结构如图 1-1 所示。一般轮胎在侧壁上都会印上其厂商的英文商标，如米其林（MICHELIN）、普利司通（BRIDGESTONE）、邓禄普（DUNLOP）、佳通（GITI）、马牌（CONTINENTAL）、固特异（GOODYEAR）、倍耐力（PIRELLI）等，轮胎的标记如图 1-2 所示。

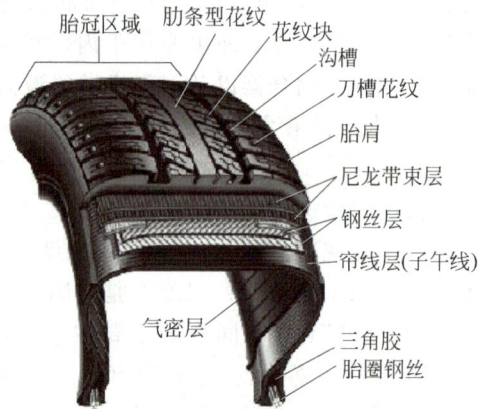

图 1-1　轮胎的结构

图 1-2　轮胎的标记

　　轮胎按花纹分类大体上可以分为五种：直沟花纹、横沟花纹、纵横沟花纹、泥雪地花纹、越野花纹。轮胎的选用需注意以下事项。

　　（1）优先考虑车辆的原厂轮胎,原厂轮胎的规格是最能配合汽车速度及汽车的最大载重的,因此从理论上说,在更换轮胎时应优先考虑。

　　（2）其次留意轮胎花纹,经常在深水行驶的汽车,应该选择排水性比较好的花纹轮胎,比如有规则的小块状的花纹；而需要越野和跑长途的汽车,则可以选择大块状的花纹。

　　（3）如果对车辆原来的操控性不满意,可以考虑更换扁平比更低的轮胎。

　　（4）千万不要把不同类型的轮胎混合使用,比如说把比较适合越野车使用的轮胎,和一般汽车的轮胎放在一起,或者把定向的跑车轮胎和一般的轮胎混合使用。

　　（5）在选购中还要尽量避免翻新胎。鉴别翻新胎的方法很简单：最常见的就是观察轮胎的色彩和光泽,翻新后的轮胎颜色和光泽都比较黯淡。

1.5　汽车爆燃与汽油辛烷值

1. 汽车爆燃

　　火花塞跳火点燃可燃气体,形成火焰中心,火焰逐渐向未燃混合气扩散（传播速度为20～50m/s）,气缸内压力和温度上升均匀,这种状况称为正常燃烧。在汽油机燃烧室火焰传播过程中形成多个火焰中心,火焰传播速度快,比正常燃烧的火焰传播速度高几十倍,气缸内压力和温度上升急剧,这种状况称为爆燃。

　　影响爆燃的因素很多,汽油本身的抗爆性能是最根本的。当可燃混合气在气缸内被电火花点燃后,一部分未燃混合气因受到正常火焰焰面的压缩和热辐射作用,温度和压力急剧升高,化学反应加剧,生成许多不稳定的过氧化物。过氧化物的特点是当其浓度较大时容易发生自燃。抗爆性好的汽油,在燃烧过程中其氧化分解产生的过氧化物不会达到自燃的浓度。如汽油的抗爆性不好,就容易使过氧化物聚集,尤其是在已燃混合气的热辐射和压力作用下,过氧化物会迅速达到自燃的浓度而自燃,进而在未燃的混合气中形成多个火焰中心,向四面八方传播。由于这种燃烧速度极为迅速,气缸容积来不及膨胀,使气缸内的压力和温度急剧上升,在局部区域的瞬间压力和温度甚至高达9800kPa和2500℃左右。这种压力和温度的不平衡产生强烈的冲击波,以超音速向前推进,猛烈撞击气缸盖、活塞顶和气缸壁,使发动机产生振动,并发出清脆的敲缸声,即敲缸现象。爆燃对发动机的危害很大,表现在以下几个方面。

　　（1）由于强烈冲击波的作用,会使气缸盖、活塞顶、气缸壁、连杆、曲轴等机件的负荷增加,产生变形甚至损坏。

　　（2）爆燃的高压和高温会破坏气缸壁的润滑油膜的润滑性,使发动机磨损加快,气缸的密封性下降,发动机功率降低。

　　（3）爆燃产生的高温会增加冷却系统的负担,易使发动机过热。

　　（4）爆燃的局部高温,引起热分解现象严重,使燃烧产物分解为HC、CO和游离碳的现象增多,排气冒黑烟严重;产生的碳易形成积炭,破坏活塞环、火花塞、气门等零件的正常工作,使发动机的可靠性下降。

2. 汽油辛烷值

对既定的发动机,当压缩比一定时,爆燃产生的主要影响因素就是汽油自身的抗爆性。所以,为避免爆燃现象的出现,应尽量使用抗爆性好的汽油。汽油抗爆性的评价指标是辛烷值和抗爆指数。

辛烷值是表示点燃式发动机燃料抗爆性的一个约定数。在规定条件下的标准发动机试验中,通过和标准燃料进行比较来测定,采用和被测定燃料具有相同抗爆性的标准燃料的辛烷值表示。辛烷值通常用英文缩写 ON(Octane Number)表示。在标准发动机试验中,由于规定条件不同,测得的辛烷值也不同。按照试验条件,辛烷值分为马达法辛烷值和研究法辛烷值两种。马达法辛烷值的试验条件要比研究法辛烷值的试验条件苛刻。例如,测定马达法辛烷值时,发动机转速一般为 900r/min,混合气一般加热至 149℃;而测定研究法辛烷值时,发动机转速一般为 600r/min。测定某汽油辛烷值时,将被测汽油在试验机上按规定试验条件运转,逐渐调大压缩比,使试验机发生爆燃,直至达到规定的爆燃强度。爆燃强度可用电子爆燃表测量。然后,在相同条件下选择已知辛烷值的标准燃料进行对比试验。当某标准燃料的爆燃强度恰好与试验汽油的爆燃强度相同时,测定过程结束。该号标准燃料的辛烷值即为所测汽油的辛烷值。

马达法辛烷值表示的是汽油在发动机重负荷条件下高速运转时的抗爆能力,研究法辛烷值表示的是汽油在发动机常用加速条件下低速运转时的抗爆能力,两者都不能全面反映车辆运行中汽油燃烧的抗爆性能。为能较全面地反映汽油在车辆运行中的抗爆能力,引入了抗爆指数这一指标。抗爆指数是汽油研究法辛烷值与马达法辛烷值的平均值。

复习思考题

一、填空题

1. 普通灰口铸铁、可锻铸铁、球墨铸铁及蠕墨铸铁中石墨的形态分别为_____、_____、_____和_____。
2. 工程中常用的特殊性能钢有_____、_____、_____。
3. 汽油牌号中的数字指的是_____,它表示汽油的_____性能。
4. 通常采用_____作为汽油抗爆性的评定指标。
5. 冬季用发动机润滑油牌号用数字+W 表示,数值小表示适用温度_____;夏季用发动机润滑油牌号数值大表示适用温度_____。

二、选择题

1. 以下( )的断口呈灰黑色。
    A. 马口铁　　　　　B. 白口铸铁　　　　　C. 麻口铸铁　　　　　D. 灰口铸铁
2. 用于制造渗碳零件的钢称为( )。

    A. 结构钢　　　　　B. 合金钢　　　　　C. 渗碳钢　　　　　D. 工具钢

3. 机械制造中,T10钢常用来制造(　　)。

    A. 容器　　　　　　B. 刀具　　　　　　C. 轴承　　　　　　D. 齿轮

4. GCr15SiMn钢的铬的质量分数是(　　)。

    A. 15%　　　　　　B. 1.5%　　　　　　C. 0.15%　　　　　D. 0.015%

5. 黄铜是以(　　)为主加元素的铜合金。

    A. 铅　　　　　　　B. 铁　　　　　　　C. 锡　　　　　　　D. 锌

三、简答题

1. 写出下列牌号数字及文字的含义,Q235-F、KTZ450-06、H68、LF5。

例如,HT100表示灰口铸铁,其最低抗拉强度为100MPa。

2. 轴承钢应满足哪些性能要求?

3. 汽油的主要使用性能有哪些?

4. 简述轮胎的作用。

单元 ② 静力学基础知识

（1）理解力的性质，了解约束的类型与性质。

（2）掌握刚体受力分析。

（3）掌握平面力系平衡方程的建立方法。

2.1　静力学基本概念与公理

静力学是力学的一个分支，它主要研究物体在力的作用下处于平衡的规律，以及如何建立各种力系的平衡条件。静力学还研究力系的简化和物体受力分析的基本方法。

1. 静力学的基本概念

1) 刚体

静力学中常把研究的物体看成刚体。刚体就是在力的作用下，大小和形状不发生改变的物体。实际上，绝对的刚体是不存在的，只是在理论力学中被抽象化了的模型。在机械工程中，对在力作用下产生变形微小的构件，研究其机械运动规律时，这种微小的变形对研究结果影响很小，可以忽略不计时，就称这一构件为刚体。但刚体概念的应用并不是绝对的，在理论力学中对物体受力变形很小的，可视为刚体，但在材料力学中这一概念就不适用了。

2) 力的概念

（1）力的定义

力是物体间的相互机械作用，其结果是使物体的机械运动状态发生改变，或使物体发生变形。因为力是一物体对另一物体的机械作用，所以力不能脱离实际物体而单独存在。

（2）力的要素

力对物体的作用效果取决于力的大小、方向和作用点三个要素。这三个要素称为力的三要素。在这三要素中，只要任何一个因素发生变化时，力对物体的作用效果也就随之改变。

（3）力的表示方法

力是具有大小和方向的量，为矢量。因为力是矢量，力的大小与方向可用一个带箭头的直线来表示。线段的长短表示力的大小，箭头的指向表示力的方向，线段的起点或终点表示力的作用点，如图2-1所示。通过力的作用点沿力的方向画的直线称为力的作用线。通常用粗体字母 F 表示矢量，白体字母 F 表示力的大小。

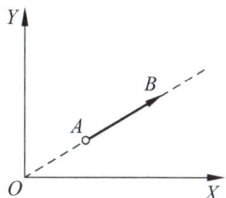

图2-1 力的三要素

3）力矩与力偶

一个力对固定的点的作用称为力矩。作用在同一物体上的两个大小相等、方向相反，且不共线的平行力，称为力偶。

4）平面力系

一组力同时作用在一个物体上，这一组力就称为力系。力系是指力与物体作用与力在其作用平面内分布的方式。如果有一力系可以代替另一力系作用在物体上而产生同样的机械运动效果，则两力系互相等效，可称为等效力系。

若一个力和一个力系等效，则称这个力是该力系的合力，而力系中的各个力都是该合力的分力。把各分力代换成合力的过程，称为力系的合成。把合力换成几个分力的过程，称为力的分解。

5）平衡

物体的平衡是指物体相对地面保持静止或做匀速直线运动，是物体机械运动中的一种特殊状态。要使物体处于平衡状态，则作用在物体上的力系应是一组平衡力系。

2. 静力学的公理

静力学的理论建立在以下几个公理的基础上。这些公理是人类经验的积累，是大量的观察和实验结果的总结，是对于力的基本性质的认识的概括。

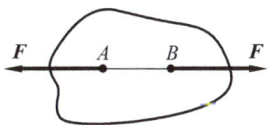

图2-2 二力平衡

公理一 二力平衡公理

要使作用在一个刚体上的两个力平衡，其必要和充分条件是：这两个力的大小相等，方向相反，且作用在同一条直线上，如图2-2所示。

工程上只受两个力作用下平衡的构件叫二力杆。

公理二 加减平衡力系公理

在已知力系上加上或减去任意一个平衡力系，并不改变原力系对刚体的作用效应。如图2-3所示。

推论一 力的可传性原理

作用于刚体上的力可沿其作用线移到同一刚体内的任一点，而不改变该力对刚体的

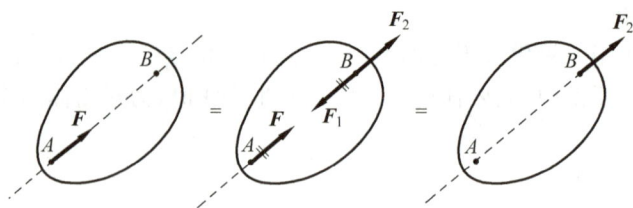

图 2-3　加减平衡力系

效应。

注意：力的可传性只适用于刚体而不适用于变形体。

公理三　力的平行四边形公理

作用于物体上同一点的两个力可合成为一个合力,此合力也作用于该点,合力的大小和方向由以原两力矢为邻边所构成的平行四边形的对角线来确定,如图 2-4 所示。

推论二　三力平衡汇交定理

刚体受三力作用而平衡,若其中两力作用线交于一点,则另一力的作用线必汇交于同一点,且三力的作用线共面,如图 2-5 所示。

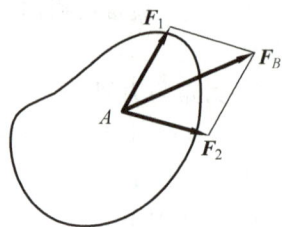

图 2-4　力的平行四边形法则

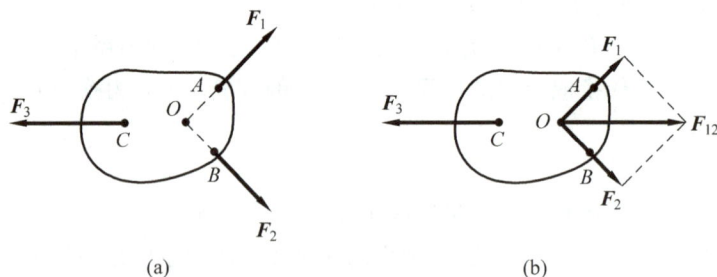

(a)　　　　　　　　　　　　(b)

图 2-5　三力平衡汇交

公理四　作用与反作用定律

一物体对另一物体有作用力时,另一物体对此物体必有一反作用力。这两个力大小相等,方向相反,且沿同一直线作用。

必须注意,作用力与反作用力不能与二力平衡公理中的一对平衡力相混淆。一对平衡力是作用在同一研究对象上的,而作用力和反作用力是分别作用在两个物体上的。

2.2　分析约束并绘制受力图

机械和工程结构中的零件和构件,都是相互联系和互相制约的,它们之间存在着相互作用的力,要解决工程中的力学问题,就必须对零件或构件进行受力分析。

1. 约束与约束反力

有些物体,如飞行中的飞机、炮弹等,能在空中任何方向运动,这类位移不受任何限制的物体称为自由体;而有些物体都是以各种方式与周围的其他物体互相联系着,这种联系常常会限制物体的某些运动和位置的改变,一部机器是由许多零部件相互联系组成的,如轴受到轴承的限制,使它在一定位置上转动等。

凡是对物体的运动起限制作用的其他物体称为约束。约束作用在物体上的力称为约束反力。物体上除受约束反力外,在物体上还作用有另外一种力,这种力使物体产生某种运动,称为主动力,例如物体的重力,加在物体上的载荷等。通常主动力的大小与方向是已知的,而约束力的大小与方向是未知的,需要用一定的方法求出。在图2-6中,重力是重物的主动力,而绳子对重物的拉力则是重物所受的约束反力。

约束反力方向总是与该约束所能限制的运动或运动趋势方向相反,作用点在约束与被约束物体相互连接或接触点。表2-1所列为常见约束及其约束力。

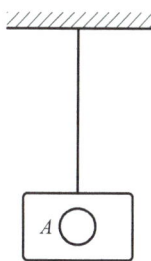

图2-6 主动力与
约束反力

表 2-1 常见约束及其约束力

约 束 类 型	计算简图	约束力	未知量数目
柔体约束		F_{TA} 拉力	1
光滑接触面		F_{NA} 压力	1
圆柱铰链		F_{Ax} F_{Ay} F'_{Ay} F'_{Ax} 指向假定	2
链杆		F_A 指向假定	1
固定铰支座		F_{Ax} F_{Ay} 指向假定	2

续表

约束类型	计算简图	约束力	未知量数目
可动铰支座		F_{Ax} M_A F_{Ay} 指向、转向均假定	3
固定端支座		F_{Ax} M_A F_{Ay} 指向、转向均假定	3

工程中常见的几种约束及其约束反力如下。

1) 柔性约束

由绳索、胶带、链条等组成的约束为柔性约束。这种约束只能限制物体沿柔索伸长方向的运动,即只能承受拉力,不能承受压力。约束反力方向只能沿柔体的中线背离被约束物体,如图 2-7 所示。柔性体的约束反力常用符号 F_T 或 T 表示。

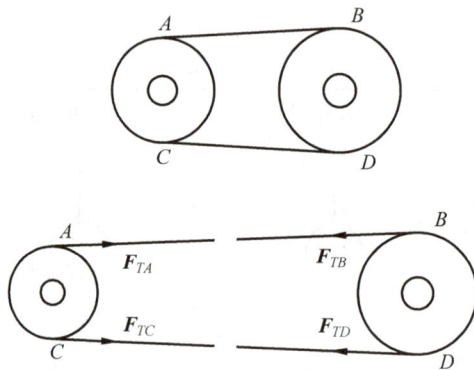

图 2-7   柔性约束

2) 光滑接触面约束

当两物体直接接触,并可忽略接触处的摩擦时,约束只能限制物体在接触点沿接触面的公法线指向约束物体的运动,而不能限制物体沿接触面切线方向的运动,这类约束称为光滑面约束。

约束反力作用在接触点处,方向沿公法线,指向被约束物体,如图 2-8 所示。约束反力常用 F_N 或 N 来表示。

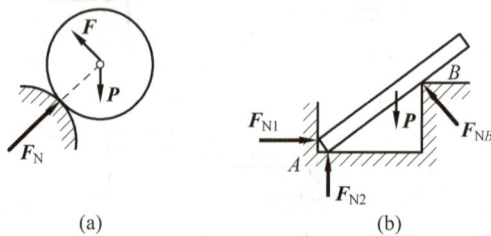

(a)   (b)

图 2-8   光滑接触面约束

3）光滑铰链约束

两构件采用圆柱销所形成的连接，并忽略接触处的摩擦，这类约束称为光滑圆柱铰链约束。由于两个光滑圆柱面接触时，主动力的方向不能预先确定，故约束反力的方向也不能确定。因此圆柱形销钉连接的约束反力通过铰链中心，一般用两个相垂直且通过铰链轴线的分力来代替，常用 F_x、F_y 表示。

（1）固定铰链支座。把圆柱销连接的两个构件中的一个固定起来，就称为固定铰链支座。固定铰链约束只限制了构件孔端的任意移动，不限制构件绕销孔端的相对转动，如图 2-9 所示。

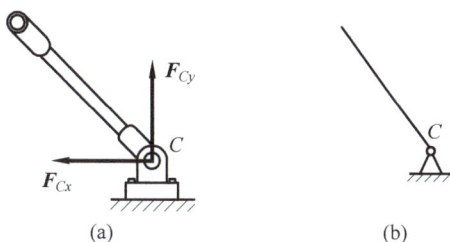

图 2-9   固定铰链约束

（2）活动铰链支座。原固定铰链下边不固定，安装上滚柱就称为活动铰链支座。活动铰链约束只限制构件沿支承面法线方向的移动。如图 2-10 所示，约束力过铰链中心，垂直于支承面，指向构件。常用符号 F_N 表示。

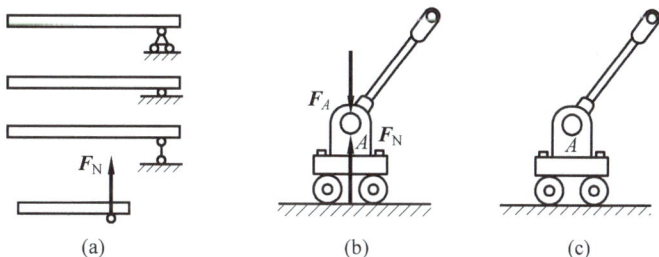

图 2-10   活动铰链约束

（3）中间铰链。当圆柱销连接的两个构件不固定，通常就称为中间铰链。中间铰链约束只能限制两非自由体的相对移动，而不能限制相对转动，约束力的作用线通过铰链中心，垂直于销钉轴线，方向不定，可用两个正交分力表示，如图 2-11 所示。

4）固定端约束

工程中有一种常见的基本约束，如建筑物上的阳台、插入墙壁的电风扇托架、镗刀的刀杆和固定在刀架上的车刀等，这些约束称为固定端约束。固定端约束既限制了被约束构件的任意方向的移动，又限制了被约束构件的转动。常用两个正交的约束分力 F_{Ax}、F_{Ay} 与一个约束力偶 M_A 表示，如图 2-12 所示。

2. 构件的受力分析及受力图

要研究力系的简化和力系的平衡条件，就必须先研究分析物体的受力情况并画出受

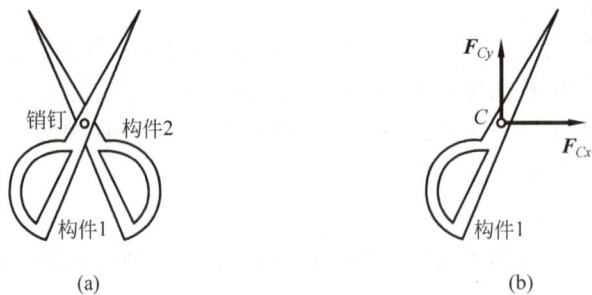

图 2-11　中间铰链约束

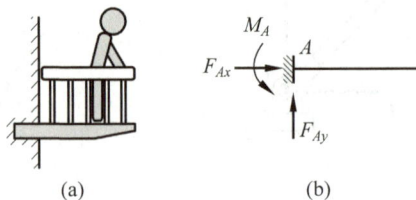

图 2-12　固定端约束

力图。在静力学中,受力分析是分析所要研究的构件上受到哪些作用力,并确定每个力的作用位置和方向。表示构件受力情况的简明图形称为受力图。

画受力图的方法步骤如下。

(1) 明确研究对象,画出其分离体简图。

(2) 在简图上画出全部主动力。

(3) 在简图上画出全部的约束反力。

下面通过实例说明受力图的画法。

例 2-1　重量为 F_P 的球,用绳子在 A 处拉住,放置在光滑的接触面 B 处,如图 2-13(a) 所示,画出球的受力图。

解:(1) 取球为研究对象。

(2) 画出主动力:主动力为小球所受重力 F_P。

(3) 画出约束反力:在 A 处绳子的拉力 F_T,沿绳子本身方向且为拉力,B 处光滑接触面的反力 F_{NB},沿着接触点处球面的法线且指向物体。球的受力如图 2-13(b) 所示。

例 2-2　画图 2-14(a)所示结构 $ACDB$ 的受力图。

解:(1) 取结构 $ACDB$ 为研究对象。

(2) 画出主动力:主动力为 F_P。

(3) 画出约束反力:约束为固定铰支座和活动铰支座,画出它们的约束反力,如图 2-14(b)所示。

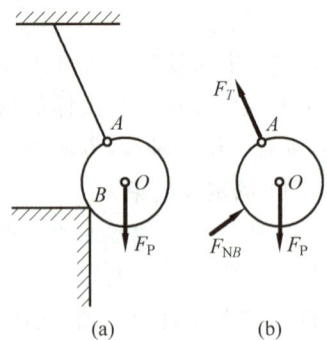

图 2-13　球的受力图

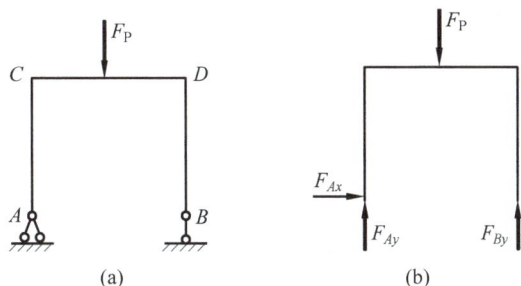

图 2-14　受力图

例 2-3　如图 2-15(a)所示,水平均质梁重为 P_1,电动机重为 P_2,不计杆的自重,画出杆 CD 和梁 AB 的受力图。

解:(1) 画 CD 杆的受力图。以 CD 杆为研究对象,画出其分离图;CD 杆无主动力;画 CD 杆受力图,如图 2-15(b)所示。

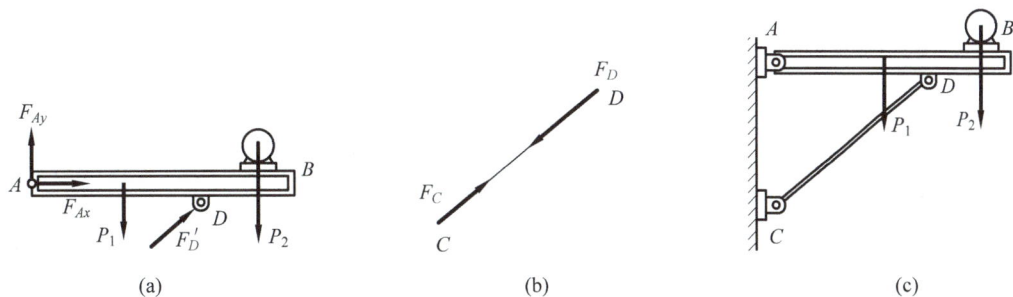

图 2-15　活动铰链约束

C、D 处为铰链连接约束,设约束反力为 F_C、F_D。根据公理一,F_C、F_D 必等值、反向、共线。一般情况下,力的方向如不能定出,可自设方向。如果构件只受两力的作用,二力平衡时,称此构件为二力杆。对受力系统,画受力图时,应先判断有无二力构件(或二力杆),若有应先考虑画二力构件(或二力杆)的受力图。

(2) 画 AB 梁的受力图。以 AB 梁为研究对象,画出其分离图;画出主动力 P_1、P_2;画出约束反力,如图 2-15(c)所示。

2.3　力矩与平面力偶系

1. 力矩

1)力矩的概念

力对物体可以产生移动效应(取决于力的大小、方向)和转动效应(取决于力矩的大小、方向),其中力对物体的转动效应用力矩来度量。力矩与力的大小和力臂的长度有关。当用扳手拧紧螺母时,其转动效应不仅与力 F 的大小有关,而且还与转动中心 O 到力的作用线垂直距离有关,如图 2-16 所示。

F 与 d 乘积(Fd)就是力的转动效应的度量,力 F 对矩心 O 之矩,称为力矩,并用 $M_O(F)$ 表示,即

$$M_O(F) = \pm F \cdot d \qquad (2\text{-}1)$$

其中,O 为力矩的中心,简称矩心;d 为矩心到力 F 作用线的垂直距离,称为力臂;$\pm$ 表示力矩的转动方向。

图 2-16　扳手拧螺母

力矩使物体绕矩心产生的转动方向用力矩的正负值表示,当力矩使物体产生逆时针方向转动时,力矩取为正值;反之取为负值。

2)合力矩定理

平面汇交力系的合力对平面内任一点的矩,等于所有分力对同一点的矩的代数和。即

$$M_O(F) = M_O(F_1) + M_O(F_2) + M_O(F_3) + \cdots + M_O(F_n) = \sum M_O(F_i) \qquad (2\text{-}2)$$

该定理说明合力使物体绕某点转动的效应等于各分力使此物体绕同一点转动的效应的总和。

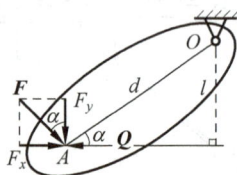

图 2-17　力对点的矩

例 2-4　如图 2-17 所示,已知 F、Q、l、α,求 $M_O(F)$ 和 $M_O(Q)$

解:(1)由力对点之矩的定义式得

$$M_O(F) = F \cdot d = F \cdot l / \sin\alpha$$

$$M_O(Q) = -Q \cdot l$$

(2)根据合力矩定理求矩

$$M_O(F) = F \cdot d = F_x \cdot l + F_y \cdot l \cdot \cot\alpha$$

$$M_O(Q) = -Q \cdot l$$

2. 平面力偶系

1)力偶与力偶矩

在生产实践和日常生活中,经常遇到大小相等、方向相反、作用线不重合的两个平行力所组成的力系。这种力系只能使物体产生转动效应而不能使物体产生移动效应。例如,用拇指和食指开关自来水龙头,司机用双手操纵方向盘,木工用丁字头螺丝钻钻孔等,如图 2-18 所示。

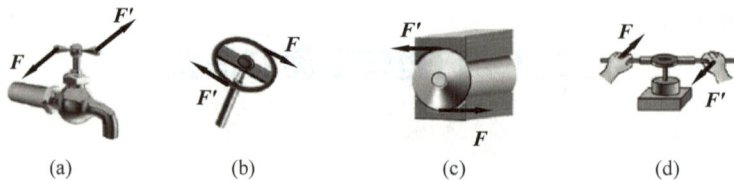

(a)	(b)	(c)	(d)

图 2-18　力偶作用的实例

这种大小相等、方向相反、作用线不重合的两个平行力称为力偶。用符号(F, F')表示。力偶的两个力作用线间的垂直距离 d 称为力偶臂,力偶的两个力所构成的平面称为力偶作用面。

实践表明,当力偶的力 F 越大,或力偶臂越大,则力偶使物体的转动效应就越强;反之就越弱。因此,与力矩类似,我们用 F 与 d 的乘积来度量力偶对物体的转动效应,并把这一乘积冠以适当的正负号称为力偶矩,用 M 表示,即

$$M = \pm F \cdot d \tag{2-3}$$

式中的正、负符号由力偶的转向决定。通常规定:逆时针为正"＋",顺时针为负"－",力偶矩的单位是牛·米(N·m)或千牛·米(kN·m)。在平面力系中,力偶矩是代数量。力偶矩的单位与力矩相同。

2)力偶的性质

力偶不同于力,它具有一些特殊的性质,现分述如下。

(1)力偶没有合力,不能用一个力来代替。力偶只能用力偶平衡。力与力偶是两个不同的基本物理量。

(2)力偶对其作用面内任一点之矩都等于力偶矩,与矩心位置无关。

(3)同一平面内的两个力偶,如果它们的力偶矩大小相等、转向相同,则这两个力偶等效,称为力偶的等效性。

(4)从以上性质还可得出两个推论。

① 同一平面内力偶的等效变换。只要保持力偶矩大小和力偶的转向不变,作用于刚体上的力偶可以在其作用面内任意移动或转动,而不会改变它对物体的转动效应。如图 2-19(a)所示的方向盘,只要保持力偶矩大小不变,在 A、B 两点的力偶(F, F') 可以移动到 C、D 点或 E、G 点。

② 平行平面内的等效变换。力偶在同一刚体上可以搬移到与其作用面相平行的平面内,而不改变其对刚体的效应。如图 2-19(b)所示,轴上力偶 M 作用于 A 点和 B 点的效果是一样的。

由以上分析可知,力偶对于物体的转动效应完全取决于力偶矩的大小、力偶的转向及力偶作用面,即力偶的三要素。因此,在力学计算中,有时也用一带箭头的弧线表示力偶,如图 2-19(b)所示。

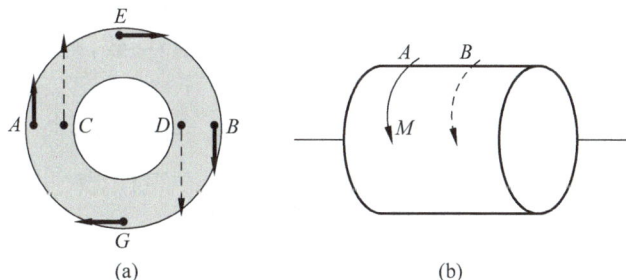

图 2-19　力偶的等效性

3)平面力偶系的合成与平衡

作用在物体同一平面的许多力偶称为平面力偶系。

平面力偶系合成结果还是一个力偶,其力偶矩为各力偶矩的代数和。即

$$M = m_1 + m_2 + m_3 + \cdots + m_n = \sum M_i \tag{2-4}$$

平面力偶系平衡的充要条件是：所有各力偶矩的代数和等于零。即

$$M = \sum M_i = 0 \tag{2-5}$$

例 2-5　如图 2-20 所示，一钻床上水平放置工件，在工件上同时钻四个等直径的孔，每个钻头的力偶矩为 $m_1 = m_2 = m_3 = m_4 = 15\text{N} \cdot \text{m}$，求工件的总切削力偶矩和 A、B 端水平反力？

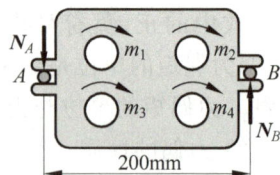

图 2-20　平面力偶系

解：各力偶的合力偶矩为

$$m_1 + m_2 + m_3 + m_4 = 4 \times (-15) = -60(\text{N} \cdot \text{m})$$

力 N_A 与力 N_B 组成一力偶，根据平面力偶系平衡方程得

$$N_B \times 0.2 - m_1 - m_2 - m_3 - m_4 = 0$$
$$N_B = 60/0.2 = 300(\text{N})$$
$$N_A = 300\text{N}$$

2.4　平面力系的平衡

作用于物体上的一群力称为力系。作用于物体上的各力作用线在同一平面内的力系称为平面力系；各个作用线不在同一平面内，称为空间力系。

在平面力系中，如果各力的作用线汇交于一点，那么该力系为平面汇交力系；如果各力作用线互相平行，那么该力系为平面平行力系。

1.　平面汇交力系的平衡条件

1）在坐标轴上的投影

力 F 在坐标轴上的投影向量即为坐标轴方向的分力，如图 2-21 所示。力的投影是代

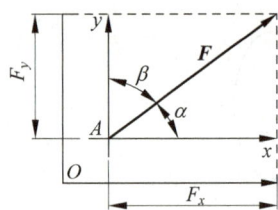

图 2-21　力在坐标上的投影

数量，若方向与 x 轴（或 y 轴）一致，则力 F 的投影 $F_x(F_y)$ 取正值；反之取负值。

$$F_x = \pm F\cos\alpha$$
$$F_y = \pm F\sin\alpha$$

2）面汇交力系平衡方程

当平面汇交力系的合力为 0 时，力系平衡。即

$$F = \sqrt{\left(\sum F_x\right)^2 + \left(\sum F_y\right)^2} \tag{2-6}$$

所以平面汇交力系的平衡方程为

$$\begin{cases} \sum F_x = 0 \\ \sum F_y = 0 \end{cases} \tag{2-7}$$

例 2-6 如图 2-22(a)所示,已知 P、Q,求平衡时,α 与地面的反力 N_D。

解:研究球受力如图 2-22(b)所示,选投影轴列方程为

$$\sum F_x = 0, \quad T_2 \cdot \cos\alpha - T_1 = 0 \tag{1}$$

$$\sum F_y = 0, \quad T_2 \cdot \sin\alpha - Q + N_D = 0 \tag{2}$$

由(1)得 $\qquad\qquad\qquad \cos\alpha = T_1/T_2 = P/(2P)$

所以 $\qquad\qquad\qquad\qquad \alpha = 60°$

由(2)得 $\qquad N_D = Q - T_2 \cdot \sin\alpha = Q - 2P \cdot \sin60° = Q - \sqrt{3}\,P$

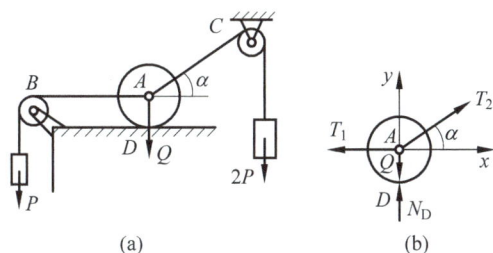

图 2-22 平面汇交力系的平衡举例

2. 平面任意力系的平衡条件

1)力的平移定理

将作用在物体上 B 点的已知力 F 平移到平面内任意一点 A 时,必须附加一个力偶,才能与原来力的作用等效。附加力偶的力偶矩等于原力 F 对平移点 A 的力矩,如图 2-23 所示。

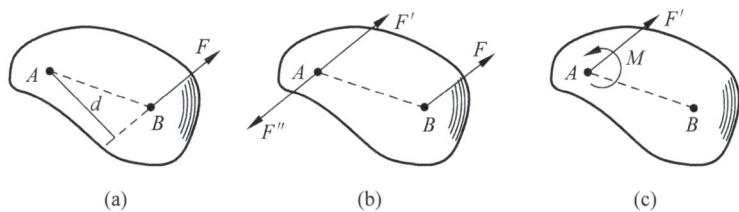

图 2-23 力的平移定理

2)面任意力系平衡方程

平面任意力系平衡的充要条件是力系主矢 F_R' 和力系对某一点的主矩 M_O' 都等于零。即

$$\begin{cases} F_R' = \sqrt{\left(\sum F_x\right)^2 + \left(\sum F_y\right)^2} \\ M_O' = \sum M_O(F) \end{cases} \tag{2-8}$$

所以平面任意力系的平衡方程为

$$\begin{cases} \sum F_x = 0 \\ \sum F_y = 0 \\ \sum M_O(F) = 0 \end{cases} \tag{2-9}$$

例 2-7　如图 2-24 所示,已知：P、a,求：A、B 两点的支座反力。

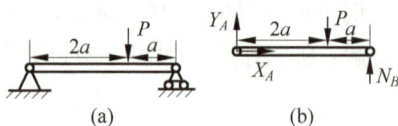

图 2-24　平面任意力系的平衡举例

解：(1) 选 AB 梁为研究对象。

(2) 分离体,画受力图。

(3) 列平衡方程

$$\sum F_x = 0, \quad X_A = 0$$

$$\sum F_y = 0, \quad Y_A + N_B - P = 0$$

$$\sum M_O(F) = 0, \quad -P \cdot (2A) + N_B \cdot (3a) = 0$$

得　　　　　$N_B = 2P/3, \quad Y_A = P/3$

3. 平面平行力系的平衡条件

如选 Oy 轴与力系中各力平行,如图 2-25 所示。

平衡方程为

$$\begin{cases} \sum F_y = 0 \\ \sum M_O(F) = 0 \end{cases} \tag{2-10}$$

例 2-8　如图 2-26 所示,已知：塔式起重机 $P = 700\text{kN}$,$W = 200\text{kN}$(最大起重量),$Q = 180\text{kN}$,求满载时轨道 A、B 给起重机轮子的反力？

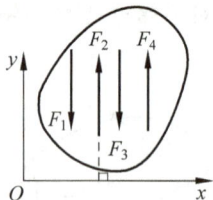

图 2-25　平面平行力系

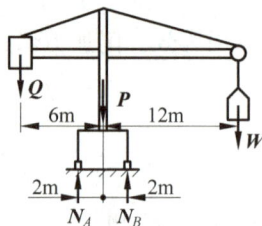

图 2-26　平面平行力系的平衡举例

解：由平面平行力系的平衡方程可得：

$$\sum F_i = 0, \quad -Q - P - W + N_A + N_B = 0$$

$$\sum M_O(F) = 0, \quad (6-2)Q - P \times 2 - (12+2)W + N_B \times 4 = 0$$

得　　　　$N_A = 210(\text{kN}), \quad N_B = 870(\text{kN})$

2.5　发动机曲柄连杆机构受力分析

曲柄连杆机构的功用是将燃料燃烧时产生的热能转变为活塞往复运动的机械能,再通过连杆将活塞的往复运动变为曲轴的旋转运动而对外输出动力。曲柄连杆机构由机体组、活塞连杆组、曲轴飞轮组组成。

1. 工作条件

发动机工作时,曲柄连杆机构直接与高温高压气体接触,曲轴的旋转速度很高,活塞往复运动的线速度相当大,同时与可燃混合气和燃烧废气接触,曲柄连杆机构还受到化学腐蚀作用,并且润滑困难。可见,曲柄连杆机构的工作条件相当恶劣,它要承受高温、高压、高速和化学腐蚀作用。

气体力作用于活塞顶上,在活塞的四个行程中始终存在,但只有做功行程中的气体力是发动机对外做功的原动力。气体力通过活塞、连杆、曲轴传到主轴承。气体力同时也作用于气缸盖上,并通过气缸盖螺栓传给机体。作用于活塞上和气缸盖上的气体力大小相等、方向相反,在机体中相互抵消而不传至机体外的支承上,但使机体受到拉伸。

曲柄连杆机构可视为由往复运动质量和旋转运动质量组成的当量系统。往复运动质量包括活塞组零件质量和连杆小头集中质量,它沿气缸轴线作往复变速直线运动,产生往复惯性力;旋转运动质量包括曲柄质量和连杆大头集中质量,它绕曲轴轴线旋转,产生旋转惯性力,也称离心力。

往复惯性力和旋转惯性力通过主轴承和机体传给发动机支承。由于曲柄连杆机构是在高压下作变速运动,因此它在工作中的受力情况很复杂。其中有气体作用力、运动质量往复惯性力和离心力、摩擦力以及外界阻力等。摩擦力主要取决于运动零件的制造质量和润滑情况。其数值相对较小,在进行受力分析时可以忽略不计。

2. 受力分析

曲柄连杆机构受的力主要有气压力 P,往复惯性力 P_j,旋转离心力 P_c 和摩擦力 F,如图 2-27 所示。

1) 气体作用力(气压力)

气压力的集中力 P 分解为侧压力 N_P 和 S_P,S_P 分解为 R_P 和 T_P,R_P 使曲轴主轴颈处受压,T_P 为周向产生转矩的力。

(1)做功行程。侧压力 N_P 向左,活塞的左侧面压向气缸壁,左侧磨损严重,如图 2-28(a)所示。

(2)压缩行程。侧压力 N_P 向右,活塞的右侧面压向气缸壁,左侧磨损严重,如图 2-28(b)所示。

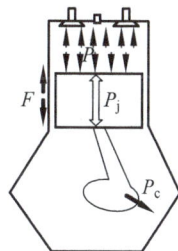

图 2-27 曲柄连杆机构
受力图

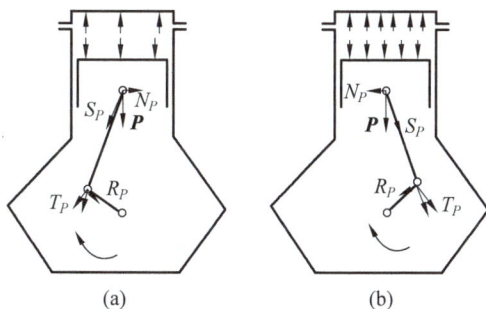

图 2-28 曲柄连杆机构的气压力分析

2）惯性力与离心力

气体作用力的大小是随着活塞的位移而变化的,造成活塞销、曲轴轴颈、气缸壁沿圆周方向的磨损不均。

（1）惯性力

活塞在上半行程时,往复惯性力 P_j 都向上,下半行程时,往复惯性力 P_j 都向下,如图 2-29 所示。在上下止点活塞运动方向改变,速度为零,加速度最大,惯性力也最大;在行程中部附近,活塞运动速度最大,加速度为零,惯性力也等于零。惯性力使曲柄连杆机构的各零件和所有轴颈承受周期性的附加载荷,加快轴承磨损;未被平衡的变化的惯性力传到气缸体后,还会引起发动机振动。

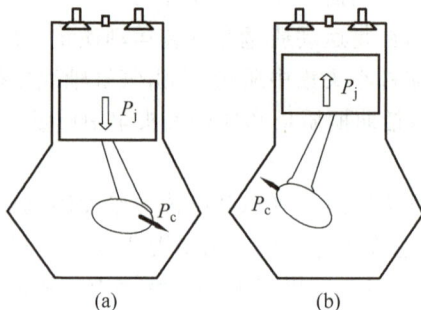

图 2-29　往复惯性力与离心力分析

（2）离心力

旋转机件的圆周运动产生离心惯性力 P_c,方向背离曲轴中心向外,如图 2-29 所示。离心力加速轴承与周颈的磨损,也引起发动机振动而传到机体外。

3）摩擦力

摩擦力 F 是指相互运动件之间的摩擦力,它是造成配合表面磨损的根源。

在任何一对相互压紧并作相对运动的零件表面之间,必定存在摩擦力,如图 2-27 所示。其最大值取决于上述各种力对摩擦表面形成的正压力和摩擦系数。

上述各种力作用在曲柄连杆机构和机体的各有关零件上,使它们受到压缩、拉伸、弯曲和扭转等不同形式的载荷。为了保证工作可靠,减少磨损,在结构上必须采取相应的措施。

克服受力影响的办法。

（1）结构设计保证强度和刚度。

（2）质量轻（惯性力小）。

（3）加平衡块。

（4）良好润滑。

复习思考题

一、填空题

1. 在两个力作用下处于平衡的构件称为_____,此两力的作用线必经过这两力作用点的_____。

2. 作用在刚体上的力,可沿_____移动到刚体内任一点,而不改变该力对刚体的作用效果。

3. 在平面内只要保持_____和_____不变,可以同时改变力偶中力的大小和力偶臂的长短,则力偶对刚体的作用效果不变。

4. 平面力偶系的平衡条件是_____。

二、选择题

1. 在下述公理、法则、定理中,只适用于刚体的有( )。

    A. 二力平衡公理   B. 力的平行四边形法则

    C. 加减平衡力系原理   D. 力的可传性

2. 力使物体绕某点转动的效果要用( )来度量。

    A. 力矩   B. 力   C. 弯曲   D. 力偶

3. 力矩的单位是( )。

    A. N   B. m   C. N·m   D. N/m

4. ( )是力矩中心点至力的作用线的垂直距离。

    A. 力矩   B. 力臂   C. 力   D. 力偶

5. 当力的作用线通过矩心时,力矩( )。

    A. 最大   B. 最小   C. 为零   D. 不能确定

6. 力矩平衡条件是:对某点的顺时针力矩之和( )逆时针力矩之和。

    A. 大于   B. 等于   C. 小于   D. 不能确定

三、画出图 2-30 所示各物体的受力图

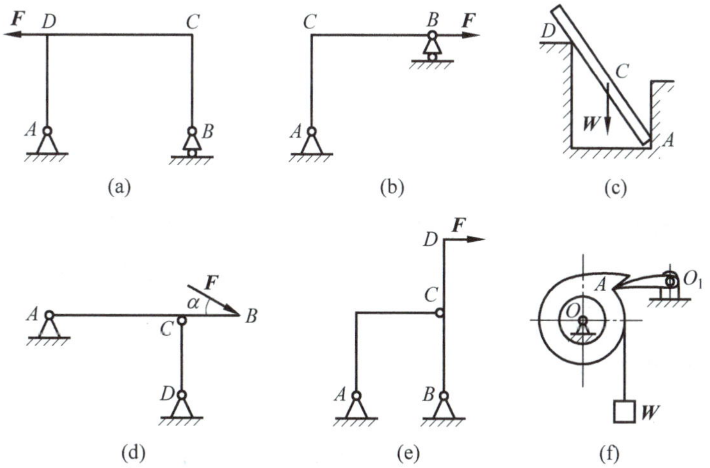

图 2-30 题三图

单元 **3**

材料力学基础知识

学习目标

(1) 了解材料的力学性能指标及其意义。

(2) 掌握材料的强度、刚度、稳定性的计算。

(3) 学会在汽车结构件设计、维修中对构件的力学性能进行分析。

3.1 概 述

材料的性能包括力学性能、物理性能、化学性能和工艺性能等。在这些材料的性能中,对工程材料而言最重要的是力学性能。材料的力学性能是指材料在外力作用下表现出来的特性,一般包括强度、硬度、塑性、冲击韧性和抗疲劳性能等。

材料力学是研究构件在外力作用下的变形、受力和破坏的规律,在保证构件既安全又经济的前提下,为构件选用合适的材料,确定合理的截面形状和尺寸,提供有关强度、刚度和稳定性分析的基本方法。

1. 材料力学性能指标

1) 强度

材料在外力(静载荷)作用下,所表现的抵抗变形或破坏的能力,称为强度。抵抗外力的能力越大,强度就越高。

常用的强度根据所受外力状况的不同分为三种。

(1) 抗拉强度。当所受外力是拉力时,材料表现出来的抵抗变形或破坏的能力称为抗拉强度,用 σ_b 表示。

（2）剪切强度。当所受一对外力大小相等、方向相反,作用点距离很近且外力与材料的轴线相垂直,这时材料表现出来的抵抗能力称为剪切强度,用 τ 表示。

（3）抗压强度。当所受外力是压力时,材料所表现出来的抵抗变形或破坏的能力称为抗压强度,用 σ_{bc} 表示。

上面所说的三种强度,以抗拉强度用得最多。

材料的抗拉强度一般是用拉伸试验来测定的,方法是把材料制成标准试样,然后放在试验机上进行拉伸试验,经过计算就可得到这种材料的抗拉强度数值。材料有很多种,其抗拉强度数值也各不相同,抗拉强度的单位是 MPa(兆帕),即 N/mm^2(牛/毫米^2)。

2）硬度

材料抵抗比它更硬物体压入的能力称为硬度。常用的硬度有两种。

（1）布氏硬度

在一定直径的淬硬钢球上,加以一定载荷,压入被测材料的表面,然后经过计算就可得到布氏硬度数值。布氏硬度的代号用 HBS 表示。

（2）洛氏硬度

用顶角为 120° 的金刚石圆锥体,在一定的载荷作用下,压入材料的表面,根据压痕的深度来确定材料硬度的大小就是洛氏硬度值。

3）塑性

材料在外力作用下,产生永久变形而不会被破坏的能力称为塑性。材料塑性的大小可用延伸率 δ 及断面收缩率 ψ 表示,其值越大,塑性越大。

4）冲击韧性

材料在冲击载荷下,抵抗破坏的能力称为韧性。有些材料在静载荷作用下表现出有很高的强度,但在冲击载荷作用下就表现得脆弱,如高碳钢等。相反有些材料的强度并不高,但在冲击载荷下表现出很高的坚韧性,如低碳钢等。实践证明,冲击载荷要比静载荷具有更大的破坏力,因此,机器上承受冲击载荷的零件必须有足够的韧性。

5）抗疲劳性

金属材料在长期交变载荷下,仍不被破坏的能力称为抗疲劳性。衡量抗疲劳性大小的指标是疲劳强度。疲劳强度越大,抗疲劳性越好。

2. 变形固体及其基本假设

在材料力学中所研究的构件,其材料的物质结构和性质是多种多样的,但却具有一个共同的特点,即它们都是固体,而且在载荷作用下,会发生变形,即物体的形状和尺寸会改变。因此,这些物体统称为变形固体。材料力学就是要研究物体的受力与变形之间的关系,刚体的概念就不适用了。

在对用变形固体做成的构件进行强度、刚度和稳定性计算时,为了使问题简化,常常需略去材料的次要性质,并根据其主要性质做出假设,以便于分析计算。

1）材料的均匀连续性假设

材料的均匀连续性假设认为物体在其整个体积内部毫无空隙地充满了物质,其结构是密实的,并且物体内各部分的力学性质都是完全一样的。

2）材料各向同性假设

材料各向同性认为材料沿各个方向的力学性质都是相同的。

实践证明,在工程计算所要求的范围内,对材料做出这样的假设,所得结果和实际情况基本相符合。

3. 力的分类

1）体积力和表面力

作用于构件上的外力(包括载荷和支反力),按其作用方式可分为体积力和表面力。体积力连续分布于物体内部各点,如物体的自重就是体积力,惯性力也作为体积力处理;表面力是作用于物体表面上的力。

2）分布力和集中力

表面力又可分为分布力及集中力。连续作用于物体表面某一面积上的力称为分布力,例如作用于油缸内壁的油压力,作用于船体上的水压力等均为分布力。有些分布力是沿构件的轴线作用的,如楼板对屋梁的作用力,其强弱程度以其轴线每单位长度内作用多少力来度量。若外力分布的面积远小于物体的整体尺寸,或者沿构件轴线分布的长度远小于轴线的尺寸,就可以看成是作用于一点的集中力,例如轴承对轴的反作用力等,都可以看作是集中力。

3）静载荷和动载荷

载荷是指构件工作时所承受的外力,按载荷随时间变化情况的不同可分成静载荷和动载荷。静载荷是指不随时间而变化或变化很小的载荷;动载荷是指随时间而变化的载荷。在静载荷和动载荷两种情况下,材料所表现出来的性能颇不相同,分析方法也有差异,因为静载荷问题比较简单,而且在静载荷下所建立的理论和分析方法,又是解决动载荷问题的基础,所以首先研究静载荷问题。

4. 杆件变形的基本形式

作用在杆上的外力是多种多样的,因此,杆的变形也是各种各样的。不过这些变形不外乎是以下四种基本变形形式之一,或者是几种基本变形形式的组合。

1）拉伸或压缩

在一对作用线与杆轴线重合的外力 F 作用下,直杆的主要变形是长度的改变,这种变形形式称为轴向拉伸(见图 3-1(a))或轴向压缩(见图 3-1(b))。起吊重物的钢索,桁架的杆件,液压油缸的活塞杆等都属于拉伸或压缩变形。

2）扭转

在一对转向相反作用在垂直于杆轴线的两平面内的外力偶(其扭矩为 T)作用下,直杆的相邻横截面将绕轴线发生相对转动,而轴线仍维持直线,这种变形形式称为扭转(见图 3-1(c))。机械中的传动轴的主要变形就包括扭转在内。

3）弯曲

在一对转向相反作用在杆的纵向平面(即包含杆轴线在内的平面)内的外力偶(其力矩为 M)作用下,直杆的相邻两横截面将绕垂直于杆轴线的轴发生相对转动,变形后的杆

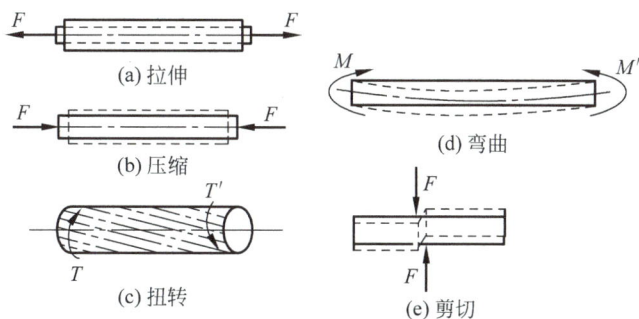

图 3-1　杆件变形的基本形式

轴线将弯成曲线,这种变形形式称为纯弯曲(见图 3-1(d))。梁在轴向力作用下其变形将是纯弯曲与剪切的组合,通常称为横力弯曲,传动轴往往是扭转与横力弯曲的组合。

还有一些杆件同时承受几种基本变形,例如车床主轴工作时承受弯曲、扭转与压缩三种基本变形,钻床立柱同时承受拉伸与弯曲两种基本变形。这种情况称为组合变形。

4）剪切

在一对相距很近的,大小相同指向相反的横向外力 F 作用下,直杆的主要变形是横截面沿外力作用方向发生错动(见图 3-1(e)),这种变形形式称为剪切,它常与其他变形形式共同存在。

5. 内力、截面法和应力

1）内力

构件因受外力而变形,其内部各部分之间因相对位置改变而引起的附加的相互作用力,即"附加内力"简称内力。这样的内力随外力的增加而加大,到达某一限度时就会引起构件破坏,因而它与构件的强度是密切相关的。

2）截面法

根据材料的连续性假设,内力在构件内连续分布,为了研究其分布规律,首先研究构件横截面上分布内力的合力,为显示内力并确定其大小和方向,通常采用截面法。

设有一根图 3-2 所示的拉杆,为求某一横截面 m—m 的内力,可假想地用一截面在 m—m 处把构件分成左、右两部分。任取其中一部分,例如取左段为研究对象,在左段上作用的外力有 P,欲使左段保持平衡,则左段必然有力作用在 m—m 截面上,以与左段所受外力平衡,如图 3-2(b)所示的 N。根据作用与反作用定律可知,右段的 m—m 截面必然也以大小相等、方向相反的力 N 作用于右段上。上述左段与右段之间相互作用的力就是构件在 m—m 截面上的内力。按照连续性假设,在 m—m 截面上各处都有内力作用,所以内力分布于截面上的一个分布力系。后面我们也把这个分布力系的合力(有时是合力偶)称为截面上的内力。

上述用截面假想地把构件分成两部分,以显示并确定内力的方法称为截面法,可将其归纳为以下三个步骤。

(1) 截开。欲求某一截面上的内力时,就沿该截面假想地把构件分成两部分。

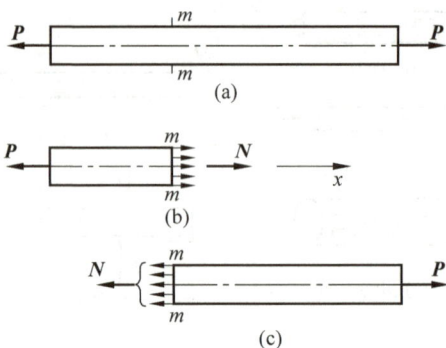

图 3-2　截面法

（2）代替。任意地留下一部分作为研究对象，并弃去另一部分，作用于截面上的内力代替弃去部分对留下部分的作用。

（3）平衡。建立留下部分的平衡条件，并求解内力。

例 3-1　如图 3-3(a)所示，已知 F、a，求杆身中点处的内力。

解：（1）取研究对象，沿截面 m—m 在杆身中点 S 处将杆分成左右两部分。取左段为研究对象。

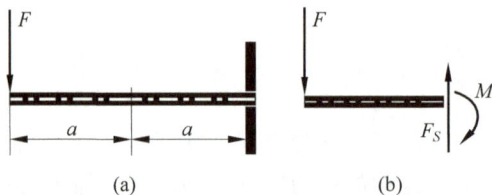

图 3-3　杆件受力分析

（2）画受力图，如图 3-3(b)所示。

（3）列平衡方程。

$$\sum F_y = 0, \quad F - F_S = 0$$

$$\sum M_S(F) = 0, \quad F \cdot a - M = 0$$

得
$$F_S = F, \quad M = Fa$$

3）横截面上的应力

构件的强度不仅与内力的大小有关，而且还与横截面面积有关，即取决于截面上分布内力的集度，而不是取决于分布内力的总和。这就需要引入应力的概念。应力是指作用在单位面积上的内力值。如图 3-4(a)所示，在 C 点周围微小面积 ΔA 上作用的内力合力为 ΔF，则 ΔF 与 ΔA 的比值为 ΔA 内的平均应力，用 p_m 表示。

$$p_m = \Delta F / \Delta A$$

p_m 的极限值称为该截面上 C 点处的应力，即应力 p 是一个矢量。垂直于横截面的应力称为正应力,记为 σ;相切于横截面的应力称为剪应力,记为 τ,如图 3-4(b)所示。

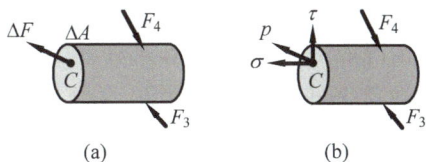

图 3-4 应力

应力的单位是 Pa(帕),$1\text{Pa}=1\text{N/m}^2$。实际应用时,往往取 MPa 和 GPa 为应力单位。

3.2 轴向拉伸与压缩

工程中把长度远大于其他两个方向的变形体称为杆件。拉(压)杆是指作用在杆件上的外力合力的作用线与杆件轴线重合,杆件变形是沿轴线方向的伸长或缩短。

1. 拉伸与压缩的概念

在工程实际中,很多杆件受到拉伸或压缩的作用,如图 3-5 所示。

当杆件所受外力的作用线与杆身轴线重合时,杆件将发生沿轴线伸长或缩短变形,此现象称为轴向拉伸或压缩。

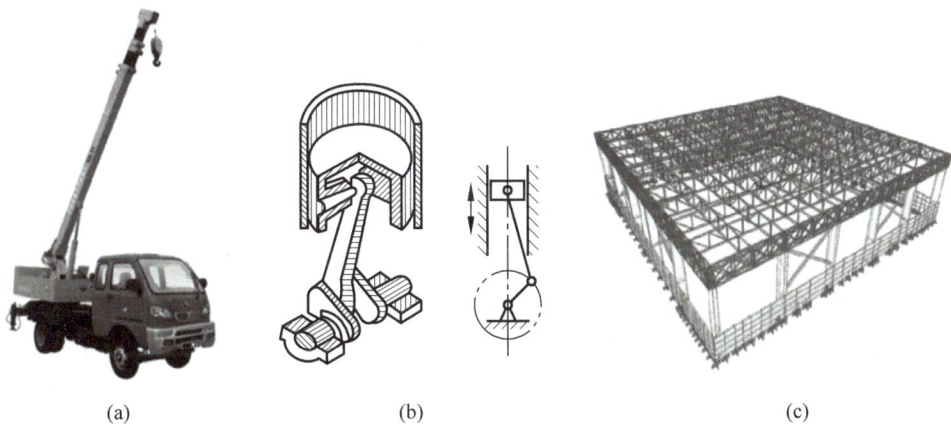

图 3-5 轴向拉伸和压缩实例

2. 拉(压)杆横截面上的轴力与应力计算

1) 轴力

如图 3-6 所示,拉杆受外力 F 作用而处于平衡状态,$m-m$ 横截面上的内应力 $N=F$,该内力垂直于横截面并通过形心。这种沿杆件轴线的内力称为轴力,常用符号 N 表示。轴力有拉力和压力两种,通常将拉力规定为正,压力规定为负。

为了形象地表达轴力沿杆件轴线的变化情况,常用平行于杆件轴线的坐标表示横截面的位置,以用垂直杆轴线的坐标表示截面上轴力大小,给出表示轴力沿截面位置关系的图形,即为轴力图。

例 3-2   变截面杆受力情况如图 3-6(a)所示,求杆各段轴力并作轴力图。

解:(1)求约束反力。取整个杆件为研究对象,并画出受力图,如图 3-6(b)所示,设约束反力为 X_A,列平衡方程

$$\sum F_x = 0 - X_A + 5 - 3 + 2 = 0$$

得 $X_A = 4(\text{kN})$

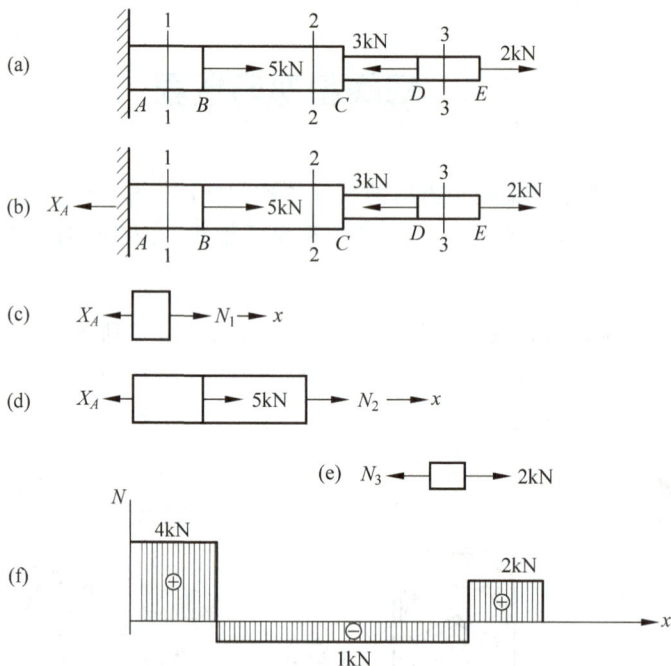

图 3-6   例 3-2 图

(2)分段计算轴力。该杆分成 AB、BD 和 DE 三段。

AB 段用 1—1 截开,取其左边为研究对象,如图 3-6(c)所示,由平衡条件得

$$N_1 = X_A = 4\text{kN}$$

BD 段用 2—2 截开,取其左边为研究对象,如图 3-6(d)所示,列平衡方程

$$\sum F_x = N_2 + 5 - 4 = 0$$

得 $N_2 = -1(\text{kN})$,结果为负,说明 N_2 方向与原设方向相反。

DE 段用截面 3—3 截开,取其左边为研究对象,如图 3-6(e)所示,由平衡条件得 $N_3 = 2\text{kN}$。

(3)画轴力图。建立 OxN 坐标系,根据上述轴力值,按比例作轴力图,如图 3-6(f)所示,AB、BD 和 DE 各截面的轴力均为常量,AB 段和 DE 段轴力为正,为拉力,BD 段轴力为负,为压力。

2）横截面上的应力

杆件的强度不仅与轴力有关,还与横截面面积有关。必须用应力来比较和判断杆件的强度。

假设杆件由无数纵向线组成,由平面假设可知,每条纵向线受拉伸或压缩时,其伸长或缩短量是相等的。由材料的均匀性假设可以得出,如果变形相同,则受力也相同,横截面上各点处的应力大小相等,其方向均垂直于横截面,如图 3-7 所示。

设杆件的横截面面积为 A,轴力为 N,则该横截面上的正应力为

$$\sigma = \frac{N}{A} \tag{3-1}$$

正应力 σ 和轴力 N 同号。即拉应力为正,压应力为负。

例 3-3　如图 3-8(a)所示,已知 $F = 20\text{kN}$,斜杆 AB 为直径 20mm 的圆截面杆,水平杆 CB 为 15mm×15mm 的方截面杆。求杆件 AB、CB 的应力。

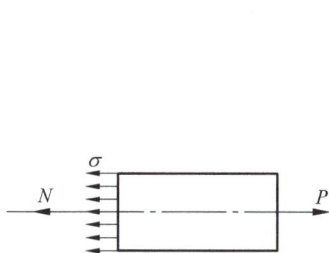

图 3-7　横截面上的正应力　　　　图 3-8　支架

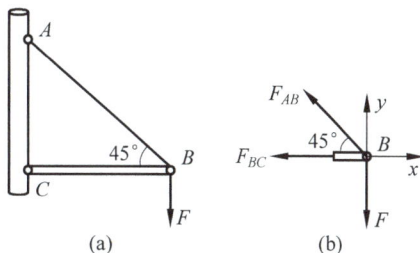

解:（1）分别以杆 CB、杆 AB 为研究对象,列平衡方程求解得:

斜杆 AB 轴力　$F_{AB} = 23\text{kN}$

水平杆轴力　$F_{CB} = 20\text{kN}$

（2）计算各杆件的应力。

$$\sigma_{AB} = \frac{F_{AB}}{A_{AB}} = \frac{28.3 \times 10^3}{\frac{\pi}{4} \times 20^2 \times 10^{-6}} = 90 \times 10^6 (\text{Pa}) = 90 (\text{MPa})$$

$$\sigma_{CB} = \frac{F_{CB}}{A_{CB}} = \frac{-20 \times 10^3}{15^2 \times 10^{-6}} = -89 \times 10^6 (\text{Pa}) = -89 (\text{MPa})$$

3. 拉（压）杆的强度计算

在机器中受拉伸与压缩力作用的零件很多。在进行这类零件的强度计算时,为了保证零件能正常工作,必须使零件的工作应力不超过材料的许用应力,即

$$\sigma = \frac{N}{A} \leqslant [\sigma] \tag{3-2}$$

根据强度条件,可以解决三类强度计算问题。

（1）强度校核:

$$\sigma = \frac{N}{A} \leqslant [\sigma]$$

（2）设计截面：

$$A \geqslant \frac{N}{[\sigma]}$$

（3）确定许可载荷：

$$N \leqslant A[\sigma]$$

式中：F——外载荷（拉、压力），N；

A——受载荷面积，mm^2；

σ——工作应力（拉、压力），MPa。

$[\sigma]$——许用应力（拉、压许用应力），MPa。

例 3-4 如图 3-8(a)所示，支架在节点 B 处受垂直载荷 F 的作用。AB、BC 杆的横截面积均为 $A=100mm^2$，许用拉应力$[\sigma_1]=200$MPa，许用压应力$[\sigma_2]=150$MPa，两杆重量不计，计算载荷 F 的最大允许值。

解：（1）取节点 B 为研究对象，进行受力分析，建立坐标系 Bxy，画受力图，如图 3-8(b)所示。列平衡方程并求解

$$\sum F_x = 0, \quad -F_{BC} - F_{AB} \cdot \cos45° = 0$$

$$\sum F_y = 0, \quad F_{AB} \cdot \sin45° - F = 0$$

得

$$F_{AB}=F, \quad F_{BC}=-F$$

（2）计算许可载荷。AB 杆受拉，BC 杆受压，根据强度条件得

AB 杆

$$\sigma_{AB}=\frac{N_1}{A}=\frac{\sqrt{2}}{100}F \leqslant [\sigma_1]$$

则 $F \leqslant 14.1$kN。

BC 杆

$$\sigma_{BC}=\frac{N_2}{A}=F \leqslant [\sigma_2]$$

则 $F \leqslant 15$kN。

所以，F 的最大允许值为 14.1kN。

3.3 剪切与挤压

1. 剪切的概念与强度校核

1）剪切的概念

剪切是工程构件中一种基本变形形式。图 3-9 所示的铆钉连接，图 3-10 所示的剪床剪切钢板，图 3-11 所示的螺栓等连接构件，在 m—m 截面的两侧产生相对位错，直到最后被剪断。构件变形时，沿外力之间的横截面发生相对错动的变形称为剪切变形。

构件的受力特征：作用在构件上的横向外力的合力大小相等、方向相反、作用线平行且距离很近。剪切变形的特征是：介于两横向力之间的各截面沿外力作用方向发生相对错动。

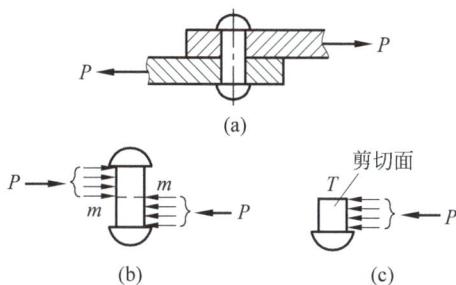

图 3-9　铆钉的剪切变形

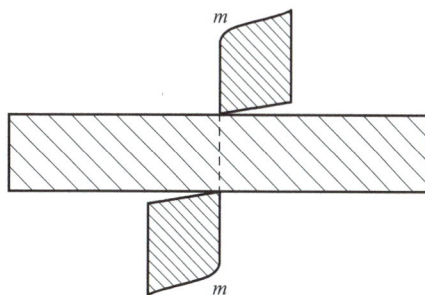

图 3-10　剪床剪切钢板

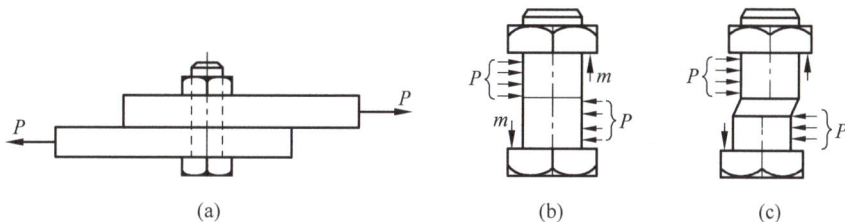

图 3-11　螺栓的剪切变形

2）抗剪的强度计算

剪切和拉伸、压缩一样，在受剪的断面上，也会产生抵抗剪力的内力，如图 3-11(c)所示。把剪切面上单位面积的内力叫剪应力，用 τ 表示。即

$$\tau = \frac{Q}{A} \tag{3-3}$$

式中：Q——剪切面上的剪力，N；

$\quad$ A——剪切面面积，m^2。

剪切应力 τ 的方向与 Q 相同，单位与正应力的单位相同，为 Pa 或 MPa。

为了保证零件不被剪断，工作应力必须限制在材料的许用剪应力范围内，由此可得剪切的强度计算公式

$$\tau = \frac{Q}{A} \leqslant [\tau] \tag{3-4}$$

式中：τ——工作应力（剪切应力），Pa；

$\quad$ $[\tau]$——许用剪切应力，Pa。

利用剪切强度计算公式可作三个方面的计算。

（1）已知剪切力 F 和受剪面积 A，校核零件的剪应力是否超过极限。

（2）已知许用剪应力 $[\tau]$ 和剪切力 F，求材料所需的受剪面积 A。

（3）已知许用剪应力 $[\tau]$ 和受剪面积 A，求材料所能承受的剪切力 F。

例 3-5　如图 3-9(a)所示，铆钉连接中，已知 $P=12\text{kN}$，铆钉直径 $d=20\text{mm}$，许用剪应力 $[\tau]=140\text{MPa}$。试校核此连接的强度。

解：（1）铆钉所受的剪力 $Q=P=12\text{kN}$

（2）铆钉的剪切面面积

$$A = \frac{\pi d^2}{4} = \frac{\pi \times 20^2}{4} = 314 (\mathrm{mm}^2)$$

（3）校核强度

$$\tau = \frac{Q}{A} = \frac{12 \times 10^3}{314} = 38.2 (\mathrm{MPa}) < [\tau]$$

经校核此连接满足剪切强度的要求。

例 3-6　用 M16 的铰制孔螺栓连接两块钢板，如图 3-12 所示，螺栓所用材料为 Q235A，$[\tau] = 128\mathrm{MPa}$，如果钢板受 10000N 拉力作用，试校核螺栓的剪切强度。

解：
$$\tau = \frac{Q}{A} = \frac{10000}{\frac{\pi}{4} \times 16^2 \times 10^{-6}}$$
$$= 49.8 (\mathrm{MPa}) \leqslant [\tau] = 128\mathrm{MPa}$$

得到的结果表明，螺栓强度足够。

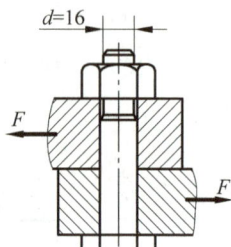

图 3-12　螺栓连接钢板

2. 挤压的概念与强度校核

1）挤压的概念

连接件和被连接件在接触面上相互压紧，从而使构件出现局部变形，这种现象称为挤压。产生挤压变形的接触面称为挤压面。

挤压可能引起在接触表面产生过大的塑性变形、压碎或连接件被压扁等破坏，如图 3-13 所示。

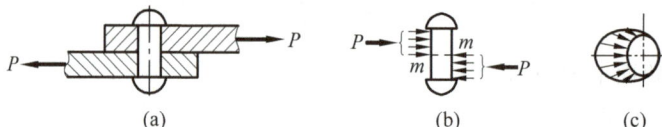

图 3-13　挤压破坏

2）抗挤压的强度计算

工程上假设应力在挤压面上均匀分布，因此得到挤压应力为

$$\sigma_{jy} = \frac{P_{jy}}{A_{jy}} \tag{3-5}$$

式中：P_{jy}——挤压力，N；

　　　A_{jy}——挤压面的计算面积，m^2。

挤压面的计算面积需要根据挤压面的形状来确定。

（1）接触面为平面时，A_{jy} 是实际接触挤压面面积。

（2）接触面为圆柱面时，A_{jy} 是半圆柱接触的投影面面积。

为了保证零件不被剪断，它的工作应力必须限制在材料的许用剪应力范围内，由此可得剪切的强度计算公式如下：

$$\sigma_{jy} = \frac{P_{jy}}{A_{jy}} \leqslant [\sigma_{jy}] \tag{3-6}$$

式中：σ_{jy}——挤压应力（剪切应力），MPa；

$[\sigma_{jy}]$——许用挤压应力，MPa。

在应用挤压强度条件进行强度计算时，要注意连接件与被连接件的材料是否相同，如不同，应对挤压强度较低的材料进行计算，相应地采用较低的许用挤压应力。

例 3-7 两矩形截面木杆，用两块钢板连接，如图 3-14（a）所示。已知拉杆的截面宽度 $b=25\text{cm}$，沿顺纹方向承受拉力 $F=50\text{kN}$，木材的顺纹许用剪应力为 $[\tau]=1\text{MPa}$，顺纹许用挤压应力为 $[\sigma_{jy}]=10\text{MPa}$。试求接头处所需的尺寸 L 和 δ。

解：（1）取右侧木杆为研究对象，画受力图，如图 3-14（b）所示。由其受力特点可知木杆将产生剪切、挤压变形。

（2）剪切面面积为 $A=Lb$，由剪切强度条件得：

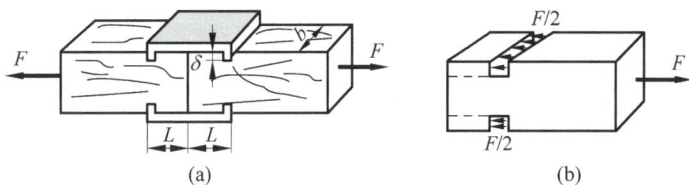

图 3-14 挤压的计算实例

$$\tau=\frac{Q}{A}=\frac{F/2}{Lb}\leqslant[\tau], \quad L\geqslant\frac{F}{2b[\tau]}=\frac{50\times10^3}{2\times250\times1}=100(\text{mm})$$

（3）挤压面积为 $A_{jy}=b\delta$，由剪切强度条件得：

$$\sigma_{jy}=\frac{P_{jy}}{A_{jy}}=\frac{F/2}{b\delta}\leqslant[\sigma_{jy}], \quad \delta\geqslant\frac{F}{2b[\sigma_{jy}]}=\frac{50\times10^3}{2\times250\times10}=10(\text{mm})$$

3.4 圆轴的扭转

1. 扭转的概念

传动轴在工作时会发生扭转变形，如图 3-15（a）所示，如果转矩过大，将产生过大的变形，甚至于扭断。双手在方向盘上施加一对力转向时，也会发生扭转变形，如图 3-15（b）所示。电动机轴、变速器轴、搅拌器轴、车床主轴在工作时都会产生扭转变形。

杆件受到大小相等、方向相反且作用平面垂直于杆件轴线的力偶作用，杆件的横截面绕轴线产生相对转动，杆件的这种变形称为扭转变形。横截面间绕轴线相对转过的角度称为扭转角，用 φ 表示。

在实际工程中，作用在轴上的外力偶矩往往不是直接给出的，而是要通过已知轴传递的功率 P 和轴的转速 n 计算出来的。它们之间的关系为

$$T=\frac{9550P}{n} \tag{3-7}$$

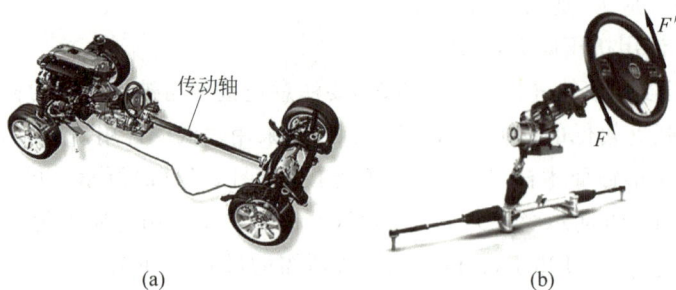

图 3-15　汽车传动轴及方向盘

式中：T——轴所受外力偶矩，$\mathrm{N \cdot m}$；

　　　P——轴所传递的功率，kW；

　　　n——轴的转速，$\mathrm{r/min}$。

当已知作用在轴上的所有外力偶矩后，即可用"截面法"计算圆轴扭转时各截面上的内力。扭矩的正负号规定如下：用右手螺旋法则判断，右手四指绕向扭矩轴线方向，则大拇指指向与截面外法线方向一致时扭矩为正；反之扭矩为负。

2. 圆轴扭转时强度和刚度计算

（1）强度条件。圆轴扭转时横截面的切应力 τ 的分布规律如图 3-16 所示。

圆轴扭转时横截面上最大切应力计算公式为

$$\tau_{\max} = \frac{M_n}{I_p}R \qquad (3\text{-}8)$$

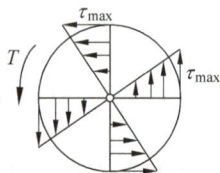

图 3-16　切应力分布规律

式中：M_n——截面扭矩，$\mathrm{N \cdot m}$；

　　　R——圆轴截面处半径，m；

　　　I_p——横截面对圆心的极惯性矩，$\mathrm{m^4}$，它是一个与截面形状和尺寸有关的几何量，它能反映截面的抗扭矩能力。

$W_p = I_p/R$，W_p 称为抗扭截面系数，$\mathrm{m^3}$。

$$\tau_{\max} = \frac{M_n}{W_p} \qquad (3\text{-}9)$$

实心圆截面系数 $I_p = \pi d^4/32$、$W_p = \pi d^3/16$；空心圆截面系数 $I_p = \pi(D^4 - d^4)/32$、$W_p = \pi(D^3 - d^3)/16$，式中 D、d 为轴的外径、内径（单位：m）。

为了保证轴在扭转时能安全地工作，必须使轴的危险截面上最大切应力 $\tau_{\max}$ 不超过材料的许用切应力 $[\tau]$，即

$$\tau_{\max} = \frac{M_n}{W_p} \leqslant [\tau] \qquad (3\text{-}10)$$

（2）刚度条件。圆轴扭转时，其变形可用扭转角 φ 来表示，单位是弧度（rad）。扭转角与扭矩以及两截面间的距离 L 成正比，而与材料的切变模量 G 以及轴截面的极惯性矩成反比，即

$$\varphi = \frac{LM_n}{GI_p} \tag{3-11}$$

式中：G——轴材料的切变模量，Pa。

工程上常用单位长度扭转角 θ 来表示材料变形的程度（单位：$°/m$），计算公式如下：

$$\theta = \frac{180° \times M_n}{GI_p \pi} \tag{3-12}$$

圆轴在扭转时，除了需满足强度条件外，还应该具有足够的刚度，以免产生过大的变形，影响机器的精度。通常要求单位长度扭转角 θ 不得超过许用的单位长度扭转角 $[\theta]$，即

$$\theta = \frac{180° \times M_n}{GI_p \pi} \leqslant [\theta] \tag{3-13}$$

例 3-8 某传动轴，已知轴的转速为 $n = 191r/min$，输入的功率 $P = 4kW$，轴的直径 $d = 40mm$，材料的 $[\tau] = 40MPa$，剪切弹性模量 $G = 80GPa$，许用单位长度转角 $[\varphi] = 1°/m$。试校核轴的强度和刚度。

解：（1）求出轴所有的外力矩

$$T = \frac{9550P}{n} = 200(N \cdot m)$$

由平衡条件得

$$M_n = T = 200N \cdot m$$

（2）校核轴的强度

$$\tau_{max} = \frac{M_n}{W_p} = \frac{200 \times 16}{\pi \times 40^3 \times 10^{-9}} = 15.9(MPa) \leqslant [\tau]$$

（3）校核轴的刚度

$$\theta = \frac{180° \times M_n}{GI_p \pi} = \frac{180° \times 200 \times 32}{\pi^2 \times 40^4 \times 80 \times 10^{-3}} = 0.57(°/m) \leqslant [\phi]$$

轴的强度与刚度满足。

3.5 平 面 弯 曲

1. 平面弯曲的概念

弯曲变形是工程中常见的一种基本变形，起吊重物时大梁变弯，如图 3-17 所示。房屋建筑中的楼面梁，受到楼面荷载和梁自重的作用将发生弯曲变形，车刀车削工件会产生弯曲变形，阳台挑梁变形等，都是以弯曲变形为主的构件。

产生弯曲变形的零件（或杆件）在力学中称为梁。工程中常见的梁，其横截面都具有对称轴，梁的轴线与截面纵向对称轴构成的平面称为纵向对称平面，如图 3-18（a）所示。当作用在梁上的外力均作用在纵向对称面内并且与梁的轴线垂直时，则梁的轴线在纵向对称面内弯曲成一条平面曲线，如图 3-18（b）所示，这种弯曲变形称为平面弯曲。平面弯曲是一种最简单，也是最常见的弯曲变形，本单元将主要讨论等截面直梁的平面弯曲问题。

梁的结构复杂多样，按其支座情况分为下列三种形式。

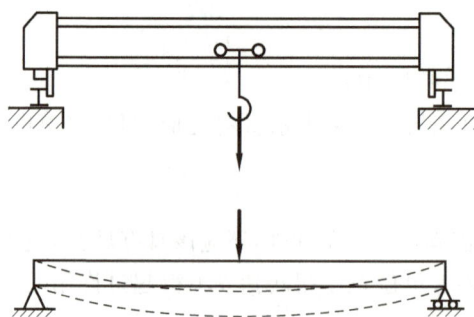

图 3-17 弯曲变形构件

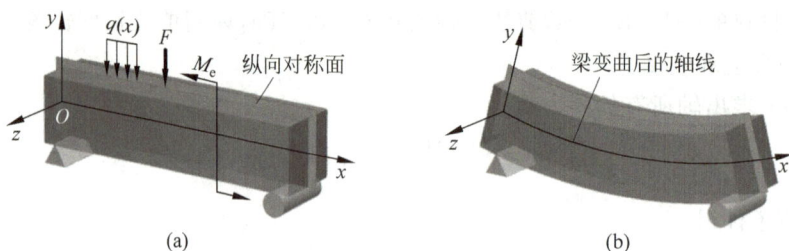

(a)　　　　　　　　　　　　　　　(b)

图 3-18 梁的纵向对称面与轴线

（1）简支梁：梁的一端为固定铰支座，另一端为可动铰支座，如图 3-19(a)所示。

（2）外伸梁：梁的一端或两端伸出支座的简支梁，如图 3-19(b)所示。

（3）悬臂梁：梁的一端为固定端，另一端为自由端，如图 3-19(c)所示。

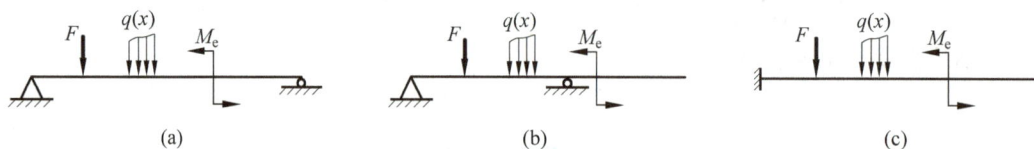

(a)　　　　　　　　　　　　　(b)　　　　　　　　　　　　　(c)

图 3-19 梁的三种形式

2. 梁弯曲时的强度计算

工程上受弯曲力作用的零件或杆件，往往使材料集中在横断面的边缘，例如做成工字形或回字形，原因就是由于边缘应力大。这样做可以充分发挥材料的抗弯作用并减轻重量。

等截面梁弯曲时的最大正应力发生在弯矩最大的截面上离中性轴最远处，这个截面称为危险截面。知道应力的分布规律，就可以推导出梁的应力计算公式

$$\sigma_{max} = \frac{M_{max}}{W_z} \tag{3-14}$$

式中：σ_{max}——最大弯曲应力，MPa；

M_{max}——外载荷（弯矩），N·mm；

W_z——抗弯截面模量，mm^3。

抗弯截面模量表示断面形状和尺寸大小抵抗弯曲变形的能力。W_z 大，则 σ_{max} 小，说明抵抗弯曲的能力强，弯曲应力就小；W_z 小，则 σ_{max} 大，说明抵抗弯曲的能力差，弯曲应力就大。几种常见断面 W_z 的计算公式见表 3-1。

表 3-1　几种常见断面 W_z 的计算公式

图形				
抗弯截面模量	$W_z=\dfrac{\pi d^3}{32}$	$W_z=\dfrac{bh^2}{6}$	$W_z=\dfrac{\pi d^3}{32}(D^3-d^3)$	$W_z=\dfrac{b_0 h_0^3-bh^3}{6h_0}$

要保证梁安全工作，必须进行弯曲强度的计算，使最大弯曲应力 σ_{max} 小于或等于许用弯曲应力 $[\sigma]$，由此可得弯曲强度计算式

$$\sigma_{max}=\frac{M_{max}}{W_z}\leqslant[\sigma]$$

(3-15)

利用弯曲强度公式可作三方面计算。

(1) 已知所用材料的许用弯曲应力 $[\sigma]$、横断面的尺寸及所受外力，校核梁的强度。

(2) 已知所用材料的许用弯曲应力 $[\sigma]$ 及所受应力，可求出梁所需横断面的尺寸。

(3) 已知所用材料的许用弯曲应力 $[\sigma]$ 及横断面尺寸，可求出梁所能承受的外力。

例 3-9　如图 3-20(a)所示，车刀刀杆的横断面为长方形，高 24mm，宽 16mm，所用材料的许用弯曲应力 $[\sigma]=80N/mm^2$，问刀杆能承受多大的垂直切削力？

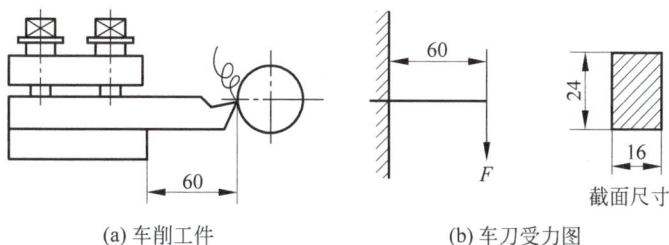

(a) 车削工件　　　　(b) 车刀受力图

图 3-20　车刀

解：(1) 画出受力图。

受力图如图 3-20(b)所示。

(2) 求抗弯截面模量。

由表 3-1 有：

$$W_z=\frac{bh^2}{6}=\frac{16\times24^2}{6}=1536(mm^3)$$

（3）求垂直切削力。

$$M = F \times 1 = 60F$$

由弯曲强度条件：

$$\sigma_{max} = \frac{M_{max}}{W_z} = \frac{60F}{1536} \leqslant [\sigma] = 80(\text{N/mm}^2)$$

得

$$F < \frac{80 \times 1536}{60} = 2048(\text{N})$$

即刀杆最大可以承受 2048N 的垂直切削力。

3.6 组 合 变 形

1. 组合变形的概念

前面研究了构件在外力作用下产生轴向拉伸（压缩）、剪切、挤压、扭转和弯曲等基本变形时的强度和刚度问题。在工程实际中，大多数构件的受外力情况比较复杂。它们在外力作用下往往同时会产生两种或两种以上的基本变形。这类变形形式称为组合变形。如图 3-21 所示，变速器的传动轴既产生弯曲又产生扭转。

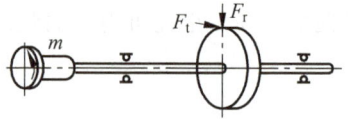

图 3-21 变速器传动轴受力

2. 拉伸（压缩）与弯曲组合变形的强度计算

要使构件受拉伸（压缩）和弯曲组合变形时具有足够的强度，就要使其最大拉应力或压应力不超过许用应力，故强度条件为

$$\sigma_{max} \leqslant \frac{N}{A} + \frac{M_{max}}{W_z} \leqslant [\sigma] \tag{3-16}$$

例 3-10   如图 3-22(a)所示钻床，已知材料的许用拉应力 $[\sigma_t] = 35$MPa，$P = 15$kN，偏心距 $e = 400$mm，立柱直径 $d = 125$mm，试对钻床立柱进行强度校核。

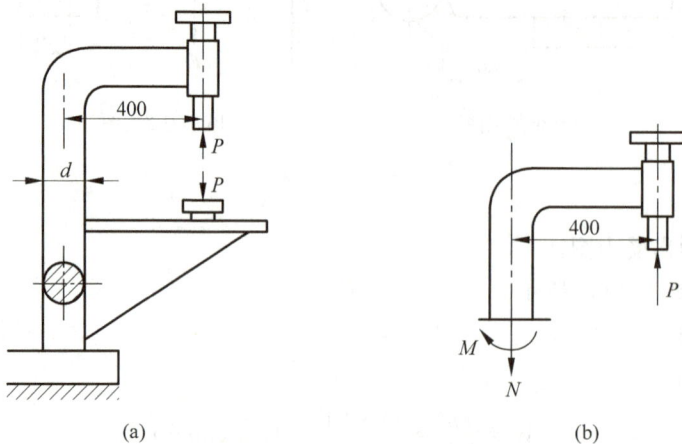

(a)   (b)

图 3-22 钻床

解：(1) 计算内力。将立柱假想截开,取上段为研究对象,画受力图 3-22(b),由平衡条件求出立柱的轴力和弯矩分别为

$$N = P = 15000\text{N}$$
$$M = P \cdot e = 15000 \times 0.4 = 6000(\text{N} \cdot \text{m})$$

(2) 应力分析。

最大的拉应力 $\qquad \sigma_N = \dfrac{N}{A} = \dfrac{P}{\dfrac{\pi d^2}{4}}$

最大的弯曲应力 $\qquad \sigma_M = \dfrac{M_{max}}{W_z} = \dfrac{Pe}{\dfrac{\pi d^3}{32}}$

$$\sigma_{max} = \frac{N}{A} + \frac{M_{max}}{W_z} = \frac{P}{\dfrac{\pi d^2}{4}} + \frac{Pe}{\dfrac{\pi d^3}{32}} = \frac{15000}{\dfrac{\pi \times 0.125^2}{4}} + \frac{15000 \times 0.4}{\dfrac{\pi \times 0.125^3}{32}}$$

$$= 32.4(\text{MPa}) \leqslant [\sigma_t] = 35(\text{MPa})$$

故该立柱符合强度要求。

3. 弯曲与扭转组合变形的强度计算

机械中的转轴的变形大多是弯曲与扭转组合变形。要使构件受弯曲与扭转组合变形时具有足够的强度,根据有关强度理论得其强度条件为

$$\sigma_r = \sqrt{\sigma^2 + 4\tau^2} = \frac{\sqrt{M^2 + T^2}}{W_z} \leqslant \sigma \qquad (3\text{-}17)$$

式中：M 和 T——危险截面上的弯矩和扭矩；

W_z——抗扭截面模量。

例 3-11　如图 3-23 所示圆杆,已知 $F_1 = 5\text{kN}$, $T = 8\text{kN} \cdot \text{m}$, $l = 1\text{m}$, $d = 100\text{mm}$,材料的许用应力 $[\sigma] = 170\text{MPa}$,试校核其强度。

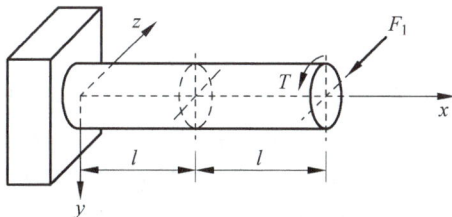

图 3-23　杆件强度校核

解：(1) 受力分析。取圆杆为研究对象,力 F_1 使杆发生弯曲变形,扭矩 T 使杆发生扭转变形。

最大弯矩 $\qquad M_{max} = F_1 \times 2l = 10(\text{kN} \cdot \text{m})$

最大扭矩 $\qquad M_n = T = 8\text{kN} \cdot \text{m}$

(2) 校核强度。

$$\sigma_r = \sqrt{\sigma^2 + 4\tau^2} = \frac{\sqrt{M^2 + T^2}}{W_z} = \frac{\sqrt{10000^2 + 8000^2}}{\dfrac{\pi \times 0.1^3}{32}} = 130(\text{MPa}) \leqslant [\sigma] = 170\text{MPa}$$

故该圆杆符合强度要求。

3.7　高强度钢板在现代轿车中的应用

节能、安全、环保是当今世界汽车发展的主题。研究表明：减小汽车自重是汽车降低燃油消耗及减少排放的最有效措施之一。由于钢铁材料在强度、塑性、抗冲击能力、回收使用及低成本方面具有综合的优越性，其在汽车材料中的主导地位仍是不可动摇的。目前汽车用钢逐步向高强度化方向发展，当钢板厚度分别减少 0.05mm、0.10mm 和 0.15mm 时，车身减重分别为 6%、12% 和 18%。可见，提高钢板的强度从而减小钢板的厚度是减轻车重的重要途径，用高强度钢板代替普通低碳钢冷轧钢板是汽车钢铁材料今后主要的发展方向。

高强度钢板（High Strength Steels，HSS）是在普通碳素钢的基础上加入少量合金元素制成的。这种钢板的生产成本与普通碳素钢板相近，但由于合金元素的强化作用使其抗拉强度比普通钢板高得多。随着冶金技术的进步，以超低碳为基本特征的，具有深拉深性、高强度、烘烤硬化等性能的新一代汽车用钢板逐步发展。高强度钢板在车身上的应用始于 20 世纪 70 年代初期，40 多年来高强度钢板的应用取得了长足的进展。高强度钢板用作车身材料的主要限制是随着钢板强度级别的提高，其成形性（伸长率）变差。因此，高强度钢板最初主要用于车身的前保险杠和车门抗侧撞梁。近年来，随着高强度钢板的研制和开发，其成形性、焊接性、疲劳强度和外观质量都有所提高，现在高强度钢板已广泛代替普通钢板来制造车身的结构构件和板件，其应用比逐年增加。现在日本乘用车上高强度钢板的消耗达到 30%～40%，而载货车驾驶室则较低，为 5%～10%。

在高强度钢板方面，含磷钢板、烘烤硬化钢板（BH 钢板）、双相钢板（DP 钢板）已经得到了实际应用。含磷钢由于利用了磷的固溶强化，抗拉强度一般在 340～460MPa，其冲压、焊接、涂装等加工性能优良，在车身内、外板上均有广泛使用。BH 钢是通过适当的退火工艺控制固溶碳原子数量，达到冲压前低屈服强度，从而使成形和烘烤过程中屈服强度提高 40～80MPa 的高强度钢种，其主要特点是抗凹陷性好，用于加工车身外板。DP 钢通过适当加入合金元素和控制生产工艺，可获得 80%～90% 的铁素体和 10%～20% 的马氏体组织。它具有低的屈服强度、高的加工硬化指数，成形性良好，拉伸强度可达 560～1030MPa。一般用于高强度、高的抗碰撞吸收能且成形要求也较严格的汽车零件，如车轮、保险杠、悬挂系统及其加强件等，随着钢种性能和成形技术的进步，DP 钢也被用在汽车的内外板等零件上。

复习思考题

一、填空题

1. 为保证工程结构或机械的正常工作，构件应满足三个要求，即 _____、_____、_____。

2. 四种基本变形是_____、_____、_____、_____。

3. 材料力学中求内力的基本方法是_____。

4. 圆轴扭转时的强度条件为_____,刚度条件为_____。

二、计算题

1. 如图 3-24 所示空心圆截面杆,外径 $D=18\text{mm}$,内径 $d=15\text{mm}$,承受轴向载荷 $F=22\text{kN}$,材料的许用应力 $[\sigma]=156\text{MPa}$,试校核该杆的强度。

2. 如图 3-25 所示悬臂梁,横截面为矩形,承受载荷 F_1 与 F_2 作用,且 $F_1=2F_2=5\text{kN}$,试计算梁内的最大弯曲正应力。

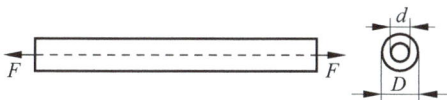

图 3-24　题 1 图

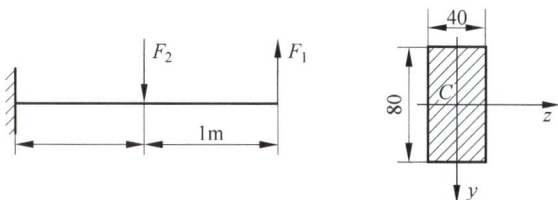

图 3-25　题 2 图

3. 如图 3-26 所示螺栓连接,已知 $P=200\text{kN}$,$\delta=2\text{cm}$,螺栓材料的许用切应力 $[\tau]=80\text{MPa}$,试求螺栓的直径。

4. 某机器传动轴由 45 钢制成,已知材料的许用切应力 $[\tau]=60\text{MPa}$,轴传递的功率 $P=16\text{kW}$,转速 800r/min,试确定其直径。

5. 汽车传动轴输入的力偶矩 $M=1.5\text{kN}\cdot\text{m}$,直径 $d=75\text{mm}$,轴的许用扭转角 $[\theta]=0.5°/\text{m}$,材料的切变模量 $G=80\text{GPa}$,试校核此传动轴的刚度。

6. 如图 3-27 所示构件,AB 段为圆截面,BC 段为矩形截面且与 AB 段垂直。已知 $AB=BC=1.2\text{m}$,AB 段直径 $d=0.1\text{m}$,在 BC 段的 C 端施加一作用力 $F=8\text{kN}$,材料的许用应力 $[\sigma]=150\text{MPa}$,试校核 AB 杆强度是否足够。

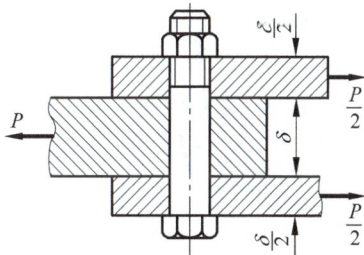

图 3-26　题 3 图

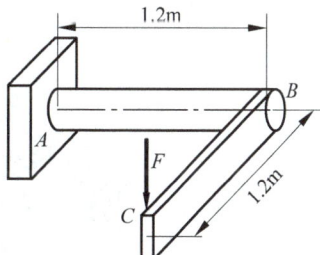

图 3-27　题 6 图

単元 **4**

常用机构

📝 学习目标

（1）知道平面连杆机构的工作原理、分类和特性。

（2）熟知运动副、运动简图的概念。

（3）熟知汽车常用平面四杆机构，并能绘制汽车典型机构的运动简图。

（4）知道凸轮机构的工作原理、分类和特性。

（5）熟悉凸轮机构在汽车上的运用。

机器是由各种机构组成的机械系统。汽车发动机由两大机构和五大系统组成，两大机构指的是曲柄连杆机构和配气机构，如图 4-1 所示。曲柄连杆机构是发动机，实现能量转换的主要运动部分；配气机构根据发动机的工作顺序和工作过程，定时开启和关闭进气门和排气门，使可燃混合气或空气能进入气缸，并使废气从气缸中排出，实现换气过程。汽车的刮雨器可以将汽车风挡玻璃擦干净；汽车的转向机构可以完成汽车的转向和直线行驶；汽车的门窗升降机构可以将汽车门窗玻璃进行升降。这些都是由汽车常用的机构完成的，本单元着重介绍汽车常用机构。

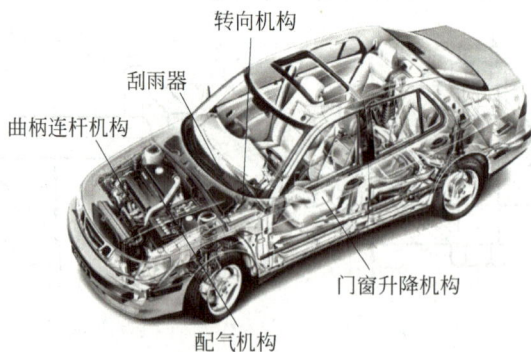

图 4-1　汽车常用机构

4.1 机构运动简图及自由度

机构是传递运动和力的构件系统,各构件间具有确定的相对运动。所有构件都在相互平行的平面内运动的机构称为平面机构,否则称为空间机构。工程中常用机构多为平面机构。

4.1.1 机构的组成及分类

1. 构件

机构是构件通过可动连接组成的具有确定相对运动的构件系统。机械制造、加工讨论范畴内,机械由多个独立加工制造单元——零件组装而成;在机械运动、功能讨论范畴里,构件是能独立运动并影响机械功能的基本单元,机械由不可再分的运动单元——构件组成。构件可以是一个独立零件,也可以由多个零件刚性连接而成。

从运动的观点分析,机构中的构件有以下三类。

1)固定件

固定件也称机架,用来支承机构中的活动构件,图 0-1 所示的内燃机缸体、图 0-2 所示的颚式破碎机机架都是固定件。

2)原动件

原动件是运动规律已知的活动构件,也称为主动件,它的运动是外界输入的,图 0-1 所示的内燃机中的活塞、图 0-2 所示的颚式破碎机中的驱动带轮都是原动件。

3)从动件

从动件是随原动件的运动而运动的其余活动构件,其中输出机构预期运动的构件称为输出构件,其他从动件起传递运动的作用。图 0-1 所示的内燃机中的连杆和曲轴都是从动件,由于该机构是将直线运动转变为定轴转动,因此曲轴是输出构件,连杆起传动作用。图 0-2 所示的颚式破碎机是将电动机的转动变为颚板的往复摆动,因此颚板是输出构件,连杆 BC 是起传动作用的从动件。

2. 构件的自由度和约束

一个作平面运动的自由构件有三个独立运动的可能性。如图 4-2(a)所示,在 Oxy 坐标系中,构件 S 可以沿 x 轴、y 轴方向移动和绕与运动平面垂直的轴线转动。构件的这种独立运动的数目称为自由度。因此,一个作平面运动的自由构件具有三个自由度。

构件是组成机构的运动单元。在机构中,两个构件接触又能产生一定的相对运动的连接称为运动副。而当两个构件构成运动副之后,它们的独立运动就受到约束,自由度数因此而减少。如图 4-2(b)所示,当构件 S 的一个孔用转动销与机架相连后,就只能绕固定点转动,失去了沿 x 轴、y 轴方向移动的可能,即只剩下一个自由度,其他两个自由度被约束。可见,只要两构件接触,彼此就受到约束,约束的多少和约束的特点完全取决于运动副,即接触形式。

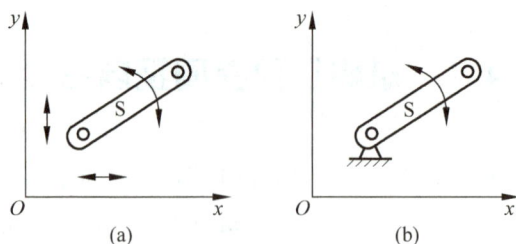

图 4-2　平面运动构件的自由度与约束

3. 运动副及分类

平面机构中每个构件都不是自由构件,而以一定的方式与其他构件组成动连接。这种使两构件直接接触并能产生特定形式相对运动的连接称为运动副。两构件组成运动副后,就限制了构件的独立运动,两构件组成运动副时构件上参加接触的点、线、面称为运动副元素,显然运动副也是组成机构的主要要素。两构件组成运动副后,就限制了两构件间的相对运动。

根据组成运动副两构件之间的接触特性,运动副可分为低副和高副。通过面接触的运动副称为低副,通过点或线接触的运动副称为高副。

1) 低副

低副又分为转动副(见图 4-3)和移动副(见图 4-4)。

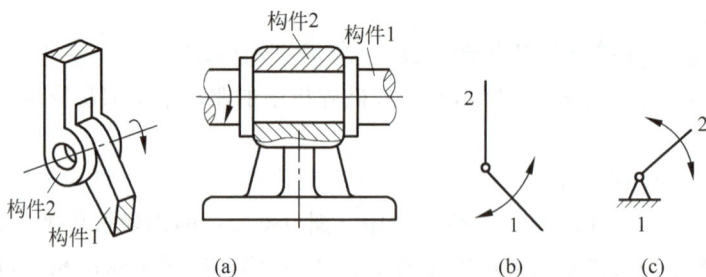

图 4-3　转动副

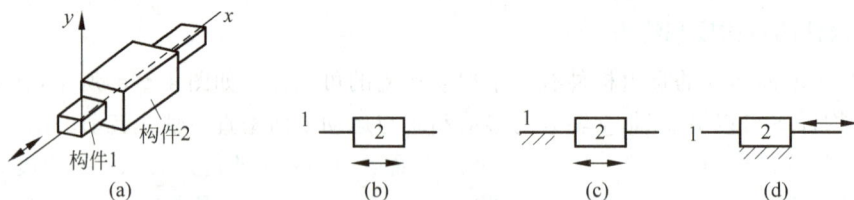

图 4-4　移动副

转动副只允许两构件相对转动,也称为铰链,结构如图 4-3(a)所示,简图如图 4-3(b)、(c)所示。当两构件都是活动构件时,称活动铰链(见图 4-3(b)),若其中之一是固定的,称固定铰链(见图 4-3(c))。显然,两构件组成转动副后,不能再沿 x 轴或 y 轴方向相对移动,只剩下一个相对转动的自由度,即转动副带来两个约束。

移动副只允许两构件相对移动(见图 4-4(a)),简图如图 4-4(b)所示。其中之一固定时,简图如图 4-4(c)、(d)所示。显然,两构件组成移动副后,只剩下一个相对移动的自由度,即移动副也带来两个约束。

可见,平面运动副中低副具有两个约束。

2) 高副

两构件通过点或线接触组成的运动副称为高副。图 4-5 所示的凸轮副和图 4-6 所示的齿轮副,构件 1 和构件 2 为点接触或线接触,形成高副,彼此间的相对运动是沿接触处切线 $t—t$ 方向的移动和绕接触点的转动,而沿法线 $n—n$ 方向的移动受到约束。可见,平面运动副中高副具有一个约束。

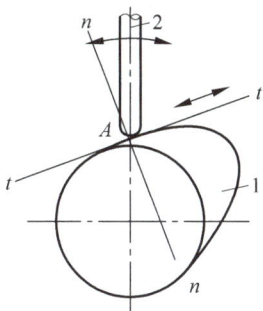

图 4-5　凸轮副

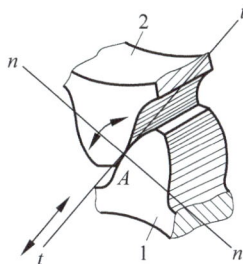

图 4-6　齿轮副

4.1.2　平面机构运动简图

在设计机器时,首先要研究机器的运动特性。为了使问题简化,可以不考虑那些与运动无关的因素(如构件的外形和截面尺寸、组成构件的零件数目、运动副的具体构造等),用简单的线条和规定的符号来表示构件和运动副,并按一定比例表示运动副的相对位置。这种表示机构中各构件相对运动关系的简单图形称为机构运动简图。平面机构运动简图中,构件和运动副的表示方法见表 4-1。

表 4-1　常用平面机构运动简图符号

构件名称		符　　　号
低副	固定件(机架)	
	两副构件	
	三副构件	
	转动副(铰链)	

续表

构 件 名 称		符　　　号
	移动副	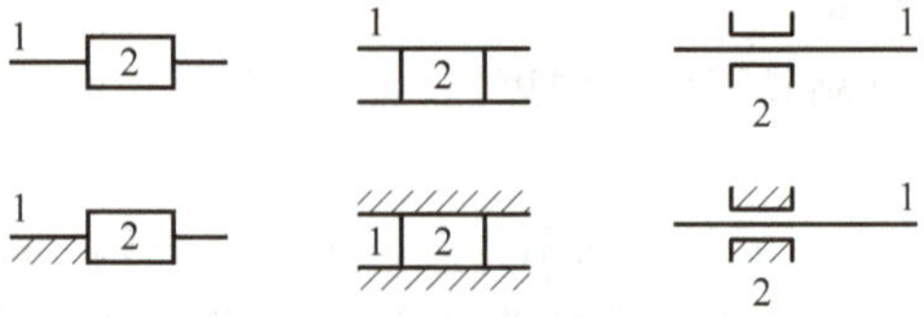
	凸轮副	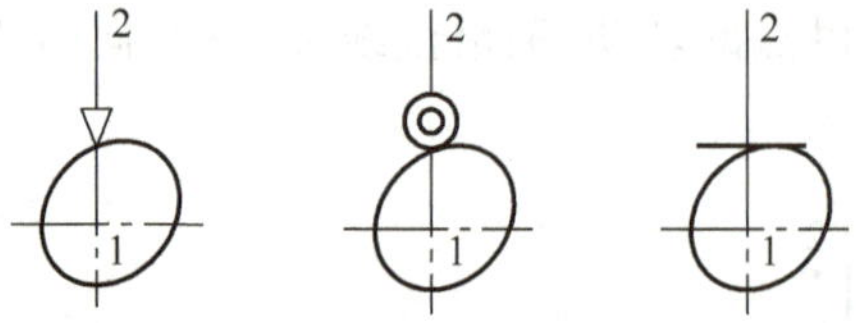
高副	齿轮副	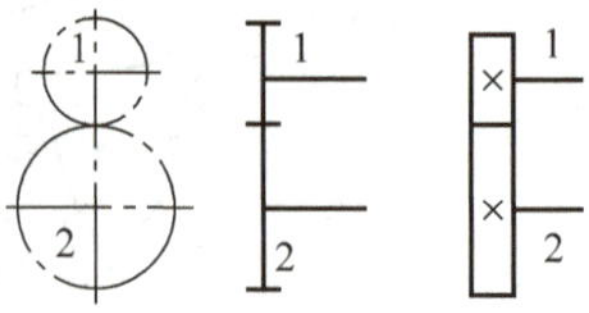 外啮合圆柱齿轮 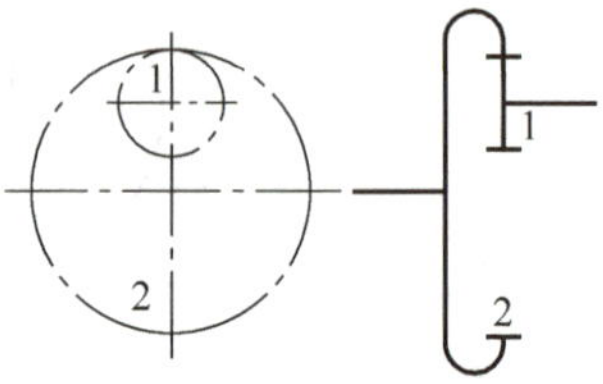 内啮合圆柱齿轮 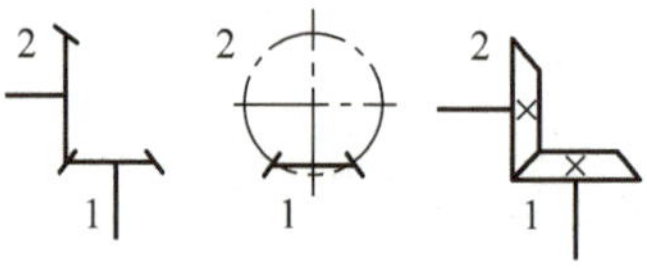 锥齿轮啮合 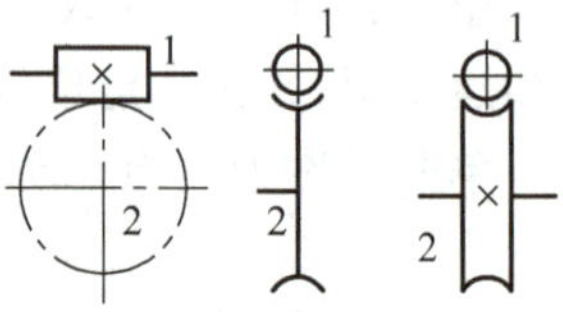 蜗杆蜗轮啮合 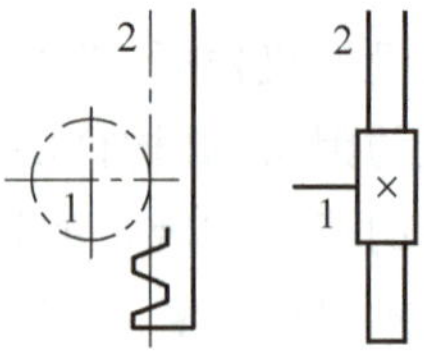 齿轮齿条啮合

平面机构运动简图的绘制步骤如下。

（1）从原动件开始，沿运动传递方向确定构件的个数。

（2）确定运动副的类型和数目。

（3）选择适当的视图平面（运动平面）绘制机构示意图，检查是否正确。

（4）测量运动副之间的距离，选定原动件位置，以适当的比例尺，按比例绘制机构运动简图。

（5）用箭头标明原动件运动方向。

例 4-1　以图 4-7 所示液压泵为例说明机构运动简图的绘制方法。

仔细观察，机构共有 4 个构件：圆盘 1 为主动件，绕定轴线 A 转动，并带动柱塞 2 作平面运动；柱塞 2 在构件 3 的槽中作往复移动，带动构件 3 绕定轴线 C 做往复摆动。当构件 3 的底部小孔对着右侧孔时,槽内空间变大,液压泵吸油;当构件 3 的底部小孔对着左侧孔时,槽内空间变小,液压泵排油。构件 1 和机架 4 在 A 点以转动副相连,和构件 2 在 B 点以转动副相连,柱塞 2 与构件 3 以移动副相连,构件 3 和机架 4 在 C 点以转动副相连。

由于四个构件均在与视图平面平行的平面内运动,所以取与视图平面平行的平面作绘图平面,选定比例尺,将运动副间的距离变为图长,选取图 4-7(a)所示位置绘制机构运动简图 4-7(b)。

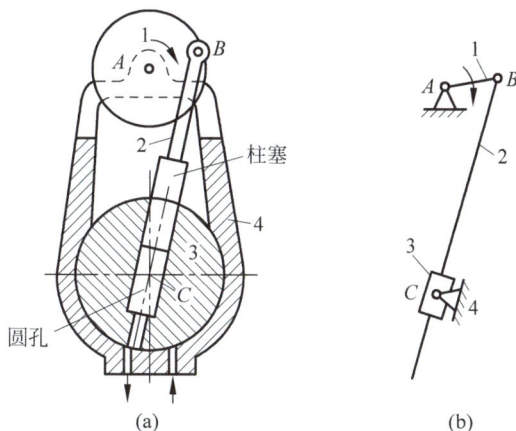

图 4-7　液压泵及其机构运动简图

4.1.3　平面机构的自由度

1. 平面机构自由度计算公式

机构的自由度是指机构所具有的独立运动的个数。为使组合起来的构件具有确定的相对运动,应讨论机构的自由度和机构具有确定运动的条件。

如前所述,一个作平面运动的自由构件具有三个自由度。设平面机构有 N 个构件,除去固定构件,则机构中的活动构件数 $n=N-1$。在未用运动副连接之前,这些活动构件自由度总数为 $3n$。当用运动副连接后,各构件的自由度受到约束,自由度数目将随之减少。因每个低副引入两个约束,每个高副引入一个约束,如果该机构由 P_L 个低副和 P_H 个高副连接而成,则机构中运动副所引入的约束数为 $(2P_L+P_H)$,即减少了同样数目的自由度。若用 F 表示该平面机构的自由度,则

$$F = 3n - 2P_L - P_H \qquad (4-1)$$

式(4-1)为平面机构自由度计算公式。

在例 4-1 中,$N=4$,$n=N-1=3$,$P_L=4$,$P_H=0$。根据式(4-1),自由度为

$$F = 3n - 2P_L - P_H = 3 \times 3 - 2 \times 4 - 0 = 1$$

说明该机构只有一个独立运动。当原动件提供了这一运动时,其他活动构件具有确定的运动。

图 4-8(a)所示的三个构件彼此用铰链连接。取构件 3 为机架,则该构件组合的自由

度为 $F=3n-2P_L-P_H=3\times2-2\times3-0=0$。自由度为零,说明各构件之间不能相对运动,因此它是一个刚性构架。

图4-8(b)所示的四个构件彼此用铰链连接,取构件3为机架,则该机构组合的自由度为 $F=3n-2P_L-P_H=3\times3-2\times5=0=-1$,表明各构件之间不但不能相对运动,还是一个超静定结构。

由此可见,可以利用自由度判别构件系统是否具有运动的可能。若 $F>0$,表示能运动,若 $F=0$,表示不能运动。

由于原动件是由外界给定的具有独立运动的构件,通常每个原动件只具有一种独立运动(如内燃机活塞的往复移动、颚式破碎机驱动轮的转动),因此机构具有确定运动的条件是:原动件数必须等于机构的自由度数。

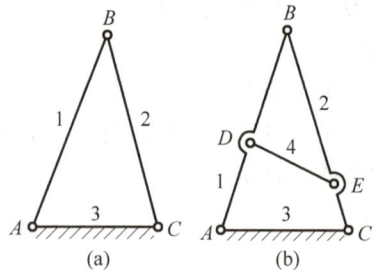

图4-8 F为0的构件组合

2. 计算机构自由度时应注意的问题

在应用式(4-1)计算平面机构自由度时,还应注意和正确处理以下问题。

1) 复合铰链

如图4-9(a)所示,有三个构件在 A 处汇交组成转动副,其实际构造如图4-9(b)所示。可以看出,这三个构件共组成两个转动副 A、B。三个或更多的构件在同一处用转动副相连接,就构成复合铰链。k 个构件汇交而成的复合铰链,实际构成的转动副数为 $(k-1)$ 个。在计算机构自由度时应注意识别复合铰链,以免漏算或多算转动副的数目。

2) 局部自由度

在图4-10(a)所示的滚子直动从动件盘形凸轮机构中,若以 $n=3$、$P_L=3$、$P_H=1$ 计算,则 $F=2$,即要使机构具有确定的运动,需两个原动件。但实际上只要凸轮绕点 A 转动,输出构件3就能有确定的运动。究其原因,是滚子2绕点 C 的转动对输出构件3的运动无影响。这种与整个机构运动无关的自由度称为局部自由度,在计算机构自由度时应除去不计。可将滚子2与从动件3看作为焊接成一个构件,如图4-10(b)所示,此时该机构的自由度变为以 $n=2$、$P_L=2$、$P_H=1$ 计算,则 $F=1$。计算结果与实际符合。

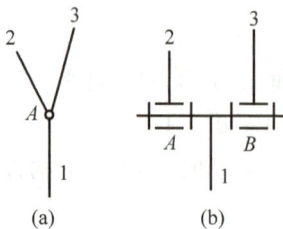

图4-9 复合铰链

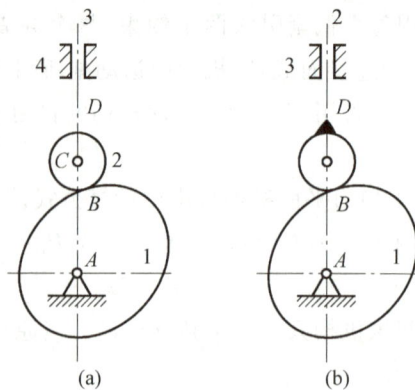

图4-10 局部自由度

局部自由度虽然不影响整个机构的运动,但可以将高副接触处的滑动摩擦变成滚动摩擦,所以机械中经常有局部自由度出现。

3. 虚约束

在机构中,与其他约束重复而不起限制运动作用的约束称为虚约束。在计算机构自由度时应将虚约束除去不计。图 4-11(a)所示的机车车轮联动的平行四边形机构,如以 $n=4$、$P_L=6$、$P_H=0$ 计算,则 $F=0$,这与实际不符。这是因为,该机构中存在着对运动不起限制作用的虚约束。如去掉构件 5(见图 4-11(b)),则对机构的运动不产生任何影响。由于加入了构件 5,尽管引入了 3 个自由度,但却因增加了 2 个转动副 E、F 而引入四个约束,即多了一个对机构运动不起限制作用的虚约束。如把虚约束除去,按图 4-11(b)所示,该机构自由度为:$F=3n-2P_L-P_H=3\times3-2\times4-0=1$。

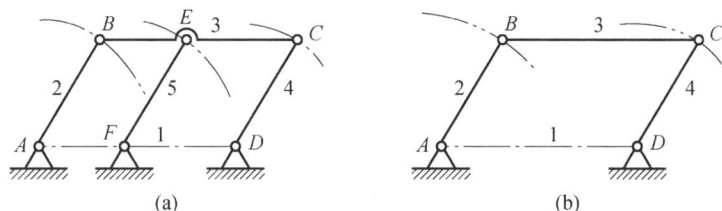

图 4-11 虚约束

机构中存在虚约束的情况很多。

(1)两个构件在多处组成移动副,且各移动副的导路平行,则其中只有一个移动副起约束作用,其余都是虚约束。如图 4-12(a)、(b)中的 A 或 B。

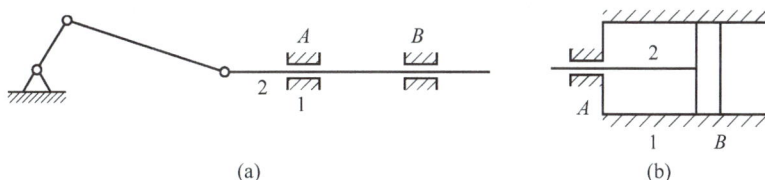

图 4-12 移动副中的虚约束

(2)两个构件在多处组成转动副,且转动副的回转轴线重合,则其中一个转动副起约束作用,其余都是虚约束。如图 4-13 所示的齿轮 1 与机架 3 组成的转动副 A 或 B;齿轮 2 与机架 3 组成的转动副 C 或 D。去掉其中一个,如图 4-13(b)所示,对机构的运动不产生任何影响。对刚体运动而言,两个构件组成多个运动副时,起约束作用的只能有一个,否则构件会被破坏。

(3)两个构件铰链连接点的轨迹重合,会形成虚约束。图 4-11(a)所示的机车车轮联动的平行四边形机构,构件 3 上 E 点的轨迹与构件 5 上 E 点的轨迹重合,在 E 点组成铰链后不会起到限制运动的作用,故为虚约束。

(4)机构中,对传递运动不起独立作用的结构对称部分存在虚约束。如图 4-14 所示的行星轮系,两个对称布置的行星轮 2 和 $2'$ 中,只有一个起到约束作用,另一个是虚约束。在各种机器中,为了改善构件的受力状态,增强机器的承载能力,虚约束是必不可少的,在计算机构自由度时应将虚约束除去不计。

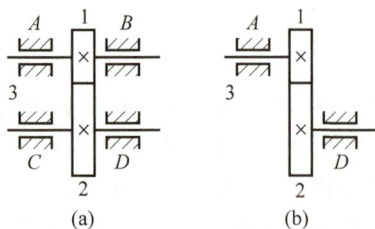

图 4-13　转动副中的虚约束

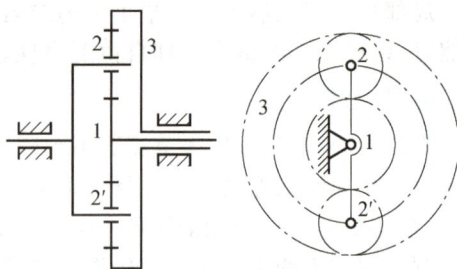

图 4-14　对称结构中的虚约束

例 4-2　计算图 4-15(a)所示冲压机构的自由度。若有复合铰链、局部自由度、虚约束需指出。

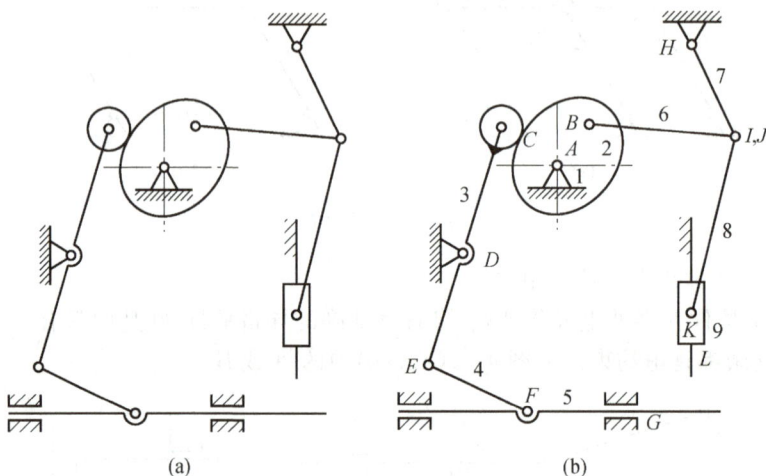

图 4-15　冲压机构

解：找出复合铰链、局部自由度和虚约束，标出构件和运动副。如图 4-15(b)所示，构件 6、7、8 汇交于一点，形成复合铰链；滚子与构件 3 组成的转动副是局部自由度；构件 5 与机架 1 在两处组成移动副，且两移动副的导路平行，其中之一为虚约束。

此机构有 9 个构件，1 为机架，其余 8 个为活动构件。如图 4-15(b)所示，A、B、D、E、F、H、I、J、K 是转动副，G、L 是移动副，C 是高副。即 $n=9-1=8$，$P_L=11$，$P_H=1$。则：
$F=3n-2P_L-P_H=3×8-2×11-1=1$。

当原动件凸轮转动时，其余构件有确定的运动。

4.2　平面连杆机构

平面连杆机构是由若干个作平面运动的构件通过低副连接组成的机构。平面连杆机构是低副机构，它能实现某些较复杂的平面运动，在生产中广泛应用于运动和动力的传递或改变运动形式。最常见的平面连杆机构是由四个构件组成的低副机构,称为平面四杆机构。

4.2.1 铰链四杆机构的组成和基本形式

如图 4-16(a)所示,当平面四杆机构中的运动副都是转动副时,称铰链四杆机构。其中,所连接两构件能相对转动 360°的转动副称为周转副,否则称为摆动副。机构中,固定不动的构件 4 称为机架;与机架相连的构件 1、3 称为连架杆,其中能做整周转动的连架杆称为曲柄,只能在一定角度范围往复摆动的连架杆称为摇杆;不与机架相连的构件 2 称为连杆。

铰链四杆机构按两连架杆是否成为曲柄或摇杆可分为三种基本形式,即曲柄摇杆机构(见图 4-16(a))、双曲柄机构(见图 4-16(b))和双摇杆机构(见图 4-16(c))。

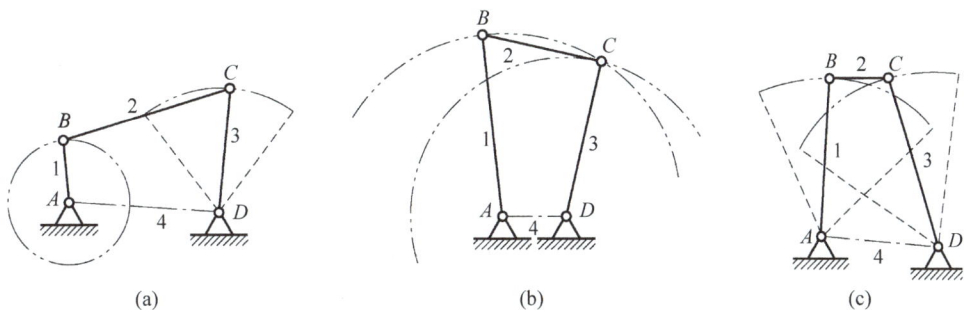

图 4-16　铰链四杆机构的基本类型

1. 曲柄摇杆机构

铰链四杆机构中,若一个连架杆为曲柄,另一个连架杆为摇杆,则称为曲柄摇杆机构。当曲柄为原动件,摇杆为从动件时,可将曲柄的连续转动转变为摇杆的往复摆动。如图 4-17 所示的调整雷达天线俯仰角的曲柄摇杆机构。若摇杆为原动件,则可将摇杆的往复摆动转变为曲柄的连续转动。如图 4-18 所示的缝纫机脚踏板机构。

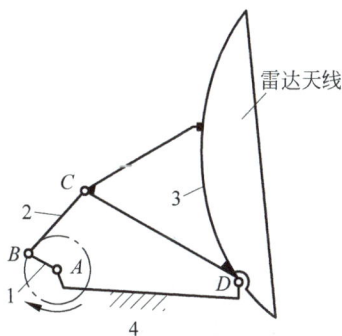

图 4-17　雷达天线的俯仰角机构

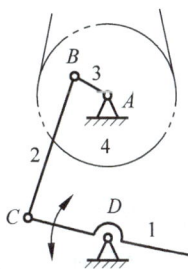

图 4-18　缝纫机的脚踏板机构

图 4-19 所示的搅拌器,电动机带动曲柄 AB 转动,搅拌爪与连杆一起作往复的摆动,爪端点 E 作轨迹为椭圆的运动,实现搅拌功能。图 4-20 所示的汽车刮雨器,随着电动机带

着曲柄 AB 转动,刮雨胶条与摇杆 CD 一起摆动,完成刮雨功能。

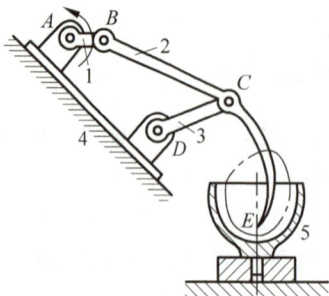

图 4-19   搅拌器

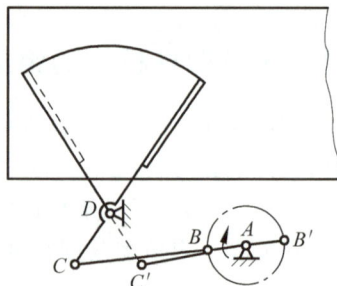

图 4-20   汽车刮雨器

2. 双曲柄机构

铰链四杆机构中,若连架杆都为曲柄时,称为双曲柄机构。如图 4-21 所示的惯性筛机构,当主动曲柄 1 等速转动时,从动曲柄 3 作变速转动,从而使筛子 E 作变速移动,以获得筛分材料颗粒所需的加速度。

当两曲柄的长度相等且平行布置时,成了平行双曲柄机构,图 4-22(a)所示为正平行双曲柄机构,其特点是两曲柄转向相同和转速相等及连杆作平动,因而应用广泛。火车驱动轮联动机构利用了同向等速的特点;路灯检修车的载人升斗利用了平动的特点,如

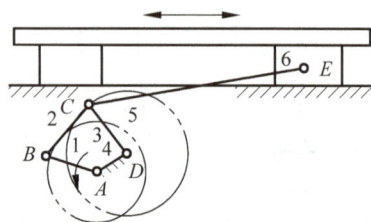

图 4-21   惯性筛机构

图 4-23(a)、(b)所示。图 4-22(b)为逆平行双曲柄机构,具有两曲柄反向不等速的特点,车门的启闭机构利用了两曲柄反向转动的特点,如图 4-23(c)所示。

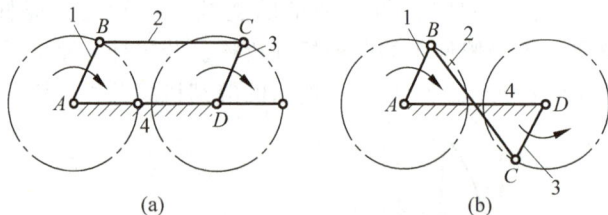

(a)   (b)

图 4-22   平行双曲柄机构

3. 双摇杆机构

当铰链四杆机构中的两个连架杆都是摇杆时,称为双摇杆机构。图 4-24 所示的港口起重机机构,利用两个摇杆的摆动,使悬挂在连杆 E 上的重物 G 沿近似水平直线方向运动。图 4-25 所示的汽车前轮的转向机构即为等腰梯形机构。汽车转向时,两摇杆 AB 和 CD 分别摆过角度 φ 和 ψ,且 $\psi<\varphi$,以使两前轮轴线的交点尽可能落在后轮轴线的延长线上,这时整个车身绕 O 点转动,使四个车轮都能在地面上作纯滚动,这样可尽量避免轮胎因滑动而造成的磨损。

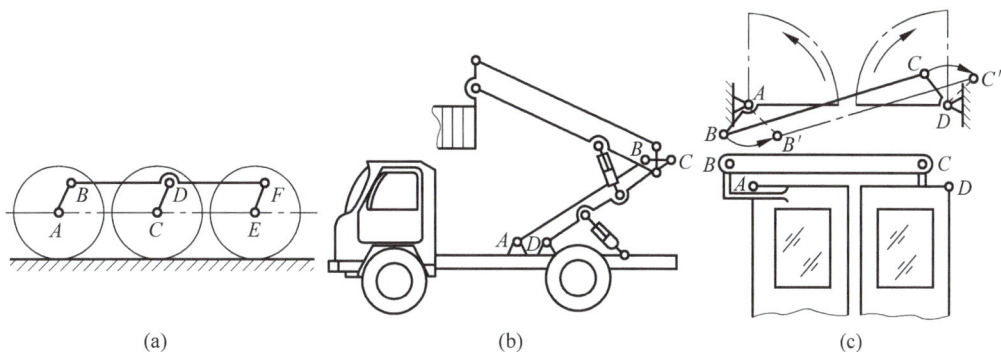

图 4-23   平行双曲柄机构的应用

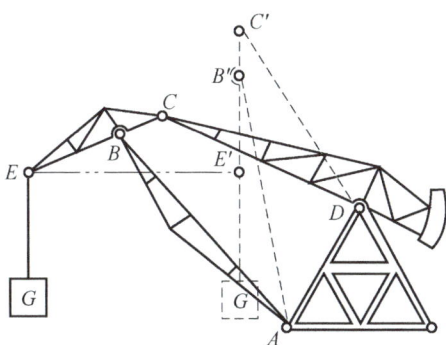

图 4-24   港口起重机机构

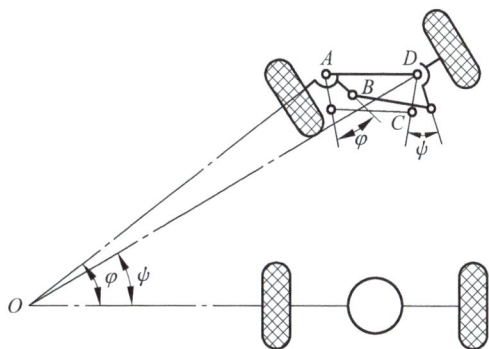

图 4-25   汽车前轮的转向机构

4.2.2   铰链四杆机构曲柄存在的条件

铰链四杆机构的三种基本类型的区别在于机构中是否存在曲柄,存在几个曲柄。机构中是否存在曲柄与各构件相对尺寸的大小以及哪个构件作机架有关。可以证明,铰链四杆机构中存在曲柄的条件为:

(1) 最短杆与最长杆的长度之和小于或等于其余两杆的长度之和。

(2) 连架杆或机架中必有一杆是最短杆。

条件(1)是铰链四杆机构曲柄存在的必要条件,也称杆长条件。如果铰链四杆机构满足杆长条件,则最短杆与相邻两杆之间均能整周转动,即最短杆的两个运动副 A、B 为周转副,其他两个运动副为摆动副。图 4-26 所示的曲柄摇杆机构,当曲柄整周转动时,曲柄与邻杆的夹角 φ、δ 可以在 $0°\sim360°$ 内变化;而杆 3 与邻杆的夹角 γ、β 只能在一定角度内变化。

根据相对运动原理,当铰链四杆机构满足杆长条件时,取不同杆为机架,可得到不同形式的铰链四杆机构。例如:

(1) 若取最短杆相邻的杆为机架,成为曲柄摇杆机构,如图 4-27(a)、(b)所示。

(2) 若取最短杆为机架,成为双曲柄机构,如图 4-27(c)所示。

(3) 若取最短杆的相对杆(杆 3)为机架,由于 γ、β 只能在一定角度内变化,成为双摇

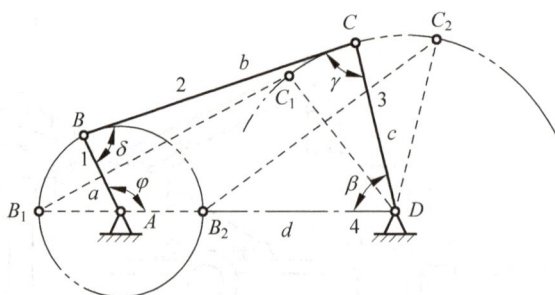

图 4-26　铰链四杆机构曲柄存在的条件

杆机构(有周转副的双摇杆机构),如图 4-27(d)所示。

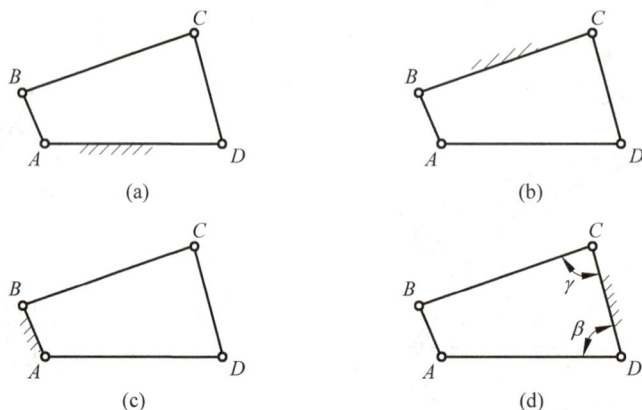

图 4-27　变更机架后机构的演化

当最短杆与最长杆的长度之和大于其余两杆的长度之和时,该机构中不存在曲柄,无论固定哪个杆件,得到的都是双摇杆机构(无周转副的双摇杆机构)。可见,在满足杆长条件下,机构究竟有一个曲柄、两个曲柄或是没有曲柄,还需根据取何杆为机架来判断。

例 4-3　铰链四杆机构 ABCD 如图 4-28 所示。请根据基本类型判别准则,说明机构分别以 AB、BC、CD、AD 各杆为机架时属于何种机构。

解:由图 4-28 可知,最短杆为 $AD=20$,最长杆为 $CD=55$,其余两杆 $AB=30$、$BC=50$。

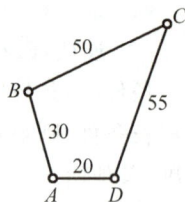

图 4-28　铰链四杆机构

因为
$$AD+CD=20+55=75$$
$$AB+BC=30+50=80>L_{min}+L_{max}$$

故满足曲柄存在的第一个条件。

(1) 以 AB 或 CD 为机架时,即最短杆 AD 成连架杆,故为曲柄摇杆机构。

(2) 以 BC 为机架时,即最短杆成连杆,故机构为双摇杆机构。

(3) 以 AD 为机架时,即以最短杆为机架,机构为双曲柄机构。

4.2.3　铰链四杆机构的演化

铰链四杆机构除了以上三种基本形式外,还有其他多种形式的四杆机构。这些不同形式的四杆机构,可以视为由铰链四杆机构演化而来。

1. 曲柄滑块机构

如图 4-29(a)所示的曲柄摇杆机构,摇杆 3 上 C 点的轨迹 $\beta\beta$ 是以 D 点为中心,以 CD 为半径的圆弧。若在机架 4 上装设同样轨迹的弧形槽,将摇杆 3 由杆状改为块状置于槽中,如图 4-29(b)所示,机构演化为具有曲线导轨的四杆机构,各构件的相对运动不发生变化。若摇杆 3 的长度趋于无穷大,则 C 点的轨迹 $\beta\beta$ 变为直线(见图 4-29(c)),转动副 C 则转化为移动副,曲柄摇杆机构演化为图 4-29(c)所示的曲柄滑块机构。

根据导路中心线 $\beta\beta$ 是否通过曲柄回转中心 A,可分为对心曲柄滑块机构(见图 4-29(c))和偏置曲柄滑块机构(见图 4-29(d)),其中 e 为偏距。

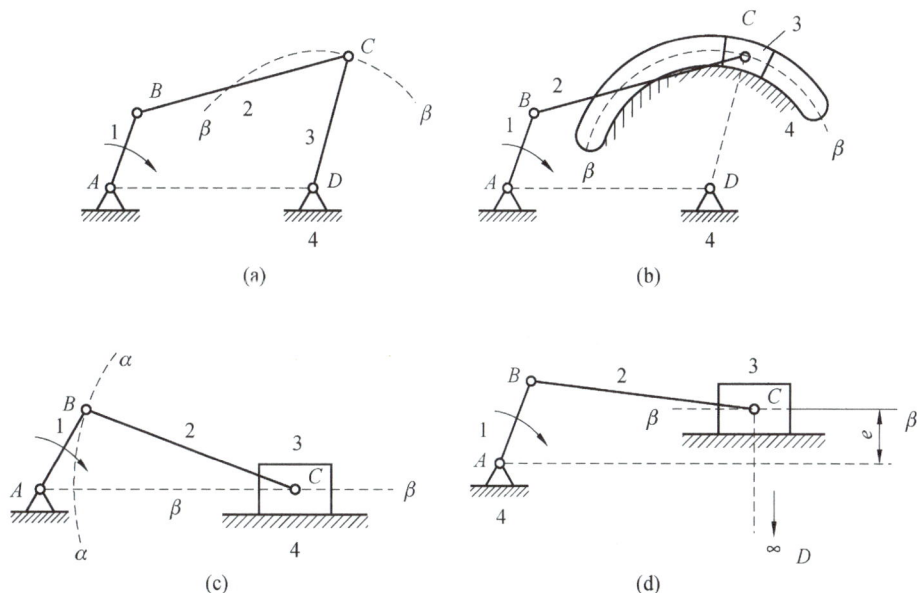

图 4-29　曲柄摇杆机构演化成曲柄滑块机构

图 4-30 所示为曲柄滑块机构的应用。图 4-30(a)所示为汽车发动机曲柄连杆机构,其中活塞相当于滑块。活塞的往复运动通过连杆转变为曲轴的旋转运动。图 4-30(b)所示为自动送料装置的曲柄滑块机构,曲柄每转一圈,活塞送出一个工件。当需要将曲柄做得较短时,结构上就难以实现,通常采用图 4-30(c)所示的偏心轮机构,其偏心圆盘的偏心距 e 就是曲柄的长度。这种结构减小了曲柄的驱动力,增大了转动副的尺寸,提高了曲柄的强度和刚度,广泛应用于冲压机床、破碎机等承受较大冲击载荷的机械中。

2. 导杆机构、摇块机构和定块机构

在图 4-31(a)所示的对心曲柄滑块机构中,若取构件 1 为机架,即得图 4-31(b)所示的

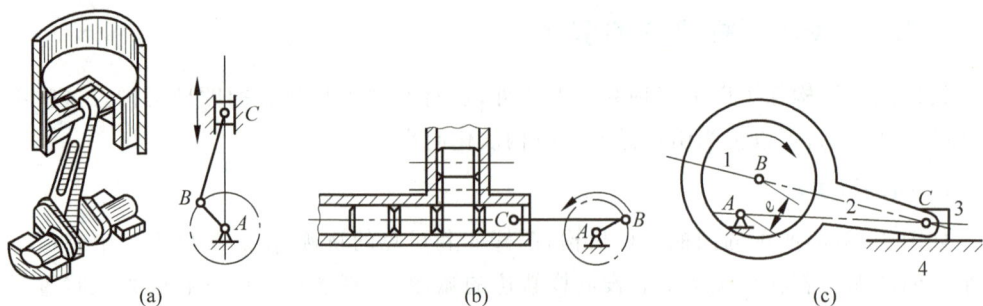

图 4-30　曲柄滑块机构的应用

导杆机构。当杆长 $l_1 < l_2$ 时,机架是最短杆,所以 A、B 都是周转副,则它的相邻构件 2 和导杆 4 均能整周转动,称为**转动导杆机构**。

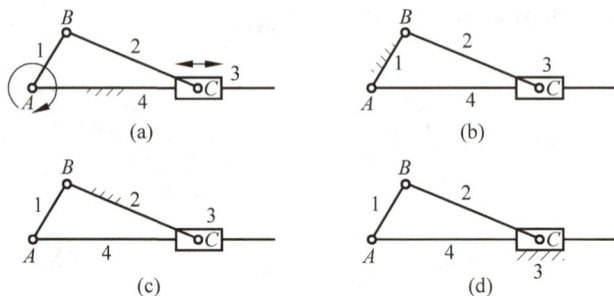

图 4-31　曲柄滑块机构的演化

图 4-32 所示为转动导杆机构在小型刨床上的应用。当 $l_1 > l_2$ 时,导杆 4 只能往复摆动,称为**摆动导杆机构**,图 4-33 所示为摆动导杆机构在牛头刨床上的应用。

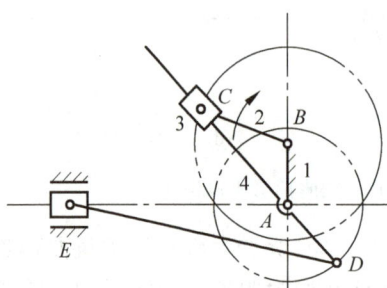

图 4-32　转动导杆机构的应用

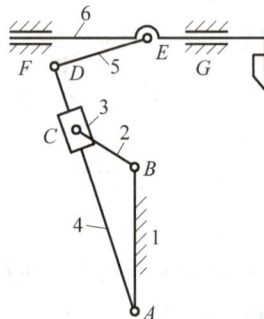

图 4-33　摆动导杆机构的应用

如图 4-31(a)所示,若固定构件 2,得到图 4-31(c)所示的**曲柄摇块机构**,或称**摇块机构**。图 4-34 所示为曲柄摇块机构在自卸卡车卸料机构中的应用。

如图 4-31(a)所示,若固定构件 3,得到图 4-31(d)所示的**定块机构**。抽水唧筒机构即为其应用实例,如图 4-35 所示。

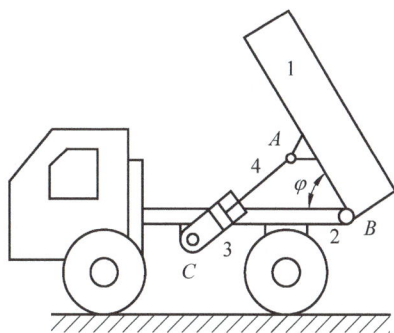

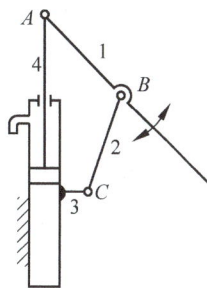

图 4-34　曲柄摇块机构的应用　　　　图 4-35　定块机构的应用

4.3　凸轮机构

4.3.1　凸轮机构的组成及特点

凸轮机构在机械工业中是一种常用机构,例如,汽车发动机的配气机构通过凸轮机构来控制气门的开启和关闭,其功能是按照发动机的工作顺序和工作循环的要求,定时开启和关闭各缸的进、排气门,使新气进入气缸,废气从气缸排出,如图4-36所示。柴油机的喷油泵供油、汽油机的喷油泵供油、分电器的配电等都要通过凸轮机构来控制。凸轮机构在自动机械和半自动机械中得到了广泛的应用。

图 4-36　汽车发动机配气机构

图 4-37 所示为内燃机的配气机构。图中具有曲线轮廓的构件 1 称为凸轮。当它作等速转动时,其曲线轮廓通过与气阀 2 的平底接触,推动气阀有规律地开启和闭合。气阀的动作程序是按照工作要求严格预定的,其速度和加速度也有严格的控制,这些都是由凸轮 1 的曲线轮廓所决定的。

可见,凸轮机构是由凸轮、从动件和机架三个基本构件组成的高副机构,当它为原动件时,通常作等速连续转动或移动,从动件则按任意预定的工作要求作连续或间歇的往复摆动、移动或平面复杂运动。

凸轮机构的优点是:只要设计出适当的凸轮轮廓,即可使从动件实现任意预期的运动规律,并且结构简单、紧凑、工作可靠。其缺点是:凸轮为高副接触,压强较大,容易磨损,凸轮轮廓加工比较困难,费用较高。

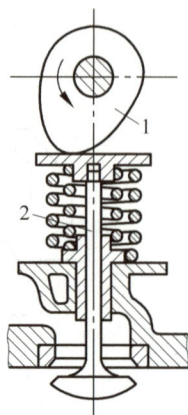

图 4-37　内燃机的配气机构

4.3.2　凸轮机构的分类

凸轮机构的类型很多,通常可按凸轮和从动件的形状来分类。

1. 按凸轮的形状分类

(1) 盘形凸轮机构。凸轮为一绕其轴线转动且具有变化向径的盘形构件,如图 4-38(a)所示。盘形凸轮是凸轮的最基本形式。

(2) 移动凸轮机构。凸轮相对机架作往复直线移动,如图 4-38(b)所示。

(3) 圆柱凸轮机构。将移动凸轮卷成圆柱体即成为圆柱凸轮,如图 4-38(c)所示。

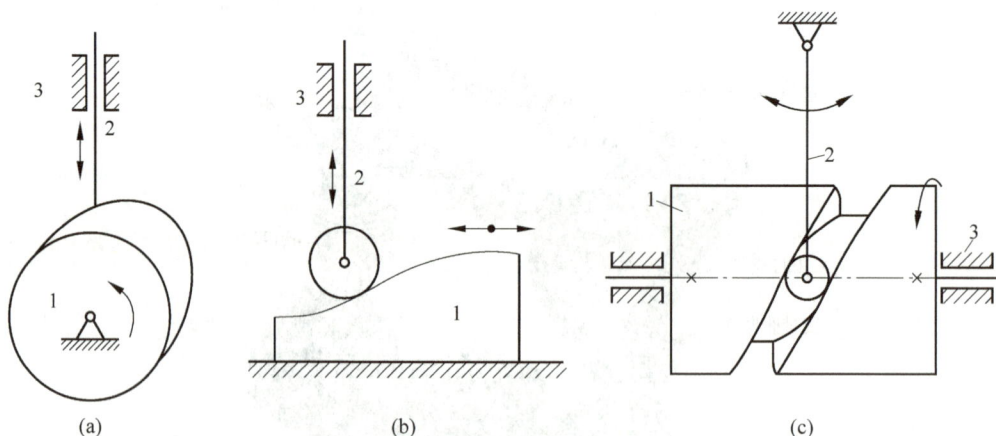

图 4-38　凸轮机构类型

2. 按从动件形状分类

(1) 尖顶从动件。如图 4-39(a)所示,从动件与凸轮为点接触,极易磨损,用于传力较小的低速凸轮机构中。

（2）滚子从动件。如图4-39（b）所示,从动件上装有滚子（局部自由度）,从动件与凸轮为滚动摩擦,可以传递较大的载荷,应用广泛。

（3）平底从动件。如图4-39（c）所示,从动件与凸轮接触的一端是平面。这种凸轮机构传力性能最好,若不计摩擦力,凸轮对从动件的作用力始终与平底垂直,即压力角 $\alpha =$ 0。另外,凸轮与平底之间易形成油膜,有利于润滑。所以,平底从动件常用于高速凸轮中,但只适用于外凸的凸轮轮廓线。

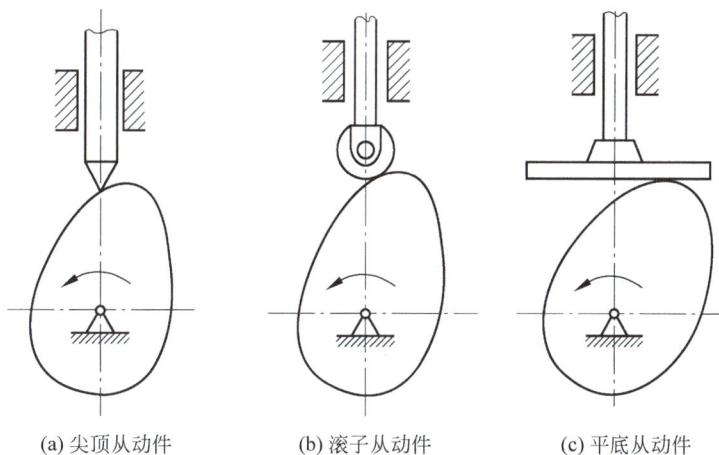

(a) 尖顶从动件　　　(b) 滚子从动件　　　(c) 平底从动件

图 4-39　从动件的形式

4.3.3　凸轮机构从动件的运动规律

如图4-40（a）所示,凸轮轮廓线是沿 $ABCDA$ 顺序,由几段曲线围成,其上的最小向径 r_0 称为基圆半径。从动件2的初始位置是在 A 点（凸轮改变向径的起点）与凸轮轮廓线接触,当凸轮逆时针转过 δ_t 角后,从动件2被推起 h 距离,h 称为从动件行程,对应的转角 δ_t 称为推程运动角。凸轮轮廓线的 BC 弧段,是半径为 O_1B 的圆弧,从动件与之接触时,将停留在距凸轮回转中心最远处静止不动,对应凸轮的转角 δ_s 称为远休止角。凸轮再转过 δ_h 角后,从动件在 D 点与凸轮轮廓线接触,由最远位置又回到初始位置,对应凸轮的转角 δ_h 称为回程运动角。凸轮轮廓线的 DA 弧段,是半径为 O_1A 的圆弧,从动件与之接触时,将停留在距凸轮回转中心最近处静止不动,对应凸轮的转角 δ_s' 称为近休止角。当凸轮连续运转时,从动件重复上述动作。

由于凸轮一般以等角速度 ω_1 转动,其转角 δ_1 与时间 t 成正比,即 $\delta = \omega_1 t$,所以从动件的位移 s_2、速度 v_2、加速度 a_2 随时间 t 的变化规律,也可表示为随转角 δ_1 的变化规律,图4-40（b）所示为从动件位移 s_2 随凸轮转角 δ_1 的变化曲线。根据 s_2 与 δ_1 的函数关系,可求得从动件的速度 v_2 和加速度 a_2。

从上述凸轮机构的运动过程分析可知,从动件运动的位移、速度、加速度随凸轮转角而变化,这种变化关系称为从动件的运动规律。从动件的运动规律的确定取决于机器的工作要求,因此是多种多样的。工程上常用的从动件运动规律以及相应的凸轮轮廓曲线的设计,可查阅相关资料。

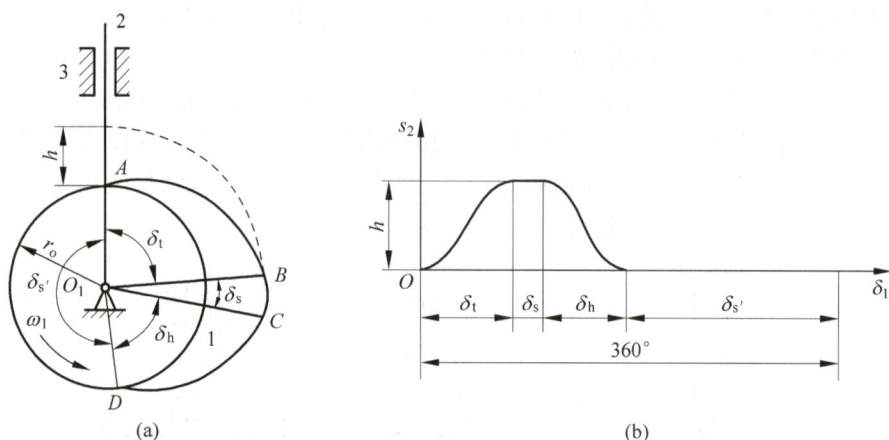

图 4-40　尖顶直动盘形凸轮机构

4.4　汽车发动机构造原理

发动机是一种由许多机构和系统组成的复杂机器。无论是汽油机,还是柴油机;无论是四行程发动机,还是二行程发动机;无论是单缸发动机,还是多缸发动机,要完成能量转换,实现工作循环,保证长时间连续正常工作,都必须具备以下一些机构和系统。

1. 曲柄连杆机构

曲柄连杆机构是发动机实现工作循环,完成能量转换的主要运动零件,它由机体组、活塞连杆组和曲轴飞轮组等组成,如图 4-41 所示。在做功行程中,活塞承受燃气压力在气缸内做直线运动,通过连杆转换成曲轴的旋转运动,并经过曲轴对外输出动力。而在进气、压缩和排气行程中,飞

图 4-41　曲柄连杆机构

轮释放能量又把曲轴的旋转运动转化成活塞的直线运动。

2. 配气机构

配气机构的功用是根据发动机的工作顺序和工作过程,定时开启和关闭进气门与排气门,使可燃混合气或空气进入气缸,并使废气从气缸内排出,实现换气过程。配气机构大多采用顶置气门式配气机构,一般由气门组、气门传动组和气门驱动组组成,如图 4-42 所示。

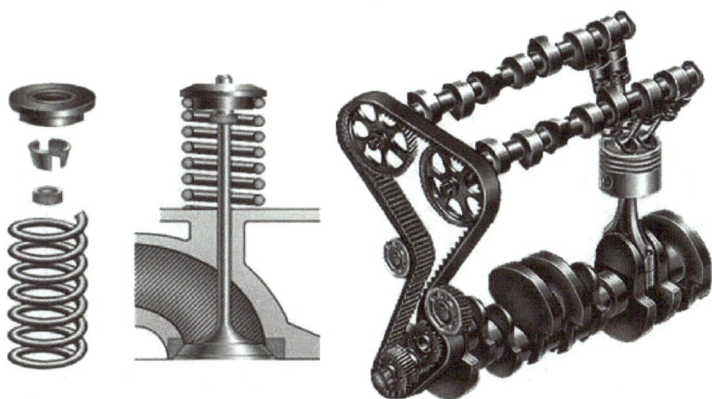

图 4-42 配气机构

3. 燃料供给系统

汽油机燃料供给系统的功用是根据发动机的要求,配制出一定数量和浓度的混合气,供入气缸,并将燃烧后的废气从气缸内排出到大气中去;柴油机燃料供给系统的功用是把柴油和空气分别供入气缸,在燃烧室内形成混合气并燃烧,最后将燃烧后的废气排出,如图 4-43 所示。

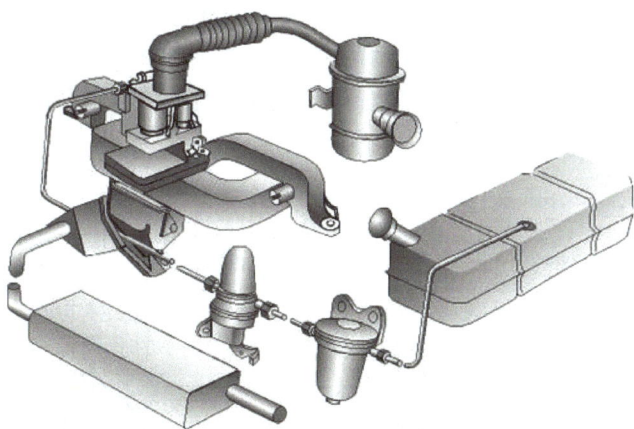

图 4-43 燃料供给系统

4. 润滑系统

润滑系统的功用是向做相对运动的零件表面输送定量的清洁润滑油,以实现液体摩擦,减小摩擦阻力,减轻机件的磨损,并对零件表面进行清洗和冷却。润滑系统通常由润滑油道、机油泵、机油滤清器和一些阀门等组成,如图 4-44 所示。

5. 冷却系统

冷却系统的功用是将受热零件吸收的部分热量及时散发出去,保证发动机在最适宜的温度状态下工作。水冷发动机的冷却系统通常由冷却水套、水泵、风扇、水箱、节温器等组成,如图 4-45 所示。

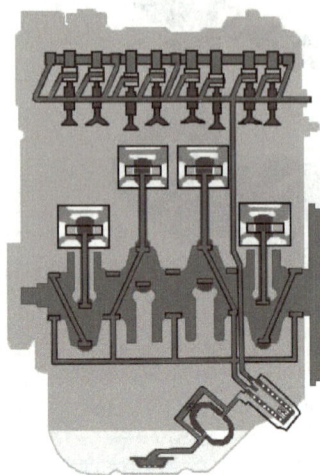

图 4-44　润滑系统

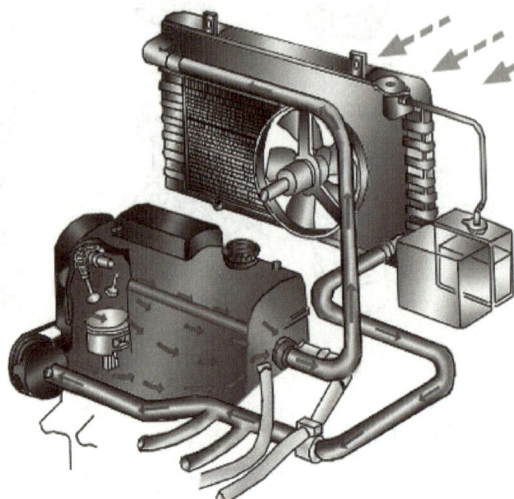

图 4-45　冷却系统

6. 点火系统

在汽油机中,气缸内的可燃混合气是由电火花点燃的,为此在汽油机的气缸盖上装有火花塞,火花塞头部伸入燃烧室内。能够按时在火花塞电极间产生电火花的全部设备称为点火系统,点火系统通常由蓄电池、发电机、分电器、点火线圈和火花塞等组成,如图 4-46 所示。

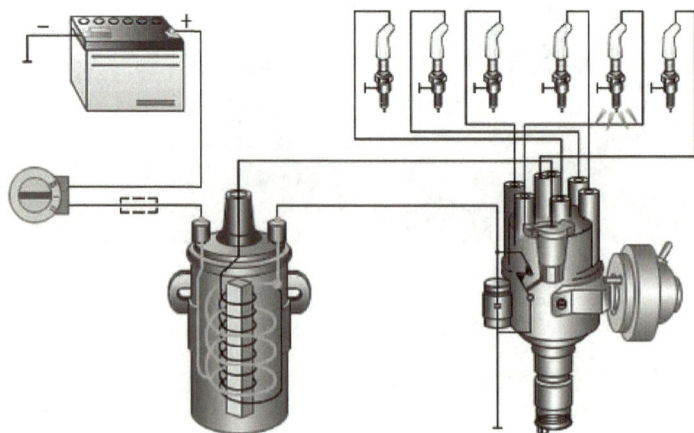

图 4-46　点火系统

7. 起动系统

要使发动机由静止状态过渡到工作状态,必须先用外力转动发动机的曲轴,使活塞作往复运动,气缸内的可燃混合气燃烧膨胀做功,推动活塞向下运动使曲轴旋转,发动机才能自行运转,工作循环才能自动进行。因此,曲轴在外力作用下开始转动到发动机开始自动地怠速运转的全过程,称为发动机的起动。完成起动过程所需的装置,称为发动机的起动系统。起动系统如图 4-47 所示。

汽油机由以上两大机构和五大系统组成,即由曲柄连杆机构,配气机构、燃料供给系统、润滑系统、冷却系统、点火系统和起动系统组成;柴油机由以上两大机构和四大系统组成,即由曲柄连杆机构、配气机构、燃料供给系统、润滑系统、冷却系统和起动系统组成。柴油机是压燃的,不需要点火系统。

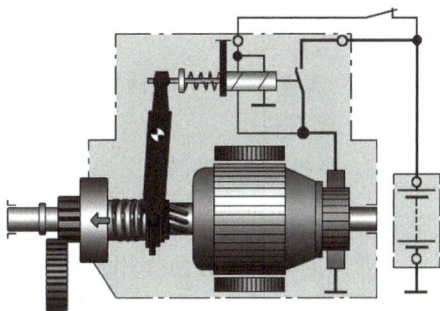

图 4-47 起动系统

复习思考题

一、填空题

1. 铰链四杆机构由 _____ 、_____ 、_____ 和运动副组成。按曲柄的存在情况,分为 _____ 、_____ 和 _____ 三种基本形式。

2. 低副是指两构件之间作 _____ 接触的运动副,而高副是指两构件之间作 _____ 或 _____ 接触的运动副。

3. 曲柄摇杆机构在生产中应用很广泛,其中缝纫机的踏板机构是将 _____ 运动转换为 _____ 运动的实例。

4. 凸轮机构由 _____ 、_____ 和 _____ 三个基本构件组成。

5. 凸轮机构中,原动件是 _____ ,其属于 _____ (高副、低副)机构。

二、选择题

1. 若铰链四杆机构中最短杆与最长杆长度之和大于其余两杆长度之和,则无论以哪一杆为机架,均为(   )。

    A. 曲柄摇杆机构   B. 双曲柄机构

    C. 双摇杆机构   D. 以上答案都不对

2. 搅拌机、碎石机属于(   )。

    A. 曲柄摇杆机构   B. 双曲柄机构   C. 双摇杆机构   D. 导杆机构

3. 曲柄滑块机构是由(   )机构演变而来的。

    A. 双曲柄   B. 双摇杆

    C. 曲柄摇杆   D. 以上答案都不对

4. 在应用中,根据(   )的运动规律来设计凸轮的轮廓曲线。

    A. 凸轮   B. 从动件

    C. 机构中运动的元件   D. 以上答案都不对

5. 用(   )从动杆解决了凸轮机构磨损过快的问题。

    A. 尖顶式   B. 滚子式   C. 平底式

6. 下列实例中,采用曲柄摇杆机构的是(   )。

    A. 碎石机   B. 车门启闭机构

    C. 飞机起落架机构   D. 缝纫机

三、简答题

1. 机构运动简图有何作用? 绘制机构运动简图应注意哪些问题?

2. 计算机构自由度时,需要注意哪些问题?

3. 机构具有确定运动的条件是什么?

4. 绘出图 4-48 所示平面机构的机构运动简图,并计算其自由度。

5. 计算图 4-49 所示各机构的自由度,如有复合铰链、局部自由度和虚约束,请指出。

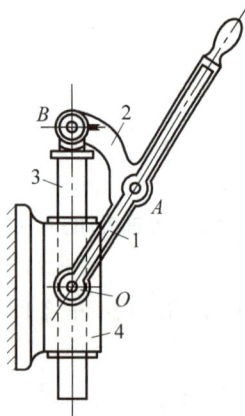
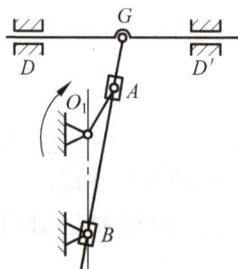

(a)

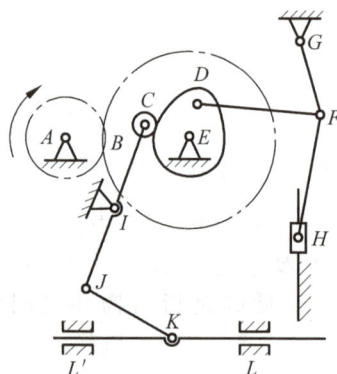

(b)

图 4-48　平面机构　　　　　　　　　　图 4-49　机构

6. 铰链四杆机构有哪几种类型? 应怎样判别? 各有何运动特点?

7. 根据尺寸和机架判断图 4-50 中四个铰链四杆机构的类别。

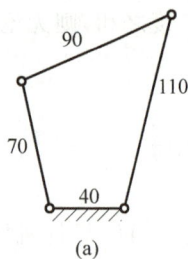
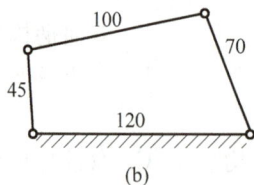
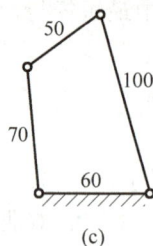
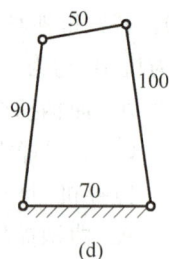

(a)　　　　　　　(b)　　　　　　　(c)　　　　　　　(d)

图 4-50　铰链四杆机构

8. 简述汽车发动机的组成。

单元 **5**

带传动与链传动

（1）知道带传动、链传动的类型、特点及应用场合。

（2）具备带传动和链传动的拆装、维护能力。

（3）了解发动机正时带、正时链的特点。

汽车发动机中的正时皮带或正时链条主要作用是带动水泵、发电机、空调压缩机等部件工作，并配合一定的传动比来保证进、排气时间的准确，如图 5-1 和图 5-2 所示。带传动、链传动都是通过挠性件实现运动和动力的传递，共同特点是适合大中心距传动，使机器结构大为简化，降低生产成本。

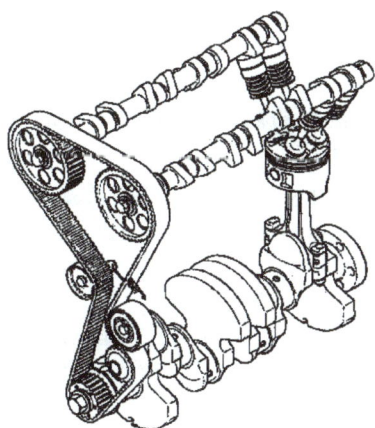

图 5-1　发动机正时带传动

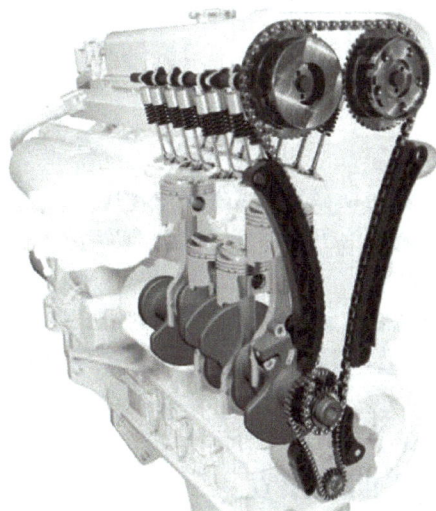

图 5-2　发动机正时链传动

5.1 带 传 动

5.1.1 概述

1. 带传动的工作原理及类型

带传动通常由主动带轮 1、从动带轮 2 和张紧在两带轮上的传动带 3 所组成,如图 5-3 所示。一般来说,带传动可分为摩擦型带传动和啮合型带传动两大类。

摩擦型带传动中,由于传动带张紧在两个带轮上,当主动轮转动时,主动轮与从动带之间的摩擦力就驱使带运动,而传动带与从动轮之间的摩擦力又带动从动轮转动。

啮合型带传动由主动同步带轮,从动同步带轮和套在两轮上的环形同步带组成如图 5-4 所示,带的工作面制成齿形,与有齿的带轮相啮合实现传动。

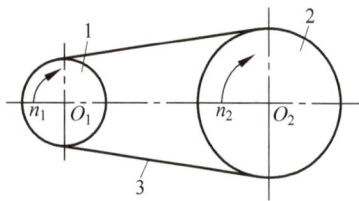

| 图 5-3　摩擦型带传动 | 图 5-4　啮合型带传动 |

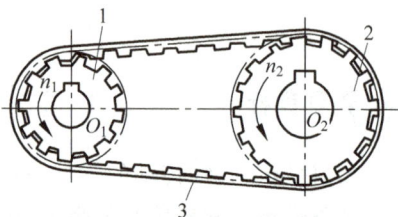

摩擦型带传动,按带横剖面的形状是矩形、梯形或圆形,可分为平带传动(见图 5-5(a))、V 带传动(见图 5-5(b))、多楔带传动(见图 5-5(c))和圆带传动(见图 5-5(d))。

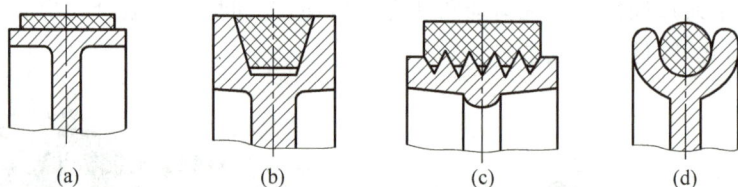

图 5-5　带传动的类型

平带的横截面为扁平矩形,其工作面是与轮面相接触的内表面(见图 5-6(a)),而 V 带的横截面为等腰梯形,V 带靠两侧面工作(见图 5-6(b))。在相同条件下,V 带能传递较大的功率。V 带传动平稳,因此,在一般机械中,多采用 V 带传动。带的传动比 i 是带轮角速度之比或带轮转速之比,用公式表示为

$$i = \omega_1/\omega_2 = n_1/n_2 \qquad (5\text{-}1)$$

式中：ω_1——主动轮的角速度；

ω_2——从动轮的角速度。

2. 带传动的特点

1) 带传动的优点

(1) 传动带具有良好的弹性,可以缓和冲击和吸收振动,因此传动平稳。

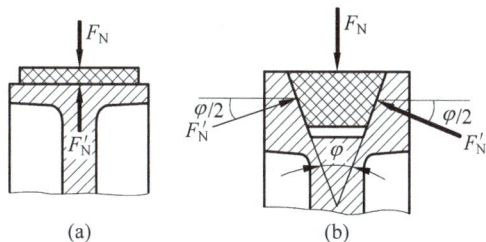

图 5-6　平带与 V 带传动的比较

（2）适用于两轴中心距较大的传动场合。

（3）传动过载时,带将在带轮上打滑,可以防止损坏其他零件。

（4）结构简单、拆装、维修方便,而且成本低廉。

2）带传动的缺点

（1）由于带的弹性滑动,不能保证恒定不变的传动比。

（2）传动装置的外廓尺寸以及占据的空间较大。

（3）带的工作寿命较短,且不适于高温、易燃场合下工作。

（4）传动效率较低。

带传动常用作中小型电动机与机械之间的传动。带的速度一般为 5～25m/s；传动比可以达到 7,最好为 2～4；传动效率为 0.94～0.97。

5.1.2　带传动的工作情况分析

1. 带传动的受力分析

由于带是以一定的初拉力紧套在带轮上,所以带与带轮的接触面就产生了正压力。当带轮静止或空载运转时,带两边的拉力相等,其大小以 F_0 表示(见图 5-7(a))。当带工作时,由于从动带轮上摩擦力矩的影响,致使带两边的拉力不再相等。即进入主动轮的一边被拉紧,称为紧边,拉力由 F_0 增至 F_1；进入从动轮的一边被放松,称为松边,拉力由 F_0 降至 F_2(见图 5-7(b))。

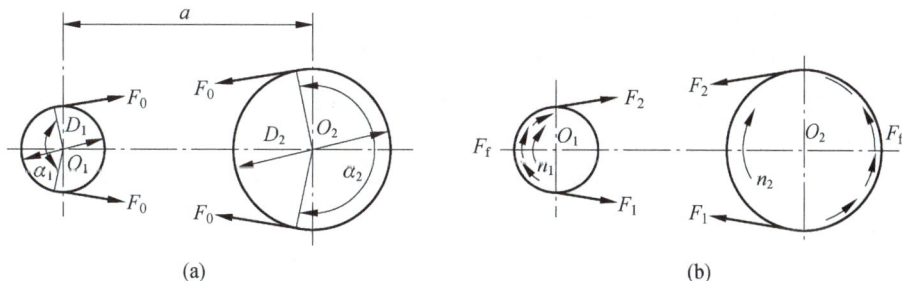

图 5-7　带传动的受力分析

根据带的平衡条件,紧、松两边拉力之差应等于带与带轮间产生的摩擦力总和,此即为被传递的圆周力 F。圆周力 F(N)、带速 v(m/s)和传递功率 P(kW)之间的关系为

$$P = \frac{Fv}{1000}$$

$$(5-2)$$

由上式可知,当带速一定时,传递的功率 P 越大,则圆周力 F 也越大,带与带轮间总摩擦力也越大。在一定条件下,带与带轮间可能的总摩擦力有一个最大值。如果所传递的圆周力超过此最大值时,将造成传动带沿带轮表面打滑。

2. 带传动的应力分析

带传动工作时,将在带中产生以下几种应力。

(1)由拉力产生拉应力。随着带的连续工作,拉应力在不断地交替变化。

(2)由离心力产生的离心拉应力。离心拉应力与带速平方成正比,为了限制离心拉应力大小,带速不能太高,一般 V 带传动,$v_{max} \leqslant 30\text{m/s}$。

(3)带绕过带轮时产生的弯曲应力。弯曲应力只发生在带轮上的圆弧部分,而且带轮直径越小,带越厚,其弯曲应力越大。为了避免弯曲应力过大,所选带轮直径不能过小。

图 5-8 所示为带工作时应力在带上的分布情况。带上最大应力发生在紧边开始绕上小带轮处。

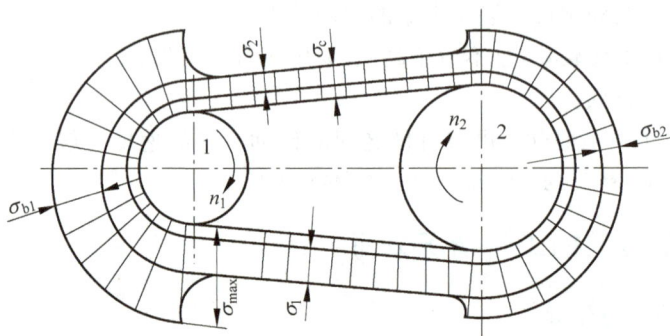

图 5-8　带上的应力分布

由图 5-8 还可以看出,带某一截面上的应力是随该截面在运行中所处的位置而变化的,即带在变应力下工作,带每运行一周,任一截面上的应力周期性地变化一次。这将使带容易产生疲劳破坏,并影响带的工作寿命。

3. 带传动的弹性滑动和打滑

带是弹性体,受力后会产生弹性变形,受力越大弹性变形越大;反之越小。工作时由于紧边拉力 F_1 大于松边拉力 F_2,则带在紧边的伸长量将大于松边的伸长量。图 5-8 中用相邻横向间隔线的距离大小表示带的相对伸长程度。

带绕过主动轮时,由于逐渐缩短而在带轮上微量滑动,使带速低于主动轮圆周速度 v_1;带绕过从动轮时,由于逐渐伸长也要在带轮上微量滑动,使带速高于从动轮圆周速度 v_2。上述因带的弹性变形量的变化而引起带与带轮之间微量相对滑动的现象,称为弹性滑动。

弹性滑动导致从动轮的圆周速度低于主动轮的圆周速度,降低了传动效率,使带与带轮磨损增加和温度升高。弹性滑动是摩擦型带传动正常工作时不可避免的固有特性。

实验结果表明,弹性滑动只发生在带离开带轮前的称为滑动弧的那部分接触弧上,如图 5-9 所示。滑动弧随着载荷的增大而增大,当传递的有效拉力达到极限值时,小带轮上的滑动弧增至全部接触弧;如果载荷继续增大,则带与小带轮接触面间将发生显著的相对滑动,这种现象称为打滑。打滑将使带严重磨损和发热、从动轮转速急剧下降,使带传动失效,所以打滑是必须避免的。但在传动突然超载时,打滑却可以起到过载保护的作用,避免其他零件发生损坏。

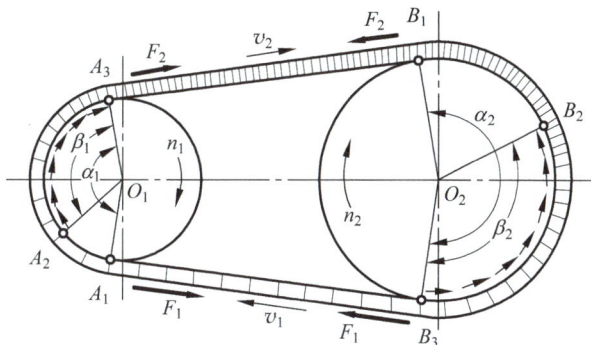

图 5-9 带传动的弹性滑动

5.1.3 普通 V 带的型号和结构

普通 V 带制成环形,其结构由顶胶、底胶、承载层、包布层构成,承载层分帘布芯和绳芯两种,如图 5-10 所示。

普通 V 带的型号分为 Y、Z、A、B、C、D、E 七种,其截面尺寸见表 5-1。

当 V 带围绕在带轮上受弯曲时,顶胶纵向受拉而伸长,底胶纵向受压而缩短,在两者之间的中性层长度不变,称为节面。带的节面宽度称为节宽 b_p,见表 5-1;节面周线长度称带的基准长度 L_d,见表 5-2,节面处的直径称为带轮基准直径 D。

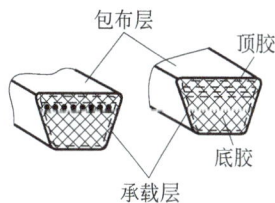

图 5-10 V 带结构

表 5-1 普通 V 带的结构及截面尺寸

截型		节宽 b_p	顶宽 b	高度 h	截面面积 A/mm^2	楔角 θ	每米质量 $Q/(kg/m)$
普通 V 带	窄 V 带						
Y		5.3	6	4	18		
Z	SPZ	8.5	10	6	47		0.06
				8	57		0.07
A	SPA	11.0	13	8	81		0.1
				10	94		0.12
B	SPB	14.0	17	10.5	138	40°	0.17
				14	167		0.20
C	SPC	19.0	22	13.5	230		0.3
				18	278		0.37
D		27.0	32	19	476		
E		32.0	38	23.5	692		

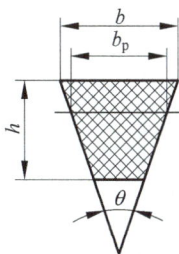

表 5-2　普通 V 带的基准长度系列和带长修正系数 K_L

基准长度 L_d/mm	带型				基准长度 L_d/mm	带型			
	Z	A	B	C		Z	A	B	C
	K_L					K_L			
560	0.9	0.8			2000	1.0	0.9	0.8	
630	0.9				2240	1.0	1.0	0.9	
710	0.9	0.8			2500	1.0	1.0	0.9	
800	1.0	0.8			2800	1.1	1.0	0.9	
900	1.0	0.8			3150	1.1	1.0	0.9	0.8
1000	1.06	0.89	0.84		3550	1.17	1.09	0.99	0.89
1120	1.08	0.91	0.86		4000		1.13	1.02	0.91
1250	1.11	0.93	0.88	0.86	4500		1.15	1.04	0.93
1400	1.14	0.96	0.90			1.19			
1600	1.16	0.99	0.92		5000		1.18	1.07	0.96
1800	1.18	1.01	0.95						

注：超出表列范围时可另查《机械设计手册》。

5.1.4　带轮及其结构

带轮的材料主要是铸铁，常用材料的牌号为 HT150 或 HT200，转速较高时宜采用钢，小功率时可用铸铝或塑料。

带轮的结构设计主要是根据带轮的基准直径选择结构形式，根据带的型号确定轮槽尺寸。

铸铁带轮的典型结构有实心式(见图 5-11(a))、腹板式(见图 5-11(b))，当直径较大时可以在腹板上开孔(见图 5-11(c))，以减轻重量、便于搬运。当带轮基准直径 $D >$

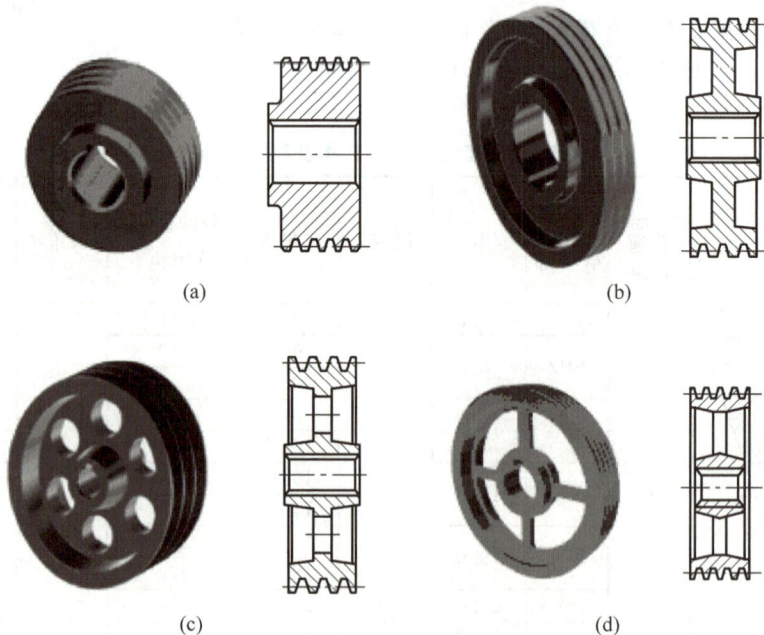

(a)　　　　　　　　　　　(b)

(c)　　　　　　　　　　　(d)

图 5-11　V 带轮结构

400mm 时,可采用轮辐式(见图 5-11(d))。V 带轮结构尺寸和轮槽尺寸可查阅机械设计手册,如图 5-12 所示。

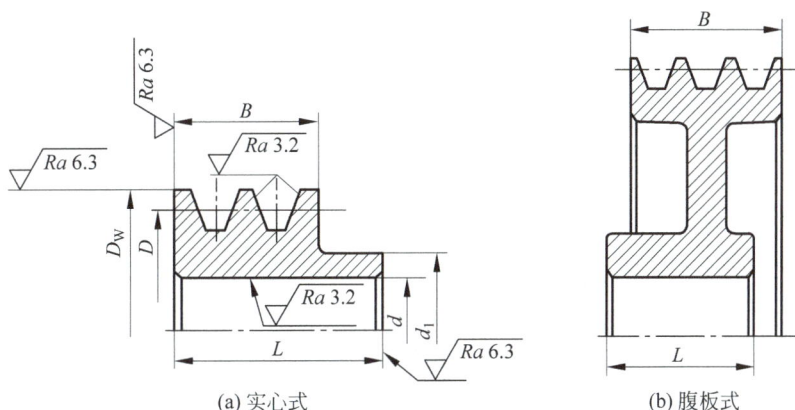

图 5-12　V 带轮结构及其尺寸

5.1.5　普通 V 带传动的结构、安装与维护

1. V 带传动的安装

1)V 带带轮的安装

安装带轮时要保证两轮中心线平行,其端面与轴的中心线垂直;主动轮和从动轮的轮槽必须在同一平面内,如图 5-13 所示。带轮安装在轴上不得晃动。

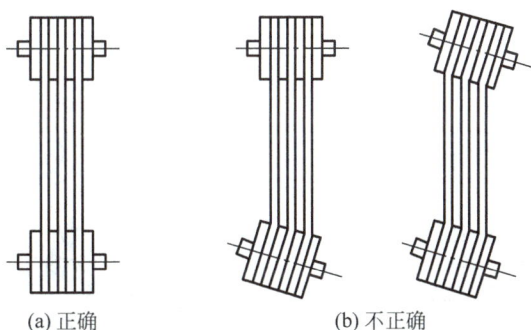

图 5-13　V 带带轮位置

2)V 带的选用和安装

(1)V 带的选用

选用 V 带时,型号和长度不能搞错,若胶带型号大于轮槽型号,会使胶带高出轮槽,使接触面减少,降低传动能力;若胶带型号小于轮槽型号,将使胶带底面与轮槽底面接触,从而失去 V 带传动能力大的优点。只有当胶带型号与轮槽型号相适应时,V 带的工作面与轮槽的工作面才能充分接触,如图 5-14 所示。另外,同组传动带应选用配组带,这样可以减轻各带的承载不均匀。

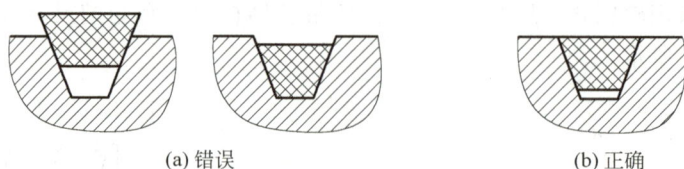

（a）错误   （b）正确

图 5-14   V 带在轮槽中的位置

（2）V 带的安装

V 带在安装时必须有合适的张紧力,在中等中心距的情况下,用大拇指按下 15mm 即为合适,如图 5-15 所示。

图 5-15   带的张紧程度

2. V 带传动的张紧装置及维护

普通 V 带不是完全的弹性体,长期在张紧状态下工作,会因出现塑性变形而松弛,使初拉力 F_0 减小,传动能力下降。因此,必须将带重新张紧,以保证带传动正常工作。常用的张紧装置有以下几种。

（1）定期张紧装置。采用定期改变中心距的方法来调节带的初拉力（见图 5-16(a)）。在垂直的或接近垂直的传动中,可用图 5-16(b)所示的方法,将装有带轮的电动机安装在可调的摆动架上。

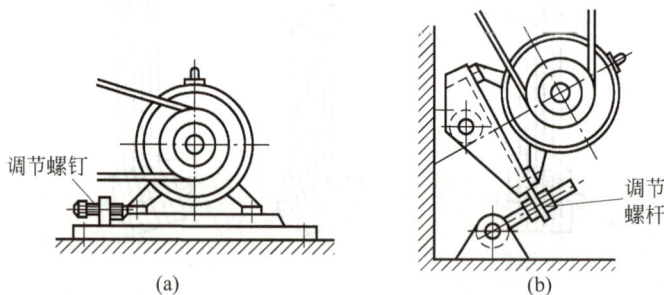

调节螺钉

调节螺杆

（a）   （b）

图 5-16   定期张紧

（2）自动张紧装置。将装有带轮的电动机安装在浮动的摆动架上（见图 5-17）,利用电动机的自重,使带轮随同电动机绕固定轴摆动,以自动保持初拉力。

（3）采用张紧轮装置。当传动中心距不能调节时,可采用张紧轮张紧（见图 5-18）,张紧轮应放在松边,可设置在带的内侧,也可设置在带的外侧。如设置在外侧,可以增加小带轮包角,但是带因受反向弯曲而降低了寿命;若设置在内侧,张紧轮应靠近大带轮,以减小对小带轮包角的影响。

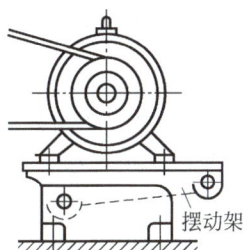

图 5-17　自动张紧

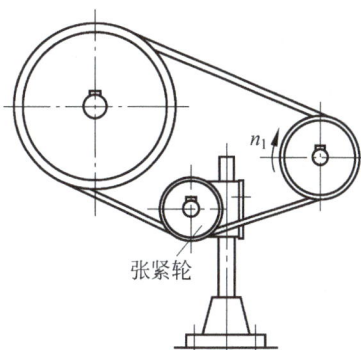

图 5-18　张紧轮张紧

为了延长带的寿命,保证带传动的正常运转,必须重视正确地使用和维护保养。使用时注意以下几方面。

（1）安装带时,最好缩小中心距后套上 V 带,再予以调整,不应硬撬,以免损坏胶带,降低其使用寿命。

（2）严防 V 带与油、酸、碱等介质接触,以免变质,也不宜在阳光下曝晒。

（3）带根数较多的传动,若少数几根需进行更换时,应全部更换,不要只更换坏带而使新旧带一起使用,这样会造成载荷分配不匀,反而加速新带的损坏。

（4）为了保证安全生产,带传动须安装防护罩。

5.2　链　传　动

5.2.1　链传动的组成和特点

链传动由主动链轮、从动链轮和闭合链条组成（见图 5-19）。链传动与带传动相似,所不同的是在传动过程中,链轮轮齿和链条链节将连续不断地啮合。因此,链传动是一种啮合传动。

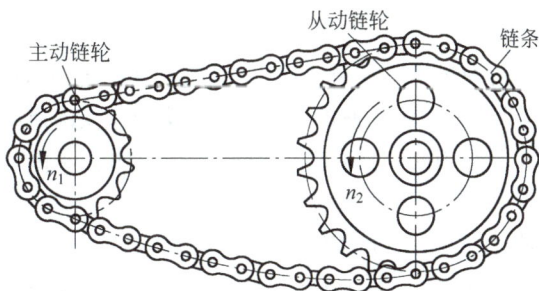

图 5-19　链传动

与带传动相比,链传动无弹性滑动和打滑现象,因而能保持准确的平均传动比承载能力较大,结构较紧凑;传动效率较高;初拉力小,作用于轴上与轴承上的压力亦小。但工作时有噪声,不宜用于高速传动。

与齿轮传动相比,链传动较易安装,成本低廉;但不能保证准确的瞬时传动比。此外,由于铰链磨损,链节距伸长,容易引起脱链,失去工作能力。

由于链传动的这些特点,所以它主要用于要求平均传动比准确、两轴间距较大、工作条件恶劣(如高温、多尘、淋水、淋油等),且不宜采用带传动和齿轮传动的场合。链传动的适用范围是:传递功率 $P \leqslant 100kW$,传动比 $i \leqslant 6$,最好 $i = 2 \sim 3.5$,链速 $v \leqslant 15m/s$。

5.2.2　链条与链轮

1. 链条

链传动中使用最多的是套筒滚子链。滚子链的结构如图 5-20 所示。它是由内链板 1、外链板 2、销轴 3、套筒 4 和滚子 5 组成。内链板与套筒、外链板与销轴分别用过盈配合连接。套筒与销轴为间隙配合,形成铰链,可使内、外链板相对转动。滚子与套筒也为间隙配合,与链轮啮合时,滚子转动,以减轻齿廓的磨损。

当传递大功率时,可采用双排链或多排链,如图 5-21 所示。

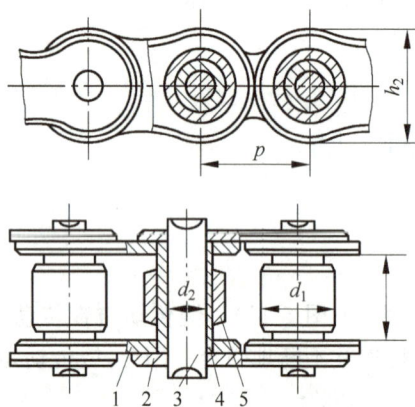

图 5-20　滚子链结构

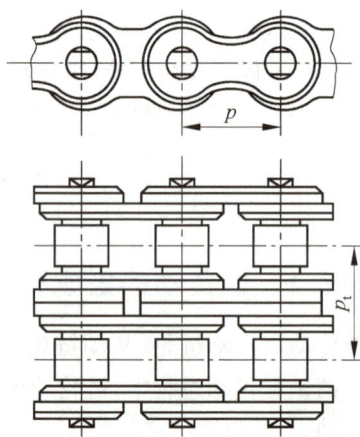

图 5-21　双排链

滚子链两相邻铰链副理论中心距称为链条的基本节距 p,简称链节距。链节距 p 是链条最主要的参数。节距越大,各元件的尺寸也相应增大,抗拉强度也越高。

链长用链节数表示。使用时,将链的两端搭接,形成闭合链条。滚子链的接头形式有三种,如图 5-22、图 5-23 所示。

当链节数为偶数时,接头处正好是内、外链板相接,可将一侧外链板与销轴做成固定的接头,装配后用开口销(见图 5-22(a))或弹性锁片(见图 5-22(b))连接,将另一侧链板锁住。当链节数为奇数时,必须采用折弯的过渡链节(见图 5-23)。由于过渡链节的链板受到附加弯矩作用,其强度仅为正常链节的 80% 左右,所以在一般情况下链节数取偶数为宜。

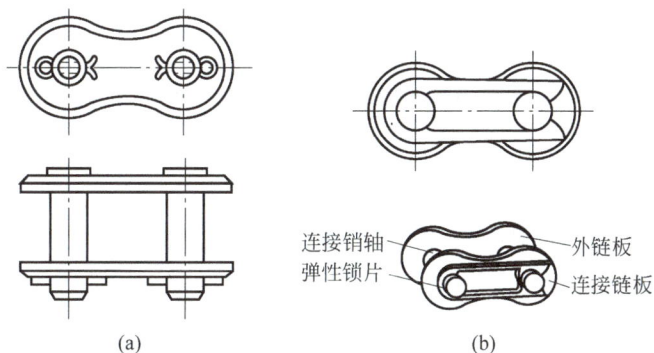

图 5-22　滚子链的可拆卸链节

2. 链轮

链轮的齿形已经标准化,其端面齿形由三段圆弧和一条直线组成。链轮的结构如图 5-24 所示,小直径的链轮可制成整体式(见图 5-24(a));中等直径尺寸的链轮可制成孔板式(见图 5-24(b));大直径的链轮,常采用装配式(见图 5-24(c)),将齿圈焊接或者用螺栓连接在轮芯上,当齿圈磨损严重时可以更换。

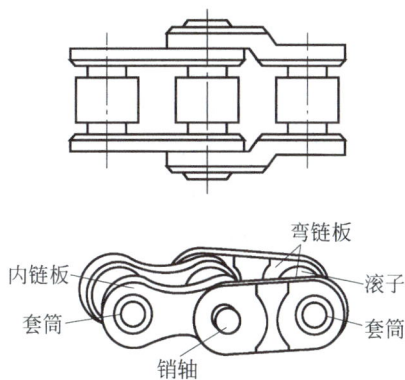

图 5-23　滚子链的过渡链节

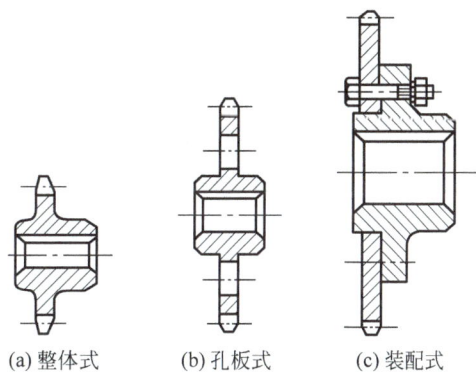

图 5-24　链轮的结构

链轮的材料应能保证轮齿具有足够的耐磨性和强度。由于小链轮轮齿比大链轮轮齿的啮合次数多,所受冲击也严重,故小链轮应采用较好的材料制造。中速、中等功率的链轮常用 40、50 钢经调质处理;有动载荷及传递较大功率的重要链轮可选用渗碳钢或调质钢。

5.2.3　链传动的失效形式

链轮比链条的强度高、工作寿命长,故设计时主要应考虑链条的失效。链传动的主要失效形式有以下几种。

1. 链板疲劳破坏

由于链条受变应力的作用,经过一定的循环次数后,链板会发生疲劳破坏,在正常润滑条件下,疲劳强度是限定链传动承载能力的主要因素。

2. 滚子、套筒的冲击疲劳破坏

链节与链轮啮合时,滚子与链轮间会产生冲击,高速时冲击载荷较大,套筒与滚子表面发生冲击疲劳破坏。

3. 销轴与套筒的胶合

当润滑不良或速度过高时,销轴与套筒的工作表面摩擦发热较大,而使两表面发生粘附磨损,严重时则产生胶合。

4. 链条铰链磨损

链在工作过程中,销轴与套筒的工作表面会因相对滑动而磨损,导致链节的伸长,容易引起跳齿和脱链。

5. 过载拉断

在低速($v<6\text{m/s}$)重载或瞬时严重过载时,链条可能被拉断。

5.2.4 链传动的布置、张紧和润滑

在链传动中,两链轮的转动平面应在同一平面内,两轴线必须平行,最好成水平布置(见图 5-25(a))。如需倾斜布置时,两链轮中心连线与水平线的夹角应小于 45°(见图 5-25(b))。同时链传动应使紧边(即主动边)在上,松边在下,以便链节和链轮轮齿可以顺利地进入和退出啮合。如果松边在上,可能会因松边垂度过大而出现链条与轮齿的干扰,甚至会引起松边与紧边的碰撞。为防止链条垂度过大造成啮合不良和松边的颤动,需用张紧装置。如中心距可以调节时,可用调节中心距来控制张紧程度;如中心距不可调节时,可用张紧轮。张紧轮应安装在链条松边靠近小链轮处,放在链条内、外侧均可,如图 5-25(c)、(d)所示。张紧轮可以是链轮,也可以是无齿的滚轮,其直径可比小链轮略小些。

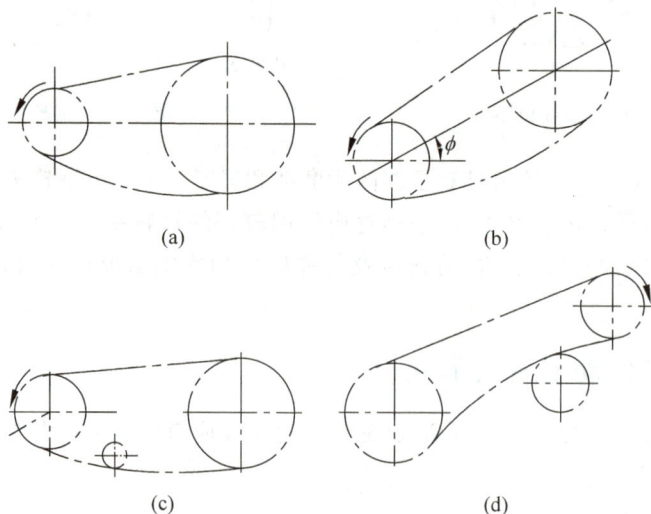

(a)   (b)

(c)   (d)

图 5-25　链传动布置

链传动良好的润滑将会减少磨损、缓和冲击,提高承载能力,延长使用寿命,因此链传动应合理地确定润滑方式和润滑剂种类。

链传动常用的润滑方式如下。

1. 人工定期润滑

用油壶或油刷给油(见图5-26(a)),适用于链速 $v \leqslant 4\text{m/s}$ 的不重要传动。

2. 滴油润滑

用油杯通过油管向松边的内、外链板间隙处滴油,用于链速 $v \leqslant 10\text{m/s}$ 的传动(见图5-26(b))。

3. 油浴润滑

链从密封的油池中通过,链条浸油深度以 $5 \sim 12\text{mm}$ 为宜,适用于链速 $v = 6 \sim 12\text{m/s}$ 的传动(见图5-26(c))。

4. 飞溅润滑

在密封容器中,用甩油盘将油甩起,经由壳体上的集油装置将油导流到链上。甩油盘速度应大于3m/s,浸油深度一般为 $12 \sim 15\text{mm}$ (见图5-26(d))。

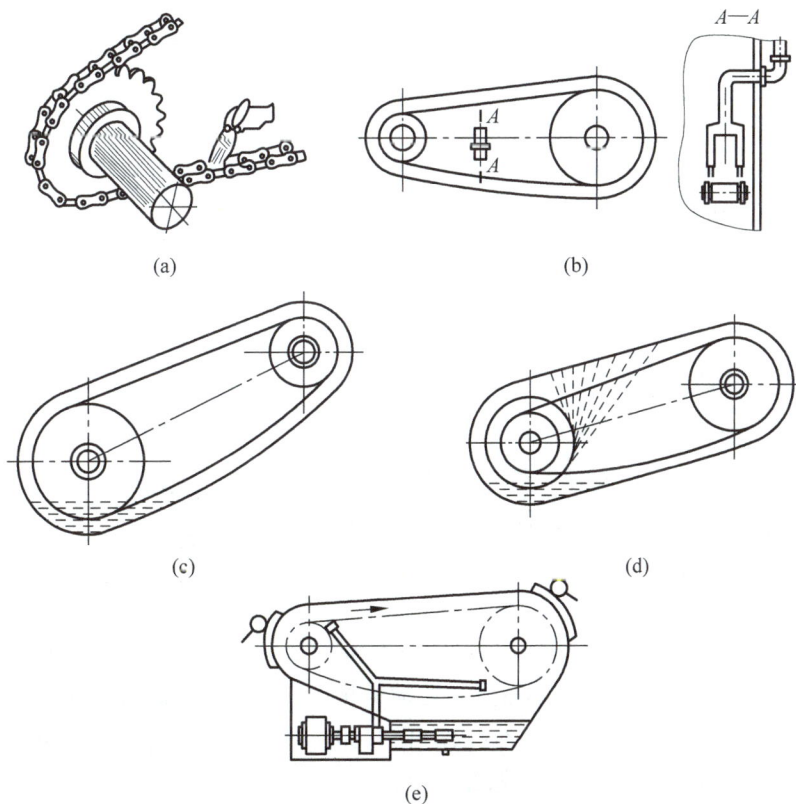

图 5-26　链传动润滑方法

5. 压力油循环润滑

用油泵将油喷到链上,喷口应设在链条进入啮合之处。适用于链速 $v \geq 8\text{m/s}$ 的大功率传动(见图 5-26(e)),链传动常用的润滑油有 L-AN32、L-AN46、L-AN68、L-AN100 等全损耗系统用油。温度低时,黏度宜低;功率大时,黏度宜高。

5.3 发动机正时系统

正时系统是发动机配气机构的重要组成部分,是保障发动机进、排气正常的重要因素之一。正时系统通过控制气门的开闭时刻,准确地实现定时开启和关闭相应的进气门和排气门,使充足的新鲜空气得以及时进入气缸,废气得以及时排出气缸,从而保证发动机具有正常、良好的动力输出。

目前,大多数发动机正时系统的主要工作过程是:由曲轴通过链条或者皮带带动凸轮轴运转,通过凸轮工作面的旋转顶压气门挺杆,进而推动气门向气缸内运动,从而实现气门打开;在凸轮工作面旋转之后,气门会在气门弹簧的作用下回位,从而使气门关闭,如图 5-1、图 5-2 所示。

正时是发动机配气系统的重要组成部分,通过与曲轴的连接并配合一定的传动比来保证进、排气时间的准确,通常由正时皮带、张紧轮、张紧器、水泵等附件组成。

正时的作用就是当发动机运转时,活塞的行程、气门的开启与关闭、点火的顺序,在"正时"的连接作用下,时刻要保持"同步"运转。通过发动机的正时机构,让每个气缸正好做到:活塞向上到上止点时,气门正好关闭,火花塞正好点火。发动机工作过程中,在气缸内不断发生进气、压缩、做功、排气四个过程,并且,每个步骤的时机都要与活塞的运动状态和位置相配合,使进气与排气及活塞升降相互协调起来,正时皮带和正时链在发动机里面扮演了一个"桥梁"的作用,在曲轴的带动下将动力传递给相应机件。

1. 正时带传动装置

正时齿带是由多种材料复合而成。齿带的脊部和带齿由非常耐用的丁基橡胶制成,具有很长的使用寿命。由玻璃纤维制成的帘线以螺旋曲线形状沿整个带宽布置,使齿带具有很高的长度稳定性和抗拉强度。

1) 正时齿带传动的特点

正时带传动声音比链条传动小,不必对正时带传动装置进行润滑,因此可以将其布置在发动机机体外。正时带侧面必须有导向装置,以防止其跑偏,例如正时带轮侧面的导向板、张紧轮或导向轮,如图 5-27 所示。因为正时带以较小的预紧力安装,所以需要张紧装置。正时齿带需要的安装空间小,具有较好的环境适应能力。在很多发动机上,

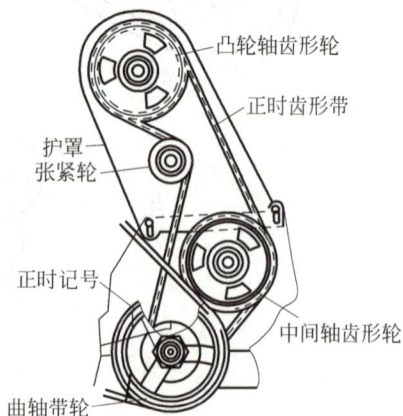

图 5-27 正时带传动装置

特别是在 V 型发动机上,正时齿带不只是在凸轮轴和曲轴之间实现正时传动,而且还驱动水泵、发电机、空调压缩机以及转向助力泵等部件,因此正时齿带已经实现了多功能化。

相对于链条传动,正时齿带能够承受的载荷较小,因此一般只用于轿车发动机。而且由于橡胶材质和受力的原因,长期使用的正时齿带会被拉长、变形和老化,有时会出现跳齿现象,导致配气正时错误。当正时齿带跳齿过多、带齿断裂或正时齿带疲劳断裂时,还可能发生气门与活塞碰撞的事故,从而导致严重的后果。

2)正时齿带的检查

因为正时齿带断裂时会造成严重的后果,所以多数汽车生产厂家都规定了正时齿带的更换周期,一般为 6 万～8 万千米。在日常维护中也应该经常对正时齿带进行检查,一旦发现正时齿带出现裂纹或其他异常,即使使用时间还没有达到规定的里程也必须更换。与发动机的某些附属装置的驱动带不同,正时齿带的外部往往安装有塑料或金属防护罩,检查时无法直接看到或触及正时齿带。但是,大多数正时齿带的防护罩比较容易拆下,至少防护罩的上半部比较容易拆下,以便检查正时齿带。

2. 正时链传动装置

链条传动机构适用于曲轴与凸轮之间的距离较大时以及同时驱动两个凸轮轴时,如图 5-2 所示。与传统的皮带驱动相比,链条驱动方式的传动可靠、耐久性好。整个系统由链轮、链条和张紧装置等部件组成,其中液压张紧器可自动调节张紧力,使链条张力始终如一,并且终身免维护,这就使其与发动机同寿命,不但安全、可靠性得到了一定提升,还将发动机的使用、维护成本降低了不少,可谓一举两得。但链条转动噪声大、传动阻力大、传动惯性也大,链条不适用于很高的转速。长时间运行后链条长度发生变化,这会导致配气相位改变。

复习思考题

一、填空题

1. 常见的带传动张紧装置有_____、_____和_____几种。

2. 在带传动中,弹性滑动是_____避免的,打滑是_____避免的。

3. V 带传动是靠带与带轮接触面间的_____力工作的。V 带的工作面是_____面。

4. 当中心距不能调节时,可采用张紧轮将带张紧,张紧轮一般应放在_____的内侧。为避免过分影响_____带轮上的包角,张紧轮应尽量靠近_____带轮。

二、选择题

1. 带传动依靠(   )来传递运动和功率。

    A. 带与带轮接触面之间的正压力   B. 带与带轮接触面之间的摩擦力

    C. 带的紧边拉力   D. 带的松边拉力

2. 带张紧的目的是(　　)。

    A. 减轻带的弹性滑动　　　　　　　B. 提高带的寿命

    C. 改变带的运动方向　　　　　　　D. 使带具有一定的初拉力

3. 与链传动相比较,带传动的优点是(　　)。

    A. 工作平稳,基本无噪声　　　　　B. 承载能力大

    C. 传动效率高　　　　　　　　　　D. 使用寿命长

4. 与平带传动相比较,V 带传动的优点是(　　)。

    A. 传动效率高　　　　　　　　　　B. 带的寿命长

    C. 带的价格便宜　　　　　　　　　D. 承载能力大

三、简答题

1. 普通 V 带有哪几种型号?

2. 普通 V 带截面角为 $40°$,为什么将其带轮的槽形角制成 $34°$、$36°$ 和 $38°$ 三种类型?在什么情况下用较小的槽形角?

3. 什么是带的弹性滑动和打滑?引起带弹性滑动和打滑的原因是什么?带的弹性滑动和打滑对带传动性能有什么影响?带的弹性滑动和打滑的本质有何不同?

4. 为避免采用过渡链节,链节数常取奇数还是偶数?相应的链轮齿数宜取奇数还是偶数?为什么?

单元 ⑥

齿轮与蜗杆传动

学习目标

(1) 知道齿轮的基本类型及其分类。

(2) 知道齿轮传动的类型及特点。

(3) 知道渐开线直齿圆柱齿轮的基本参数和尺寸计算。

(4) 掌握斜齿圆柱齿轮及直齿锥齿轮的基本参数。

(5) 知道齿轮传动的润滑方式。

(6) 知道蜗杆传动的类型特点。

(7) 知道齿轮传动在汽车上的运用。

桑塔纳 2000 轿车的变速箱是两轴式变速器,两轴式变速器变速传动机构主要由第一轴(即动力输入轴)、第二轴(即动力输出轴)、倒挡轴、各挡齿轮及变速器壳体构成。两轴之间的运动和动力的传递主要是通过齿轮传动来完成的,如图 6-1 所示。

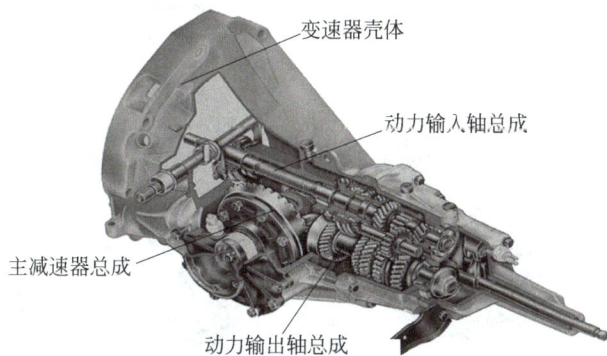

图 6-1 桑塔纳 2000 轿车的变速器

6.1 齿轮传动

6.1.1 齿轮传动的特点与应用

齿轮传动是现代机械中应用最为广泛的一种传动机构,可以用来传递空间任意两轴间的运动和动力。

齿轮传动得到广泛应用是因为它具备很多工程中需要的特点,具有较好的综合性能:齿轮传动的瞬时传动比为常数,这使它具有较高的传动效率,这对于大功率传动是很重要的特点,它能使机械传动减少大量的能量损失;由于齿轮传动承载能力大,与其他传动形式相比,在传递同样载荷的前提下,结构更为紧凑;在正确使用的情况下,齿轮传动零件可以具有较高的使用寿命;齿轮传动的速度和功率适用范围广,且传动精度较高。

但是齿轮制造需专用设备,成本较高;当齿轮制造精度低时,齿轮传动的振动和噪声较大;另外齿轮传动不宜用于传动距离过大的场合。

齿轮传动的传递功率 P 可达数万千瓦,圆周速度可达150m/s(最高300m/s),直径能做到10m以上,单级传动比可达8或者更大,因此应用广泛。

6.1.2 齿轮传动的类型

齿轮传动应用广泛,类型也很多,如图6-2所示。

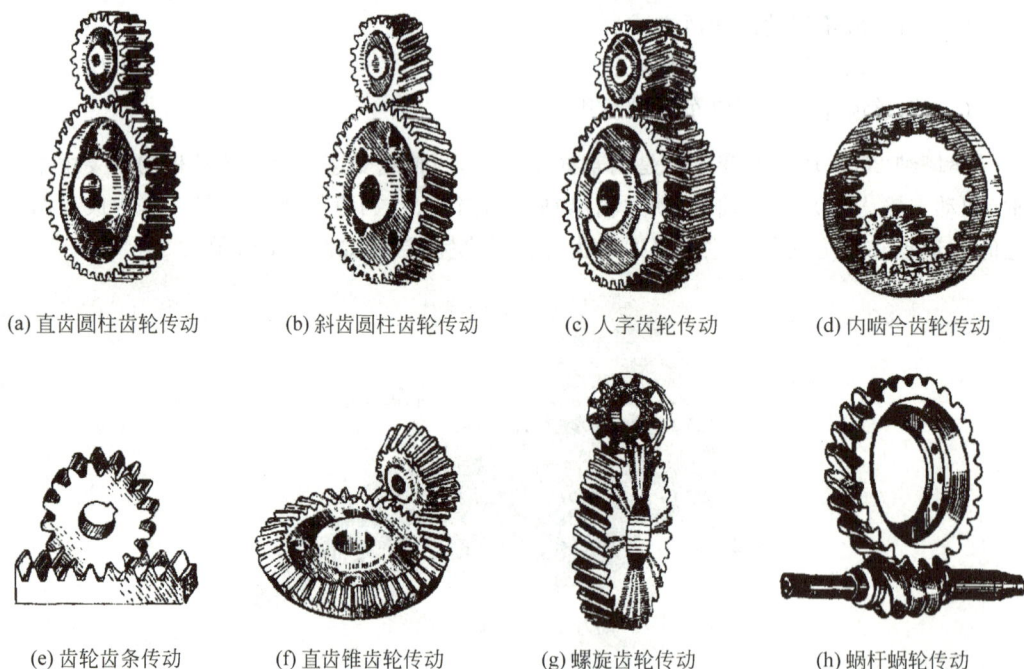

(a) 直齿圆柱齿轮传动   (b) 斜齿圆柱齿轮传动   (c) 人字齿轮传动   (d) 内啮合齿轮传动

(e) 齿轮齿条传动   (f) 直齿锥齿轮传动   (g) 螺旋齿轮传动   (h) 蜗杆蜗轮传动

图 6-2 齿轮传动的类型

1. 按两齿轮轴线的相对位置及齿向分类

（1）两轴平行的圆柱齿轮传动。根据轮齿相对轴线的方向（即齿向），圆柱齿轮传动又可分为直齿圆柱齿轮传动（见图 6-2(a)）、斜齿圆柱齿轮传动（见图 6-2(b)）和人字齿轮传动（见图 6-2(c)）三种。圆柱齿轮传动按啮合情况又可分为外啮合齿轮传动（见图 6-2(a)～(c)）、内啮合齿轮传动（见图 6-2(d)）及齿轮齿条传动（见图 6-2(e)）。

（2）两轴相交的锥齿轮传动（见图 6-2(f)）。锥齿轮又有直齿、斜齿和曲齿锥齿轮等。

（3）两轴交错的齿轮传动。它又可分为两轴交错的螺旋齿轮传动（见图 6-2(g)）和蜗杆蜗轮传动（见图 6-2(h)）。

2. 按齿轮工作条件分类

齿轮的工作条件可分为闭式和开式两种形式。

（1）闭式齿轮传动的齿轮和轴承等均封闭在箱体内,这样齿轮和轴承能保证充分的润滑和良好的工作条件。齿面不易磨损,速度可以提高,因此刚性很大,在较重要的场合多采用闭式传动,如汽车变速箱等。

（2）开式齿轮传动的齿轮是外露的。因为灰尘容易落入齿面,润滑又不完善,所以轮齿容易磨损。但开式齿轮传动的结构简单,成本低廉,故适用于低速和精度要求不高的场合,如水泥搅拌机等。

3. 按齿面硬度分类

齿轮按其齿面硬度的不同,可分为两类。

（1）软齿面齿轮。这类齿轮的齿面硬度 HBS≤350,常用 35、45、40Cr、35SiMn 钢制造,经调质或正火处理后进行切齿。考虑到小齿轮的工作次数较多,可使其齿面硬度比大齿轮高 30～50HBS。这类齿轮制造较简单、成本低,多用于单件、小批量生产和对尺寸无严格要求的一般传动。

（2）硬齿面齿轮。这类齿轮的齿面硬度 HBS>350,常用 20、20Cr、20CrMnTi（表面渗碳淬火）和 45、40Cr（表面淬火或整体淬火）钢制造,其齿面硬度一般为 40～62HRC。由于齿面硬度高,其最终热处理是在切齿后进行。为消除热处理引起的轮齿变形,热处理后还需要对轮齿进行磨削或研磨等。这类齿轮制造较复杂,适用于高速、重载及要求结构紧凑的场合。由于硬齿面齿轮传动的承载能力高,尺寸和重量明显减小,故其被逐渐推广采用。

6.1.3 齿轮的齿廓曲线

机械中轴与轴之间的传动,可以采用图 6-3(a)所示的摩擦轮传动。它是将两轮压紧而利用接触面上的摩擦力进行传动的,因此容易发生打滑现象。如带传动一样,两轴不能保证有准确的传动比。如果在摩擦轮的表面制出牙齿,便形成了图 6-3(b)所示的齿轮。齿轮利用轮齿之间的拨动（称为啮合）来传递运动和动力,这就克服了摩擦轮传动"打滑"的缺点。

在图 6-3(b)中,若轮 1 为主动轮,轮 2 为从动轮,两齿轮的齿数分别为：$z_1=16$,$z_2=18$,则两轮的转速之比称为传动比,用 i 表示。传动比 i 与两轮直径（相当于摩擦轮的直径）成反比,也与两轮的齿数成反比,即：

$$i = \frac{n_1}{n_2} = \frac{d_2}{d_1} = \frac{z_2}{z_1} = \frac{18}{16} = \frac{9}{8}$$

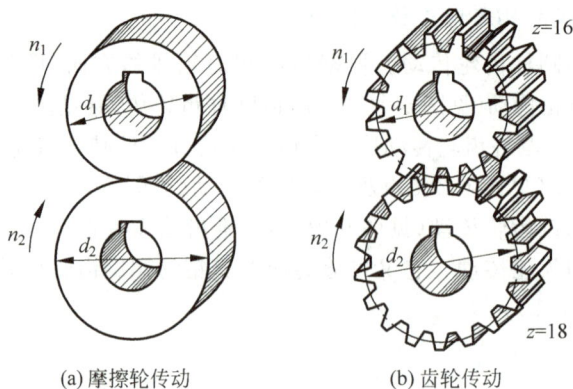

(a) 摩擦轮传动　　　　　(b) 齿轮传动

图 6-3　齿轮传动和摩擦轮传动的比较

式中：n_1、d_1——分别为主动轮的转速和直径；

　　　　n_2、d_2——分别为从动轮的转速和直径。

　　显然，在同一时间内当主动轮转了 9 转时，从动轮只转了 8 转。但是，若主动轮转了一个很小的角度时，从动轮是否仍按传动比转过相应角度呢？也就是每一瞬时的传动比是否能保持恒定 $i=\dfrac{9}{8}$ 的问题。这就与齿轮的齿廓曲线密切相关了。为保持瞬时传动比恒定不变，齿廓曲线必须具有一定的形状。经研究证明，渐开线、摆线和圆弧等齿廓曲线能够满足这一要求。由于渐开线齿廓易于制造和安装，并且互换性好，所以，齿轮传动中，以渐开线齿廓应用最多。本单元只讨论渐开线齿轮传动。

6.1.4　渐开线的形成及其性质

　　如图 6-4(a)所示，将直线 l 沿半径为 r_b 的圆作纯滚动时，该直线上任意一点 A 的轨迹 AK 称为该圆的渐开线。该圆称为渐开线的基圆，r_b 称为基圆半径，而直线 l 称为渐开线的发生线。轮齿左、右两侧齿廓就是从同一基圆上展开的两条对称的渐开线，如图 6-4(b)所示。

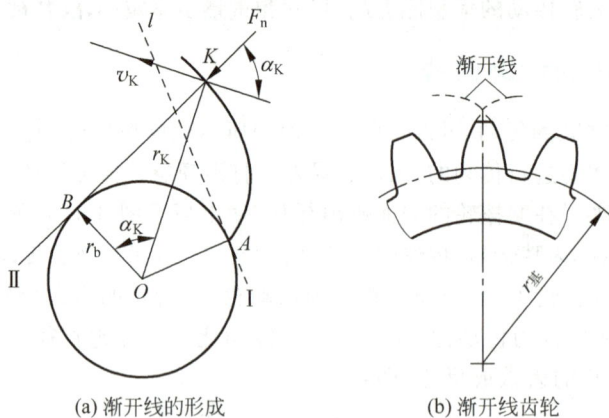

(a) 渐开线的形成　　　　　(b) 渐开线齿轮

图 6-4　渐开线形成原理

根据渐开线的形成过程可知,它具有下列性质。

(1)发生线沿基圆滚过的长度等于基圆上被滚过的圆弧长度,即 $KB=AB$。

(2)渐开线上任一点的法线必与基圆相切。

当发生线沿基圆滚动时,切点 B 是其瞬时转动中心,因此 KB 是渐开线上 K 点的法线。由于发生线始终与基圆相切,所以渐开线上任一点的法线必与基圆相切。切点 B 为 K 点的曲率中心,线段 KB 是 K 点的曲率半径。随着 K 点离基圆越远,相应的曲率半径越大,反之越小。渐开线在基圆上起始点处的曲率半径为零。

(3)渐开线齿廓上某点的法线(力作用线)与该点速度方向线所夹锐角称该点的压力角,以 α_K 表示。以 r_K 表示 K 点的向径,则:

$$\cos\alpha_K = \frac{r_b}{r_K}$$

上式表明,渐开线齿廓上各点的压力角不等,向径 r_K 越大(即 K 点离圆心越远),其压力角越大,基圆上压力角为零。

(4)渐开线的形状取决于基圆的大小,基圆越大,渐开线越平直(见图 6-5)。当基圆半径趋于无穷大时,其渐开线将成为垂直于 KB 的直线,它就是渐开线齿条的齿廓线。

(5)基圆内无渐开线。

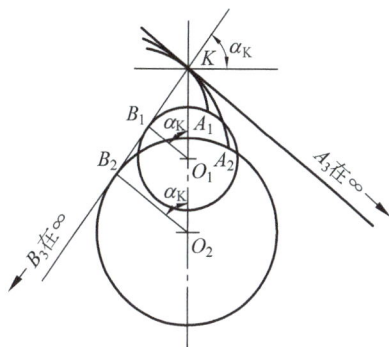

图 6-5　基圆大小对渐开线形状的影响

6.1.5　直齿圆柱齿轮各部分名称及渐开线标准直齿圆柱齿轮的基本尺寸

图 6-6 所示为一渐开线直齿圆柱齿轮的一部分,其轮齿的两侧齿廓是由形状相同、方向相反的渐开线曲面组成。

在齿轮整个圆周上轮齿的总数称为齿轮的齿数,以 z 表示。齿轮上相邻两齿之间的空间称为齿槽。过齿轮各轮齿顶端的圆称为齿顶圆,其直径和半径分别以 d_a 和 r_a 表示。

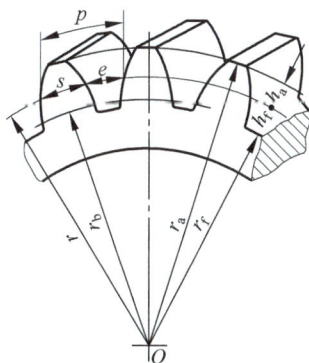

图 6-6　齿轮的几何尺寸

过齿槽底边的圆称为齿根圆,其直径和半径分别以 d_f 和 r_f 表示。

在齿轮的任意圆周上,量得的齿槽弧长称为该圆周上的齿槽宽,以 e_k 表示;一个轮齿两侧齿廓间的弧长称为该圆周上的齿厚,以 s_k 表示;相邻两齿同侧齿廓对应点间的弧长称为该圆周上的齿距,以 p_k 表示,有:

$$p_k = s_k + e_k \qquad (6-1)$$

为了计算齿轮各部分的几何尺寸,在齿顶圆和齿根圆之间,取一直径为 d 的圆作为计算的基准圆,该圆称为分度圆。分度圆上的齿厚、齿槽宽和齿距分别用 s、e 和 p 表示,而 $p=s+e$。分度圆的周长 $\pi d=zp$,故得 $d=\dfrac{zp}{\pi}$。

由上式可知,一个齿数为 z 的齿轮,只要其齿距 p 一定,即可求出其分度圆直径 d。但式中的 π 是无理数,计算和测量都不方便。为此,规定比值 $\dfrac{p}{\pi}$ 等于整数或简单的有理数,称为模数,以 m 表示,单位为 mm。

模数是计算齿轮几何尺寸的一个基本参数。为了便于制造(简化刀具)和齿轮的互换使用,齿轮的模数已经标准化。我国规定的齿轮的模数系列见表 6-1。

表 6-1　渐开线圆柱齿轮的标准模数系列　　　　　　　　　　　　　　　mm

第一系列	0.1	0.12	0.15	0.2	0.25	0.3	0.4	0.5	0.6	0.8
	1	1.25	1.5	2	2.5	3	4	5	6	8
	10	12	16	20	25	32	40	50		
第二系列	0.35	0.7	0.9	1.75	2.25	2.75	(3.25)	3.5	(3.75)	
	4.5	5.5	(6.5)	7	9	(11)	14	18	22	23

注:(1)本表适用于渐开线圆柱齿轮,对斜齿轮是指法向模数。

(2)优先采用第一系列,括号里的模数尽量不用。

引入模数 m 后,齿轮分度圆直径 d 可表示为

$$d = mz \tag{6-2}$$

由上式可知当齿数 z 和模数 m 一定时,齿轮的分度圆直径即为一定值。

模数 m 是决定轮齿大小的重要参数,如图 6-7 所示。模数越大,则齿距 p 越大,齿根就越厚,强度就越高,承受载荷的能力也越强,所以模数 m 是齿轮强度设计的主要数据之一。

一对互相啮合的齿轮,其模数必须相等。分度圆上的压力角称为分度圆压力角,简称压力角,以 α 表示。分度圆压力角是标准值,常用的为 $20°$、$15°$、$14.5°$ 等。我国规定的标准压力角 $\alpha = 20°$。因此,齿轮的分度圆也是齿轮上具有标准模数和标准压力角的圆。

压力角 α 是决定齿形的重要参数。一对互相啮合的齿轮,除了模数必须相等外,其压力角也必须相等。轮齿上齿顶圆与分度圆之

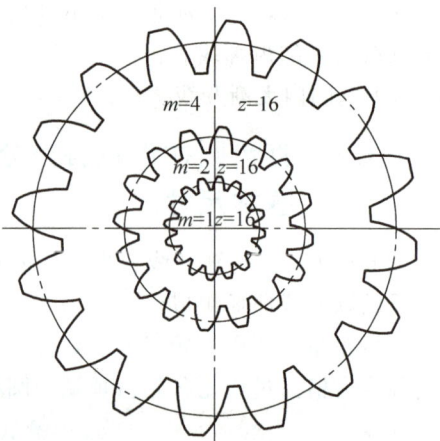

图 6-7　不同模数轮齿大小的比较

间的径向距离称为齿顶高,以 h_a 表示。分度圆与齿根圆之间的径向距离称为齿根高,以 h_f 表示。齿顶圆与齿根圆之间的径向距离称为齿全高,以 h 表示。有:

$$h = h_a + h_f \tag{6-3}$$

齿轮的齿顶高和齿根高规定为

$$h_a = h_a^* m \tag{6-4}$$

$$h_f = (h_a^* + c^*)m \tag{6-5}$$

式中: h_a^* ——齿顶高系数;

　　　c ——一轮齿顶与另一轮齿根之间的径向间隙,称为顶隙,c^* 为顶隙系数。

顶隙不仅可避免传动时轮齿互相顶撞,且有利于储存润滑油。

我国齿形标准中规定齿顶高系数和顶隙系数为

正常齿: $h_a^* = 1$, $c^* = 0.25$

短齿: $h_a^* = 0.8$, $c^* = 0.3$

若齿轮的模数、分度圆压力角、齿顶高系数、齿顶隙系数均为标准值,且分度圆上的齿厚和齿槽宽相等,则这种齿轮称为标准齿轮。对于标准齿轮

$$s = e = \frac{p}{2} = \frac{\pi m}{2} \tag{6-6}$$

当标准直齿圆柱齿轮基本参数 m、z、α、h_a^*、c^* 选定后,其几何尺寸可按表 6-2 中公式计算。

表 6-2　渐开线标准直齿圆柱齿轮尺寸计算公式　　　　　　　　　　mm

名　　称	代号	计　算　公　式
模数	m	根据表 6-1 选用标准值
压力角	α	$\alpha = 20°$
齿顶高系数	h_a^*	1
顶隙系数	c^*	0.25
分度圆直径	d	$d = mz$
基圆直径	d_b	$d_b = mz\cos\alpha$
分度圆齿距	p	$p = \pi m$
基圆齿距	p_b	$p_b = p\cos\alpha = \pi m\cos\alpha$
齿顶高	h_a	$h_a = h_a^* m$
齿根高	h_f	$h_f = (h_a^* + c^*)m$
齿顶圆直径	d_a	$d_a = d + 2h_a = m(z + 2h_a^*)$
齿根圆直径	d_f	$d_f = d - 2h_f = m(z - 2h_a^* - 2c^*)$
分度圆齿厚	s	$s = \frac{1}{2}\pi m$
分度圆齿槽宽	e	$e = \frac{1}{2}\pi m$
标准中心距	a	$a = r_1 + r_2 = \frac{1}{2}m(z_1 + z_2)$

例 6-1 一对标准安装的外啮合直齿圆柱齿轮传动,其模数 $m = 5\text{mm}$,齿数 $z_1 = 20$,$z_2 = 100$,试计算两轮各部分尺寸和中心距。

解：分度圆直径　　　$d_1 = mz_1 = 5 \times 20 = 100(\text{mm})$

$d_2 = mz_2 = 5 \times 100 = 500(\text{mm})$

齿顶高　　　$h_{a1} = h_{a2} = h_a^* m = 1 \times 5 = 5(\text{mm})$

齿根高　　　$h_{f1} = h_{f2} = (h_a^* + c^*)m = (1 + 0.25) \times 5 = 6.25(\text{mm})$

全齿高　　　$h = h_a + h_f = 5 + 6.25 = 11.25(\text{mm})$

齿顶圆直径　　　$d_{a1} = d_1 + 2h_{a1} = 100 + 2 \times 5 = 110(\text{mm})$

$d_{a2} = d_2 + 2h_{a2} = 500 + 2 \times 5 = 510(\text{mm})$

齿根圆直径 $\quad d_{f1} = d_1 - 2h_{f1} = 100 - 2 \times 6.25 = 87.5\,(mm)$

$\qquad\qquad\qquad d_{f2} = d_2 - 2h_{f2} = 500 - 2 \times 6.25 = 487.5\,(mm)$

分度圆齿厚 $\quad s_1 = s_2 = \dfrac{1}{2}\pi m = \dfrac{1}{2} \times 3.14 \times 5 = 7.85\,(mm)$

中心距 $\qquad a = r_1 + r_2 = \dfrac{1}{2}m(z_1 + z_2) = \dfrac{1}{2} \times 5 \times (20 + 100) = 300\,(mm)$

6.1.6　渐开线直齿圆柱齿轮传动

1. 正确啮合条件

齿轮传动是靠两轮的轮齿依次啮合来实现的。由渐开线的性质可知,参与啮合的齿廓其啮合点都在啮合线上。因此,如图 6-8 所示,要使处于啮合线上的各对轮齿都能同时啮合,两齿轮相邻同侧齿廓间的法向齿距 p_b 应相等,即

$$p_{b1} = p_{b2}$$

因 $p_b = p\cos\alpha = \pi m\cos\alpha$,代入上式可得

$$m_1\cos\alpha_1 = m_2\cos\alpha_2$$

由于模数和压力角都已经标准化,故要满足上式条件,则必须是

$$\begin{cases} m_1 = m_2 = m \\ \alpha_1 = \alpha_2 = \alpha \end{cases} \tag{6-7}$$

可见,渐开线直齿圆柱齿轮传动的正确啮合条件是两齿轮的模数和压力角应分别相等。

2. 连续传动的条件

一对齿轮若实现定传动比的连续传动,只具备两齿轮的法向齿距相等的条件是不够的。因轮齿的高度有限,故参与啮合的区域也是有限的。为实现连续传动,应保证在前一对轮齿尚未脱离啮合时,后一对轮齿就应进入啮合。

如主动轮 1 按图 6-8 所示的 ω_1 方向运转,其某一对齿廓开始啮合时,总是主动轮 1 的齿根推动从动轮 2 的齿顶,因此啮合的始点是从动轮 2 的齿顶圆与啮合线的交点 B_2。随着传动的进行,到达主动轮 1 的齿顶圆与啮合线的交点 B_1 时,两齿廓即将脱离啮合,故 B_1 点为两轮齿啮合终止点,图 6-8 所示的前一对啮合齿正在此位置。由啮合过程可见,线段 B_1B_2 为一对齿廓啮合点的实际轨迹,称实际啮合线。当齿高加大时,实际啮合线 B_1B_2 向外延伸,因基圆内没有渐开线,所以实际啮合线不能超过啮合极限点 N_1、N_2,线段 N_1N_2 称为理论啮合线。从两齿轮的啮合过程可知,要实现连续传动,应保证在实际啮合线上至少有一对齿廓在啮合,即实际啮合线段 B_1B_2 应大于等于法向齿距 p_b。通常把 B_1B_2 与 p_b 的比值称为重合度 ε,于是可得齿轮连续传动的条件为

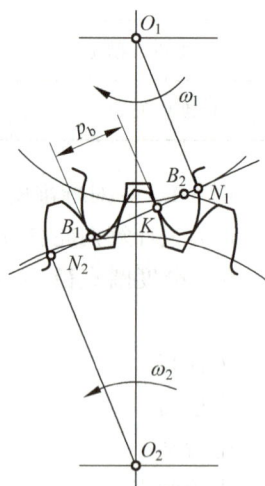

图 6-8　渐开线齿轮的啮合

$$\varepsilon = \frac{B_1 B_2}{p_b} \geqslant 1 \tag{6-8}$$

理论上讲，$\varepsilon=1$ 就能保证齿轮连续传动。但在实际上难免存在制造和安装误差，为了保证齿轮传动的连续性，重合度 $\varepsilon>1$。重合度大小不仅反映了一对齿轮能否连续传动，也表明了同时参加啮合的轮齿对数的多少。$\varepsilon=1$ 表明该对齿轮传动时，始终有一对轮齿参加啮合，$\varepsilon=2$ 表明始终有两对轮齿参加啮合。而 $\varepsilon=1.65$ 则表明在转过一个齿距 p_b 时间内，有 65% 的时间有两对轮齿参加啮合，为双齿啮合区，而其余 35% 的时间内只有一对轮齿参加啮合，为单齿啮合区。齿轮传动的重合度大，说明同时参加啮合的轮齿对数多，对提高齿轮传动的平稳性，提高齿轮传动的承载能力具有重要意义。因此，重合度是衡量齿轮传动性能的重要指标之一。

6.1.7　齿轮加工方法与根切

1. 齿轮的加工方法

齿轮的切削加工方法按其原理可分为仿形法和范成法（即展成法）两种。

1）仿形法

仿形法是用渐开线齿形刀具直接切出齿轮齿形。常用加工刀具有盘形铣刀（见图 6-9(a)）和指状铣刀（见图 6-9(b)、(c)）两种。加工时，铣刀绕自身轴线旋转并沿齿轮轴线做直线运动。铣出一个齿槽后，将轮坯转过 $360°/z$，再铣下一个齿槽，其余依此类推。

这种加工方法简单，无需专用设备，但生产率低，精度差，仅适用于单件生产及精度要求不高的齿轮加工。

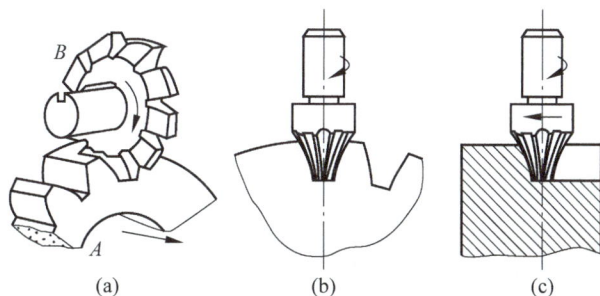

图 6-9　仿形法切齿

2）范成法

范成法是利用一对齿轮（或齿轮和齿条）啮合时其共轭齿廓互为包络线的原理来加工齿轮的。如果把其中一个齿轮（或齿条）做成刀具，就可以切出与它共轭的渐开线齿廓。用范成法加工齿轮的刀具有齿轮插刀（见图 6-10）、齿条插刀（见图 6-11）和滚刀（见图 6-12）。

2. 根切与最少齿数

在齿轮设计中，当模数按强度条件确定后，有时希望小齿轮齿数尽可能少，以减小齿轮传动尺寸。但是对渐开线标准齿轮，其最少齿数受齿轮根切的限制。

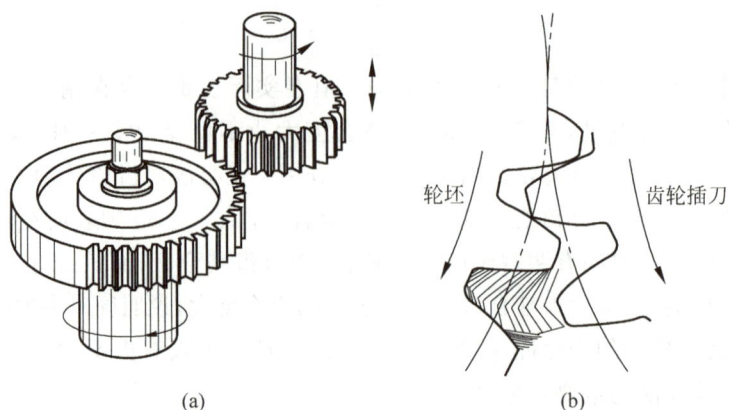

图 6-10　齿轮插刀加工轮齿

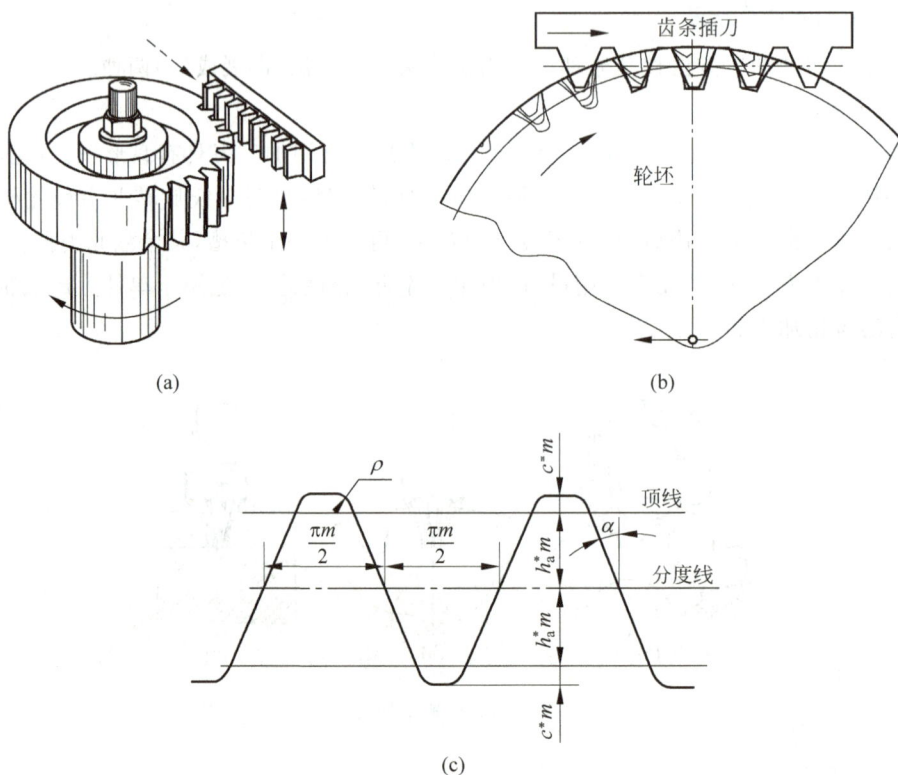

图 6-11　齿条插刀加工轮齿

用范成法加工齿轮时(以齿条刀具为例),当刀具齿顶线超过被切轮齿的啮合极限点 N 时(见图 6-13),超过 N 点的刀刃会将齿根部已加工出的渐开线齿廓切掉,这种现象称为根切。根切使齿根削弱,重合度减小,应当避免。要避免根切,就必须使刀具齿顶线不超过 N 点。

对于正常齿制,标准齿轮,通过计算得出不产生根切的最少齿数 $z_{min}=17$。

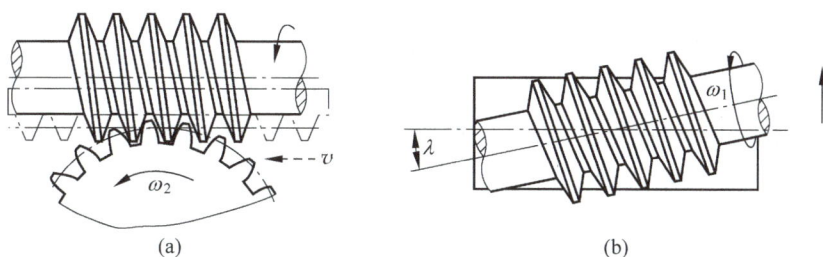

图 6-12　滚刀加工轮齿

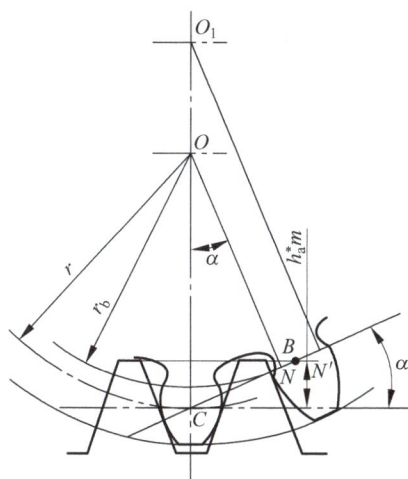

图 6-13　齿轮的根切

6.1.8　轮齿的失效和齿轮材料

1. 轮齿的失效

齿轮的失效一般是指轮齿的失效。下面介绍几种常见的轮齿失效形式。

1) 轮齿折断

轮齿折断通常发生在齿根部位(见图 6-14)。一般分为两种情况:一种是突然过载或冲击而引起的过载折断。它多发生在用铸铁、淬火钢等脆性材料制造的齿轮。另一种是多次重复弯曲应力而引起的疲劳折断。因为轮齿啮合时受力,脱开时不受力,转一圈,弯曲一次,所以轮齿上应力是变应力。当齿轮运转一定时间,轮齿受力次数很多时,齿根将产生疲劳裂纹并且裂纹不断扩展,以致造成疲劳折断。防止这种损坏的方法是增大模数和齿宽;选用合适的材料和热处理方法。此外,齿轮在制造时要保证有一定的精度和粗糙度,防止因制造和安装不良而引起的轮齿折断。

2) 齿面点蚀

在润滑良好的闭式齿轮传动中,齿轮经过长期运

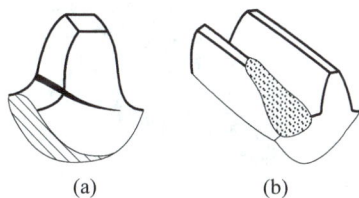

图 6-14　轮齿折断

转后,齿面上出现许多斑坑,这种损坏现象称为齿面点蚀,如图 6-15 所示。齿面点蚀产生的原因主要是齿廓接触面积很小,在较大的脉动循环应力反复作用下,当接触应力超过材料的疲劳极限时,使表面产生疲劳裂纹,且不断扩展,致使齿廓表面金属成小块状剥落,形成点蚀。点蚀的结果使渐开线齿廓遭到破坏,造成传动不平稳,冲击和噪声增大,加速了齿轮的损坏。实践表明,点蚀多发生在节线靠齿根一侧的附近。防止这种损坏的方法是增大中心距或齿轮的分度圆直径;提高齿面硬度;选用合适的材料和热处理方法。

3) 齿面磨损

在开式齿轮传动中,由于灰砂、污物的落入,齿面磨损最为严重。齿面磨损后,齿厚减薄,齿廓变形(见图 6-16),传动中将产生振动和噪声,最后导致轮齿折断。防止齿面磨损的方法是增大模数;加防护罩;注意润滑油的清洁和提高齿面硬度等。

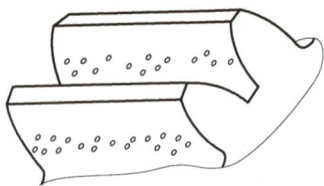

图 6-15　齿面点蚀　　　　图 6-16　齿面磨损

4) 齿面胶合

胶合是比较严重的粘着磨损。在高速重载传动中,因齿面相对滑动速度高且产生高温,在啮合区两齿面材料直接接触,造成粘焊现象。当齿轮继续运转时,较软的齿面会沿滑动方向被撕裂而形成沟痕和条状凸起(见图 6-17),这种现象称为齿面胶合。

在低速重载传动时不易形成油膜,也可能因重载出现胶合破坏。防止或减轻胶合的方法:提高齿面硬度和减小齿面粗糙度;选择抗胶合能力强的润滑剂;选择抗胶合性能好的材料。

5) 齿面塑性变形

齿面较软的齿轮,在重载时,可能因摩擦力的作用,使齿面产生塑性变形,出现凸棱和凹棱(见图 6-18),破坏正常的渐开线齿廓形状。适当提高齿面硬度和选用黏度大的润滑油,可以减轻或防止齿面塑性变形。

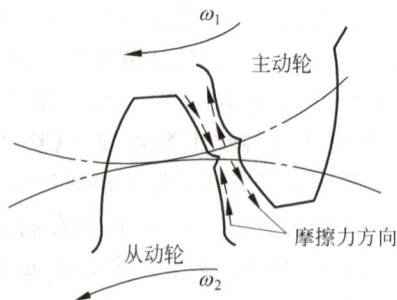

图 6-17　齿面胶合　　　　图 6-18　齿面塑性变形

2. 齿轮材料及其热处理

齿轮材料应具有一定的强度、硬度和耐磨性；便于切削加工和热处理。常用材料为碳素钢、合金钢、铸钢和铸铁等。有关齿轮常用材料及热处理后的硬度参阅表 6-3。

表 6-3　常用的齿轮材料及其性能

材料牌号	热处理方法	强度极限 σ_b/MPa	屈服极限 σ_s/MPa	硬　　　　度	
				HBS	HRC（齿面）
45	正火	580	290	152～217	
	调质	550	350	217～255	
	表面淬火				40～50
35SiMn	调质	750	470	210～259	
	表面淬火				40～45
40MnB	调质	750	500	241～285	
40Cr	调质	700	500	241～285	
	表面淬火				48～55
20Cr	渗碳淬火	550	400	300	52～55
20CrMnTi	渗碳淬火	1100	850	300	
ZG310-570	正火	580	320	155～217	
HT200		200		150～220	
HT250		250		170～240	
QT500-5	正火	500	350	150～240	
QT500-2	正火	500	370	220～290	

注：确定 $[\sigma]_H$ 时，取接触强度安全系数 $S_H=1\sim1.1$；确定 $[\sigma]_F$ 时，取弯曲强度安全系数 $S_H=1.1\sim1.25$，当齿轮受双向交变应力时，应将式中的 $[\sigma]_F$ 乘以 0.7。

为改善和提高齿轮的机械性能，对钢制齿轮采用下列方法进行热处理。

（1）整体淬火。齿轮常用材料为中碳钢或中碳合金钢，如 45、40Cr 等。经整体淬火后再进行低温回火，表面硬度可达到 45～55HRC，但齿轮变形大，心部韧性较差，质量不易保证，不宜承受冲击载荷。由于变形较大，在热处理后必须进行磨齿等精加工。

（2）表面淬火。齿轮常用材料为中碳钢、中碳合金钢，如 45、40Cr 等。经表面淬火后，其硬度可达到 48～55HRC。由于内部韧性高，故能承受冲击载荷。淬火中仅表面加热，变形较小，可在热处理前进行精加工，热处理后无须磨齿。

（3）渗碳淬火。齿轮常用材料为低碳钢或低碳合金钢，如 20、20Cr、20CrMnTi 等。低碳钢渗碳淬火后，硬度可达 58～63HRC，但轮齿抗弯强度较低；重载传动应采用低碳合金钢。变形大，必须进行磨齿等精加工。但渗碳淬火后的齿轮，齿面接触强度高且耐磨，而心部保持较高的韧性，故常用于承受冲击载荷的重要传动。

（4）调质。齿轮常用材料为中碳钢或中碳合金钢，如 45、45Cr、35SiMn 等。调质后硬度可达 220～260HBS，因为硬度不高，故轮齿齿形可在热处理之后进行精加工。在齿轮热处理工艺中常与正火配合使用。

（5）正火。齿轮常用材料为中碳钢或铸钢。正火后硬度可达到$162\sim217$HBS。在一对齿轮传动中,为使大小齿轮寿命相近,常将小齿轮进行调质处理,大齿轮进行正火处理,其硬度相差$20\sim50$HBS。

6.1.9 其他齿轮传动

1. 斜齿圆柱齿轮传动

1）斜齿圆柱齿轮齿廓的形成

直齿圆柱齿轮的齿廓曲面是发生面S沿基圆柱作纯滚动时,S上一条与齿轮轴线平行的直线KK所展出的渐开面(见图6-19(a))。由此可见,直齿圆柱齿轮啮合时,齿面接触线与轴线平行(见图6-19(b))。齿轮传动时,整个齿宽同时进入或退出啮合,轮齿也随之突然加载或卸载,易引起冲击、振动和噪声,传动的平稳性差。

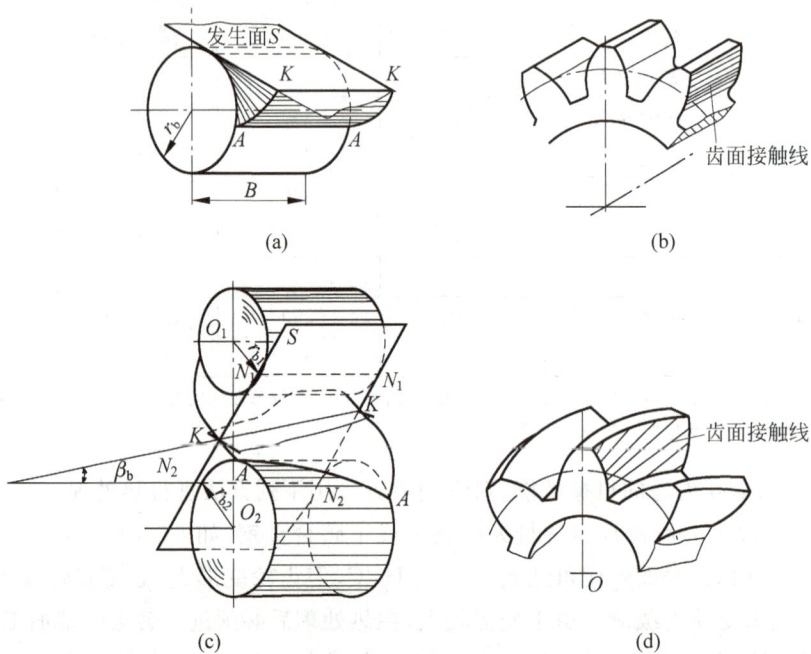

(a)

(b)

(c)

(d)

图 6-19   斜齿圆柱齿轮齿廓曲面和接触线

图6-19(c)所示为相互啮合的一对渐开线斜齿轮齿廓曲面的形成。平面S为轴线平行的两基圆柱的内公切面,面上有一条与基圆柱母线N_1N_1(或N_2N_2)成β_b角的斜直线KK。当平面S分别在两基圆柱上纯滚动时,直线KK的轨迹即为斜齿轮1、2的齿廓曲面。这样形成的两个齿廓曲面一定能沿直线KK接触,即两齿廓的接触线KK是与轴线夹角为β_b的斜直线。因齿高有限,在两齿廓的啮合过程中,接触线长度由零逐渐增长,再由长变短直至脱离啮合(见图6-19(d))。因此,斜齿轮是逐渐进入和退出啮合的,故传动平稳,冲击、振动和噪声小。

　　直齿圆柱齿轮啮合时,齿面的接触线平行于齿轮轴线。因此轮齿沿整个齿宽方向同时进入啮合、同时脱离啮合,载荷沿齿宽突然加上及卸下。因此齿轮的传动平稳性较差,容易产生冲击和噪声。

　　一对平行轴斜齿圆柱齿轮啮合时,斜齿轮的齿廓是逐渐进入、脱离啮合的,斜齿轮齿廓接触线的长度由零逐渐增加,又逐渐缩短,直至脱离接触,当其齿廓前端面脱离啮合时,齿廓的后端面仍在啮合中,载荷在齿宽方向上不是突然加上及卸下,其啮合过程比直齿轮长,同时啮合的齿轮对数也比直齿轮多,即其重合度较大。因此斜齿轮传动工作较平稳、承载能力强、噪声和冲击较小,适用于高速、大功率的齿轮传动。

　　2) 斜齿轮的基本参数和几何尺寸

　　斜齿轮由于齿向的倾斜,基本参数都可以分为端面(垂直其轴线的平面)参数和法面(垂直于分度圆螺旋线方向的平面)参数,分别用下角"t"和"n"表示。其中,法面参数为标准值(标准值没有下标"t"和"n")。

　　(1) 法面模数 m_n 和端面模数 m_t

　　图 6-20(a)所示为斜齿轮分度圆柱的展开图,此时螺旋线展开为斜直线。倾斜角 β 为分度圆柱螺旋角,简称螺旋角。由此斜齿轮分左旋和右旋,图 6-20(b)所示为左旋齿轮,图 6-20(c)所示为右旋齿轮。由图 6-20(a)可知,法面齿距 p_n 与端面齿距 p_t 的关系为 $p_n = p_t\cos\beta$。因 $p_n = \pi m_n$,$p_t = \pi m_t$,则法面模数 m_n 与端面模数 m_t 的关系为 $m_n = m_t\cos\beta$。

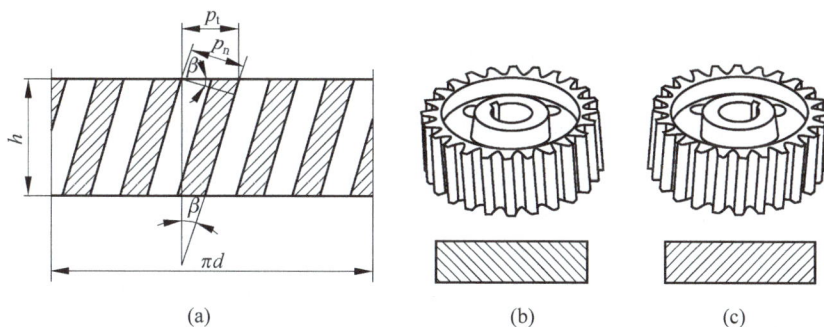

图 6-20　斜齿轮分度圆柱展开图及齿轮旋向

　　(2) 斜齿圆柱齿轮传动的正确啮合条件

　　一对斜齿轮的正确啮合条件,除了与直齿一样要保证模数和压力角相等外,它们的螺旋角也必须相匹配,即啮合处两齿轮的齿向应一致。因此,外啮合斜齿圆柱齿轮传动的正确啮合条件为

$$\begin{cases} m_1 = m_2 \\ \alpha_1 = \alpha_2 \\ \beta_1 = -\beta_2 \end{cases} \tag{6-9}$$

　　(3) 斜齿轮的几何尺寸

　　加工斜齿轮时,刀具都要沿齿槽方向运动,刀具参数应与斜齿轮法面参数相同,因此斜齿轮的法面参数(m_n、α_n、法面齿顶高系数 h_{an}^*、法面顶隙系数 c_n^*)应取标准值。渐开线

标准斜齿圆柱齿轮几何尺寸计算公式列于表 6-4 中。

表 6-4　渐开线标准斜齿圆柱齿轮几何尺寸计算公式

名　称	符号	计 算 公 式
螺旋角	β	设计时选定,一般取 $8°\sim20°$
端面模数	m_t	$m_t=m_n/\cos\beta$,m_n 为标准值
分度圆压力角	α_t	$\tan\alpha_t=\tan\alpha_n/\cos\beta$,$\alpha_n=20°$
分度圆直径	d	$d=mz=(m_n/\cos\beta)z$
齿顶高	h_a	$h_a=h_{an}^* m_n$
齿根高	h_f	$h_f=(h_{an}^*+c_n^*)m_n$
全齿高	h	$h=h_a+h_f$
顶隙	c	$c=c^* m$
齿顶圆直径	d_a	$d_a=d+2h_a$
齿根圆直径	d_f	$d_f=d-2h_f$
基圆直径	d_b	$d_b=d\cos\alpha_t$
中心距	a	$a=(d_1+d_2)/2=m_n(z_1+z_2)/(2\cos\beta)$

标准斜齿轮不发生根切的最少齿数为

$$z_{min}=\frac{2h_a^*}{\sin^2\alpha}$$

2. 锥齿轮传动

1) 锥齿轮传动的特点

锥齿轮传动用来传递两相交轴之间的运动和动力,轴交角 Σ 可根据传动的需要确定,一般多采用轴交角 $\Sigma=90°$ 的传动。在汽车及汽车修理设备中常见的锥齿轮有直齿、斜齿和曲线齿。其中直齿锥齿轮最常用,斜齿锥齿轮已逐渐被曲线齿锥齿轮代替。与圆柱齿轮相比,直齿锥齿轮的制造精度较低,工作时振动和噪声都较大,适用于低速轻载传动;曲线齿锥齿轮传动平稳,承载能力强,常用于高速重载传动,但其设计和制造较复杂。下面以直齿锥齿轮传动为例,介绍锥齿轮传动的特点。

锥齿轮的轮齿分布在一个圆锥体上,与圆柱齿轮传动相似,一对锥齿轮的运动相当于一对节圆锥的纯滚动,对应圆柱齿轮中的"圆柱"在这里都改为圆锥,如分度圆锥、齿顶圆锥、齿根圆锥、基圆锥。由于锥齿轮大端和小端参数不同,为计算和测量方便,取大端参数为标准值。图 6-21 表示一对正确安装的标准锥齿轮,其节圆锥与分度圆锥重合。设 δ_1、δ_2 分别为两轮的分度圆锥角,R 为锥距,因 $r_1=R\sin\delta_1$,$r_2=R\sin\delta_2$。故传动比为

$$i=\frac{\omega_1}{\omega_2}=\frac{z_2}{z_1}=\frac{r_2}{r_1}=\frac{\sin\delta_2}{\sin\delta_1} \tag{6-10}$$

当 $\Sigma=\delta_1+\delta_2=90°$ 时,上式变为

$$i=\cot\delta_1=\tan\delta_2 \tag{6-11}$$

2) 直齿锥齿轮的齿廓形成和当量齿轮

如图 6-22 所示,一扇形平面 S 在基圆锥上作纯滚动时,该平面上任一条过锥顶的直线 OK 在空间所展出的曲面即为锥齿轮的齿廓曲面。因 K 点至锥顶 O 的距离不变,所以渐开线 AK 是在以 O 为圆心,OK 为半径的球面上,故直齿锥齿轮的理论齿廓曲线为球面渐开线。因球面不能展成平面,给设计和制造带来很多困难,所以借助当量齿轮进行分析。

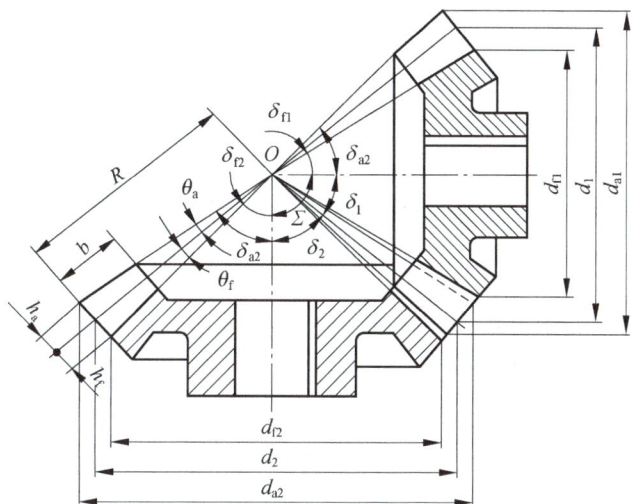

图 6-21　直齿锥齿轮传动

如图 6-23 所示,$\triangle BO_1'C$、$\triangle AO_2'C$ 称为锥齿轮的背锥,将啮合的两锥齿轮按背锥展开后得到两个扇形齿轮,扇形齿轮分度圆半径 r_{v1}、r_{v2} 即为各自背锥的锥距。背锥面上的齿高与球面上的齿高相差很小。因此,可以认为一对直齿锥齿轮的啮合近似于背锥面上的齿廓啮合。该扇形齿轮的模数 m、压力角 α、齿顶高 h_a、齿根高 h_f 及齿数 z_1、z_2 就是锥齿轮的相应参数。将两个扇形齿轮补为完整的圆柱齿轮,其齿数增至 z_{v1}、z_{v2},该虚拟的圆柱齿轮称为锥齿轮的当量齿轮,z_v 称为当量齿数。

借助当量齿轮,可以将直齿圆柱齿轮的原理近似地应用到锥齿轮上。如一对直齿锥齿轮的正确啮合条件应为两轮大端模数、压力角分别相等,且两轮的锥距相等。

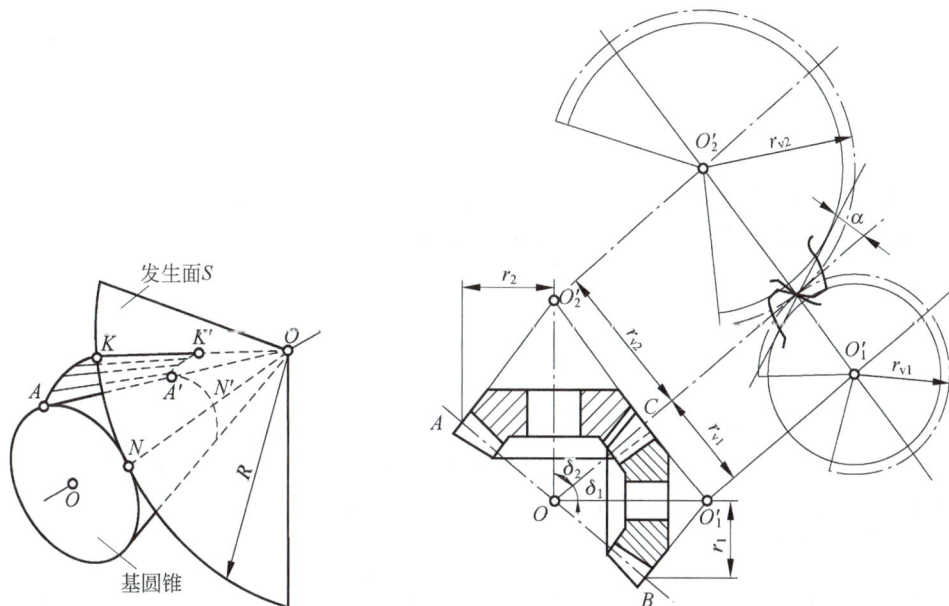

图 6-22　球面渐开线的形成

图 6-23　锥齿轮的背锥和当量齿轮

6.1.10 齿轮的结构及润滑

1. 齿轮的结构

前面介绍了齿轮的几何尺寸计算,但这只能确定轮齿部分的尺寸。要确定齿轮的全部尺寸,尚需确定齿轮的轮缘、轮毂、轮辐等结构形式和尺寸,而这些尺寸要根据工艺要求和经验数据确定。

1) 齿轮轴

对于直径很小的钢制齿轮,若齿根圆到键槽底部的距离 $e<2m$,如图 6-24 所示,应将齿轮和轴做成一体,如图 6-25 所示。若 e 值超过上述尺寸时,齿轮与轴应分开制造。

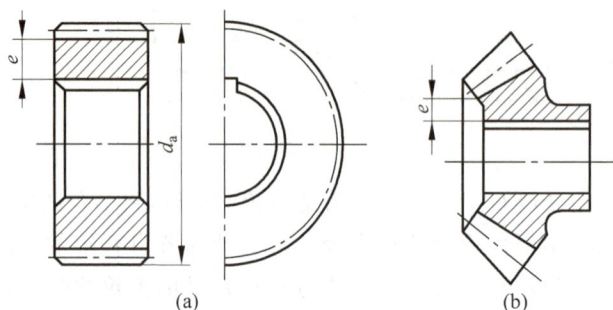

图 6-24　齿轮结构尺寸

2) 实心式齿轮

当齿顶圆直径 $d_a\leqslant160$mm 时,可采用实心式结构(见图 6-26)。单件或小批量生产 $d_a<100$mm 的齿轮,可用轧制钢制毛坯。

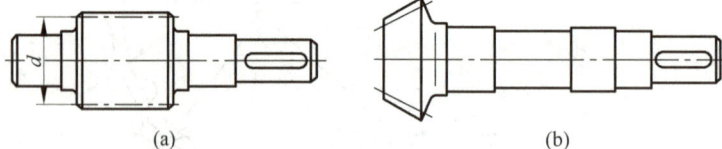

图 6-25　齿轮轴

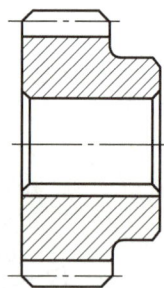

图 6-26　实心式齿轮

3) 腹板式锻造齿轮

当齿顶圆直径 160mm$<d_a<$500mm 时,为了减轻重量和节约材料,通常采用腹板式结构(见图 6-27)。对于不重要的齿轮也可做成铸造腹板式结构。

4) 轮辐式铸造齿轮

当齿顶圆直径 $d_a=400\sim1000$mm 时,由于受锻造设备能力的限制和结构要求,可做成轮辐式铸造齿轮(见图 6-28)。

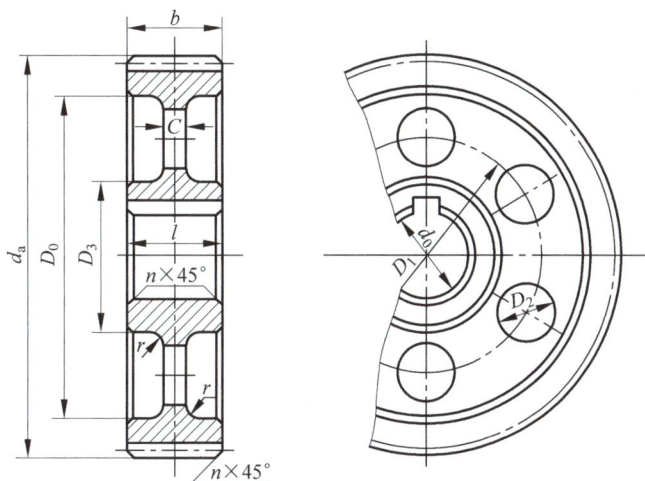

$D_3=1.6d_c$；$D_0=d_a-10m_n$；$D_2=(0.25\sim0.35)(D_0-D_3)$；
$D_1=0.5(D_0+D_3)$；$C=(0.2\sim0.3)b$；$n=0.5m_n$；
$r\approx5mm$；$l\geqslant b$

图 6-27　腹板式锻造齿轮

2. 齿轮传动的润滑

半开式及开式齿轮传动，或速度较低的闭式齿轮传动，可采用人工定期添加润滑油或润滑脂进行润滑。

闭式齿轮传动通常采用油润滑，其润滑方式根据齿轮的圆周速度 v 而定。当 $v\leqslant$ 12m/s 时可用油浴润滑（见图 6-29），大齿轮浸入油池一定的深度，齿轮转动时把润滑油带到啮合区。齿轮浸油深度可根据齿轮的圆周速度大小而定，对圆柱齿轮通常不宜超过一个齿高，但一般亦不应小于 10mm；对锥齿轮应浸入全齿宽，至少应浸入齿宽的一半。多级齿轮传动中，当几个大齿轮直径不相等时，可采用惰轮油浴润滑（见图 6-30）。当齿轮的圆周速度 $v>$12m/s 时，应采用喷油润滑（见图 6-31），用油泵以一定的压力供油，通过喷嘴将润滑油喷到齿面上。

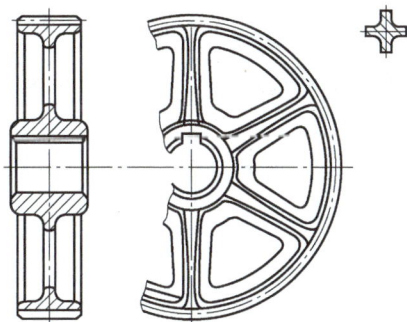

图 6-28　轮辐式铸造齿轮

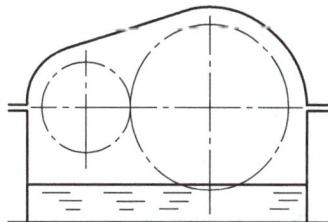

图 6-29　油浴润滑

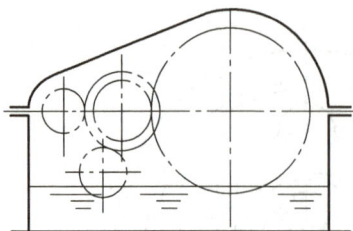

图 6-30　采用惰轮油浴润滑　　　　　　　图 6-31　喷油润滑

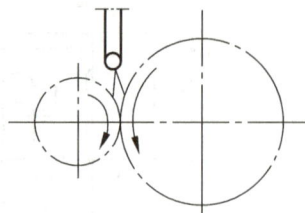

6.2　蜗杆传动

1. 蜗杆传动的特点及应用

蜗杆传动用于在交错轴间传递运动和动力。如图 6-32 所示,蜗杆传动由蜗杆和蜗轮组成,一般蜗杆为主动件,通常交错角为 90°。蜗杆传动在汽车上主要用于转向器,汽车修理和钣金设备中采用的减速器中也广泛采用蜗杆传动。

蜗杆传动具有以下特点。

(1) 传动比大,结构紧凑。

在动力传动中,一般传动比在 10～80;当功率很小、主要用来传递运动时传动比可达几百甚至一千。

(2) 传动平稳,噪声小。

(3) 可以实现自锁。

和螺旋副相同,当蜗杆螺旋升角小于其齿面间的当量摩擦角时,反行程自锁,即只能是蜗杆驱动蜗轮,而蜗

图 6-32　蜗杆传动

轮不能驱动蜗杆。这对某些要求反行程自锁的设备(如起重机)很有意义。

蜗杆传动的主要缺点是由于齿面间存在较大的滑动,传动中摩擦大、发热大、效率低(通常为 0.7～0.8),自锁时啮合效率低于 0.5,因而需要良好的润滑和散热条件,不适用于大功率传动(一般不超过 50kW);为了减少齿面磨损和齿面胶合,便于跑和,蜗轮齿圈常需用比较贵重的有色金属(如青铜)制造。

根据蜗杆外形不同,蜗杆传动可分为圆柱蜗杆传动(见图 6-33(a))、环面蜗杆传动(见图 6-33(b))等。

2. 蜗杆传动的主要参数和几何尺寸

1) 模数 m 和压力角 α

如图 6-34 所示,在中间平面上,蜗轮与蜗杆相当于齿轮与齿条的啮合,蜗杆轴向齿距 p_{x1} 与蜗轮分度圆齿距(即端面齿距 p_{t2})相等,由此得出:

$$m_{x1} = m_{t2} = m, \quad \alpha_{x1} = \alpha_{t2} = 20° \tag{6-12}$$

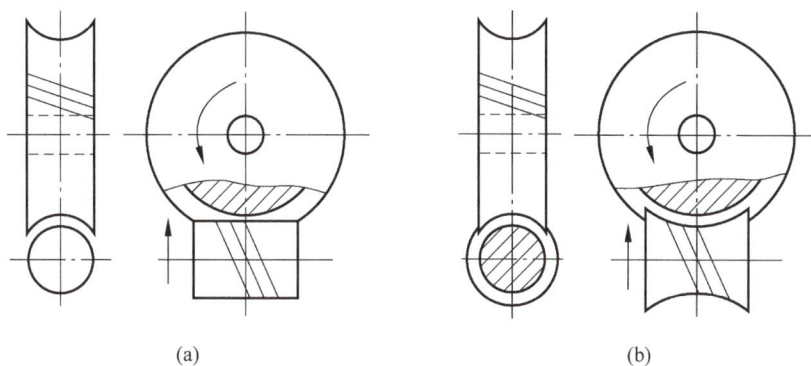

(a) (b)

图 6-33　蜗杆传动类型

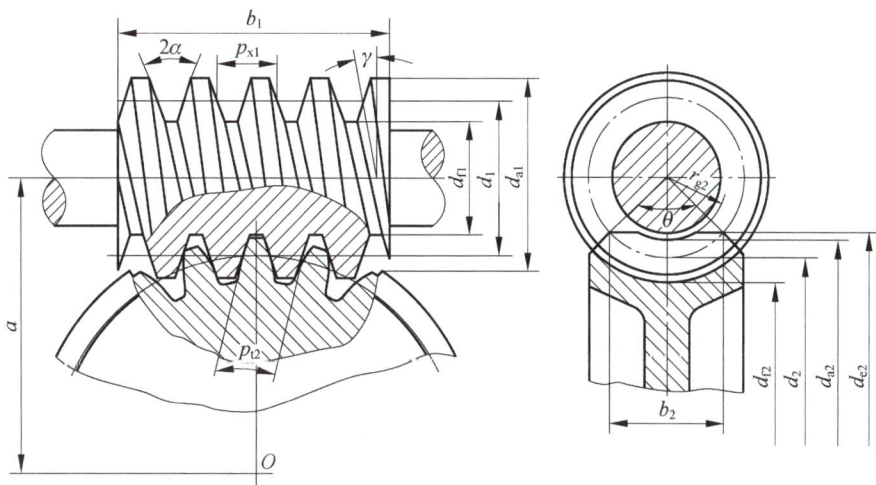

图 6-34　阿基米德蜗杆传动

2）蜗杆分度圆柱导程角 γ

蜗杆螺旋线形成原理与螺纹相同,分左旋和右旋,单头和多头。蜗杆上只有一条螺旋线的称为单头蜗杆,即蜗杆转一周,蜗轮转过一齿蜗杆上有两条螺旋线,称为双头蜗杆,即蜗杆转一周,蜗轮转过两个齿。依此类推,设蜗杆头数用 z_1 表示(一般 $z_1=1\sim4$),蜗轮齿数用 z_2 表示。非特殊情况下,一般采用右旋蜗杆。由图 6-35 可知,蜗杆分度圆柱导程角 γ 与导程 p_z 的关系为:

$$\tan\gamma = \frac{p_z}{\pi d_1} = \frac{z_1 p_{x1}}{\pi d_1} = \frac{z_1 m}{d_1} \tag{6-13}$$

式中：z_1——蜗杆螺旋线头数；

d_1——蜗杆分度圆直径。

3）蜗杆分度圆直径 d_1

滚铣蜗轮的刀具,其几何参数必须和相应的蜗杆相同。因此,有一种蜗杆直径,即要求配有相应的蜗轮滚刀。为有利于刀具标准化,制定了蜗杆分度圆直径的标准系列,同时

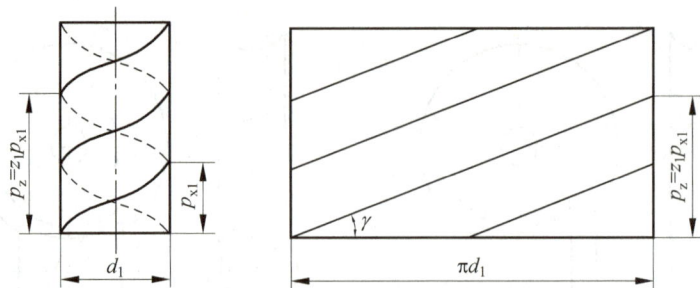

图 6-35　导程角 γ

对直径和模数的组合也加以限定,见表 6-5。蜗杆分度圆直径 d_1 与模数的比值称蜗杆直径系数 q。

$$q = \frac{d_1}{m} \tag{6-14}$$

表 6-5　圆柱蜗杆传动的基本尺寸和参数

模数 m/mm	分度圆直径 d_1/mm	$m^2 d_1$/mm³	蜗杆头数	直径系数 q	分度圆导程角 γ
2.5	28	175	1	11.20	5°06′08″
			2		10°07′29″
			4		19°39′14″
			6		28°10′43″
	45	281.25	1	18.00	3°10′47″
3.15	35.5	352.25	1	11.27	5°04′15″
			2		10°03′48″
			4		19°32′29″
			6		28°01′50″
	56	555.66	1	17.778	3°13′10″
4	40	640	1	10.00	5°42′38″
			2		11°18′36″
			4		21°48′05″
			6		30°57′50″
	71	1136	1	17.778	3°13′28″
5	50	1250	1	10.00	5°42′38″
			2		11°18′36″
			4		21°48′05″
			6		30°57′50″
	90	2250	1	18.00	3°10′47″
6.3	63	2500.47	1	10.00	5°42′38″
			2		11°18′36″
			4		21°48′05″
			6		30°57′50″
	112	4445.28	1	17.778	3°13′10″

续表

模数 m/mm	分度圆直径 d_1/mm	$m^2 d_1$/mm³	蜗杆头数	直径系数 q	分度圆导程角 γ
8	40	5120	1	10.00	5°42′38″
			2		11°18′36″
			4		21°48′05″
			6		30°57′50″

4) 传动比 i、蜗杆头数 z_1、蜗轮齿数 z_2

蜗杆传动轴交角为 90°，运动关系如图 6-36 所示。由图可知，蜗杆圆周速度 v_1 与蜗轮圆周速度 v_2 的关系为 $v_2 = v_1 \tan\gamma$，v_s 为齿面滑动速度。通常蜗杆传动都以蜗杆为主动件，其传动比

$$i = \frac{\omega_1}{\omega_2} = \frac{v_1/d_1}{v_2/d_2} = \frac{z_2}{z_1} \qquad (6\text{-}15)$$

常用的蜗杆头数 $z_1 = 1、2、4、6$，可根据传动比 i 选取。当传动比 $i = 5\sim8、7\sim16、15\sim32、30\sim83$ 时，对应蜗杆头数 $z_1 = 6、4、2、1$。蜗轮齿数 $z_2 = iz_1$，在动力传动中，蜗轮齿数一般不超过 80。

5) 蜗杆传动的中心距 a

标准蜗杆传动的中心距为

$$a = \frac{d_1 + d_2}{2} = \frac{m(q + z_2)}{2} \qquad (6\text{-}16)$$

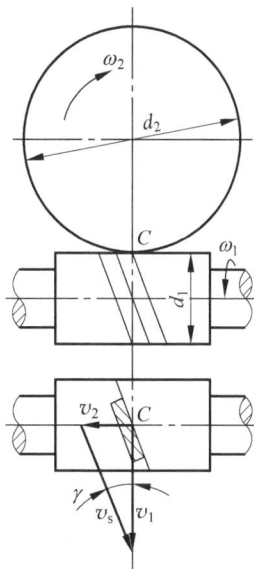

图 6-36　蜗杆传动的运动关系

3. 蜗杆传动的正确啮合条件

当两轴交角为 90° 时，保证蜗杆与蜗轮正确啮合，在中间平面内，蜗杆与蜗轮的模数和压力角应分别相等，且蜗杆分度圆导程角 γ 应等于蜗轮分度圆螺旋角 β，螺旋线方向相同。

4. 蜗轮回转方向的判定

蜗轮蜗杆螺旋方向：分左旋和右旋，蜗轮蜗杆的螺旋方向用右手法则判定。

1) 判断蜗杆或蜗轮的旋向

右手法则：手心对着自己，四指顺着蜗杆或蜗轮轴线方向摆正，若齿向与右手拇指指向一致，则该蜗杆或蜗轮为右旋，反之则为左旋，如图 6-37 所示。

2) 判断蜗轮的回转方向

左、右手法则：左旋蜗杆用左手，右旋蜗杆用右手，用四指弯曲表示蜗杆的回转方向，拇指伸直代表蜗杆轴线，则拇指所指方向的相反方向即为蜗轮上啮合点的线速度方向，如图 6-38 所示。

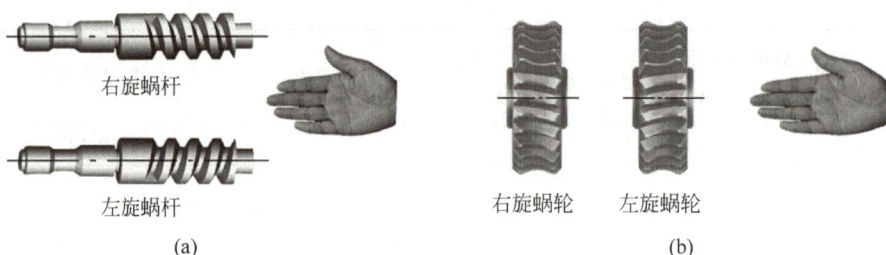

图 6-37　右手法则

注意：在蜗杆传动中，蜗轮蜗杆齿的旋向是一致的，即同为左旋或同为右旋。蜗轮的回转方向取决于蜗杆的旋向和蜗杆的回转方向。

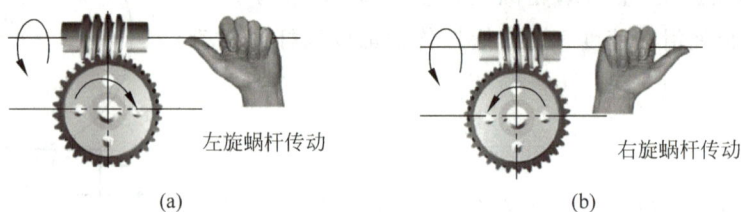

图 6-38　左、右手法则

6.3　发动机机油泵

　　机油泵是用来使机油压力升高和保证一定的油量，向各摩擦表面强制供油的部件。发动机广泛采用齿轮式和转子式机油泵。齿轮泵结构简单，加工方便，工作可靠，使用寿命长，泵油压力高，得到广泛应用。

1. 齿轮泵的结构

　　齿轮泵的工作机构是一对相互啮合的齿轮。根据啮合特点，齿轮泵可分为外啮合和内啮合两种，齿轮泵的齿形有渐开线齿形和圆弧摆线齿形。

2. 齿轮泵工作原理

　　齿轮泵工作原理是依靠齿轮相互啮合，在啮合过程中工作容积变化来输送液体的，如图 6-39 所示。工作容积由泵体、侧盖及齿的各齿间槽构成，啮合区将此空间隔成吸入腔和排出腔。当一对齿按图 6-39 所示方向转动时，位于吸入腔的轮齿逐渐退出啮合，使吸入腔容积逐渐增大，压力降低，液体沿管道进入吸入腔，并充满齿间容积，随齿轮转动，进入齿间的液体被带到排出腔。由于齿轮的啮合占据了齿轮间的容积，使排出腔容积变小，液体被排出。因此，齿轮泵是一种容积泵。其特点是：流量与排出压力基本无关，流量和压力有脉动，无进排阀，结构简单，制造容易，维修方便，运转可靠。

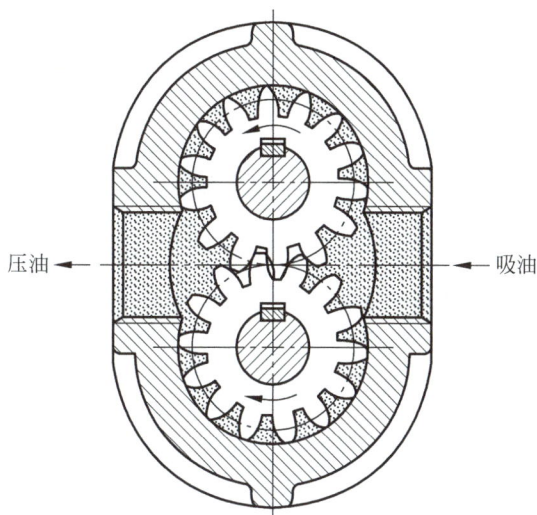

图 6-39　齿轮泵工作原理

复习思考题

一、填空题

1. 形成渐开线的圆称为_____。渐开线的形状取决于_____的大小。

2. 齿轮传动比是主动轮与从动轮的_____之比,与齿数成_____比,用公式表示为_____。

3. 一对外啮合的斜齿圆柱齿轮的正确啮合条件是:两齿轮的_____模数相等。压力角相等,螺旋角_____,螺旋方向_____。

4. 齿轮轮齿的常见失效形式有_____、_____、_____、_____。

二、选择题

1. 齿轮轮齿渐开线的形状取决于(　　)。

　　A. 齿轮模数　　　　B. 基圆半径　　　　C. 压力角　　　　D. 加工方法

2. 我国国家标准规定了齿轮的标准齿形角(压力角),为进一步提高齿轮的承载能力,常可取(　　)。

　　A. α 等于 20°　　　　B. α 小于 20°　　　　C. α 大于 20°

3. 开式齿轮传动中常见的失效形式是(　　)。

　　A. 轮齿的点蚀　　　　B. 齿面胶合　　　　C. 齿面磨损

三、计算题

1. 相互啮合的一对标准直齿轮(正常齿),两轮的转向相同,已知小齿轮的转速 $n_1 =$ 1440r/min,大齿轮的转速 $n_2 = 720$r/min,两轮的中心距 $a = 50$mm,若将小齿轮卸下后,它

可以和一个齿数为 20 的标准齿轮(正常齿)z 正确啮合,现测得 z 的齿顶圆直径为 54.78mm,试求:

(1) 小齿轮的齿数 z_1,大齿轮的齿数 z_2。

(2) d_{a1}、d_{f2}。

2. 技术革新需要一对传动比为 3 的直齿圆柱齿轮,现找到两个齿形角为 20° 的直齿轮,经测量齿数分别为 $z_1=20$,$z_2=60$,齿顶圆直径 $d_{a1}=55$mm,$d_{a2}=186$mm,试问这两个齿轮是否能配对使用?为什么?

3. 有一齿轮传动,主动轮齿数 $z_1=20$,从动轮齿数 $z_2=50$,试计算传动比 i_{12}。若主动轮转速 $n_1=800$r/min,求从动轮转速 n_2。

4. 如图 6-40 所示,蜗杆传动均是以蜗杆为主动件。试在图上标出蜗轮(或蜗杆)的转向,蜗轮齿的螺旋线方向。

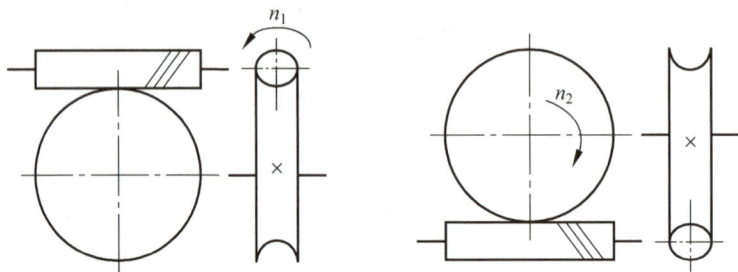

图 6-40

轮 系

学习目标

(1) 知道轮系的分类及功用。

(2) 会计算轮系的传动比。

(3) 掌握轮系在汽车上的运用。

图 7-1 所示为桑塔纳 2000 轿车二轴式变速器传动机构结构图。汽车变速器是通过一系列齿轮(轮系)将发动机的动力传递给驱动桥,并通过不同齿轮的啮合得到不同的挡位,使车辆正常行驶。

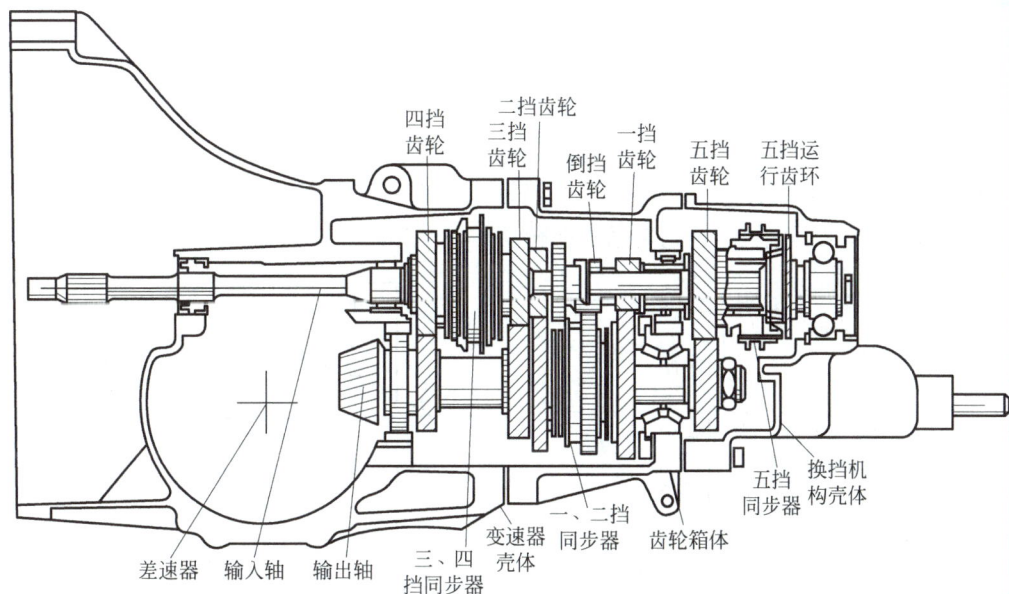

图 7-1　桑塔纳 2000 轿车二轴式变速器传动机构结构图

7.1   轮系的分类

在单元 6 中我们讨论了一对齿轮的传动原理和设计方法。在一般机械中,通常采用一系列齿轮传动,以满足机器工作要求。如卷扬机要通过减速器将电动机的高转速降至生产要求的转速;汽车要通过差速器将发动机的运动分解为两驱动轮的运动。这种由一系列齿轮组成的传动系统称为齿轮系,简称轮系。

根据轮系运转时齿轮轴线是否固定,将轮系分为定轴轮系和周转轮系。

7.1.1   定轴轮系

当组成轮系的所有齿轮在轮系运转时各齿轮的轴线都是固定不动的,则该轮系称为定轴轮系,如图 7-2 所示。

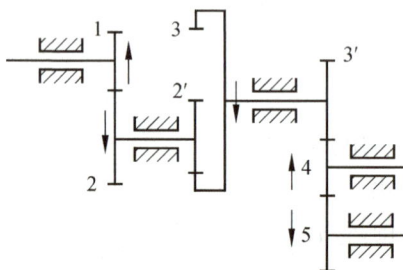

图 7-2   定轴轮系

7.1.2   周转轮系

轮系运转时,若其中至少有一个齿轮的轴线可绕另一个齿轮的轴线转动,这样的轮系称为周转轮系。如图 7-3 所示,齿轮 2 既绕自身轴线 O_2 转动,又绕齿轮 1 和 3 的轴线 O_1 转动,如自然界的行星一样,既有自转又有公转,故称齿轮 2 为行星轮。支承行星轮的构件 H 称为行星架或系杆。与行星轮啮合且轴线固定的齿轮 1 和 3 称为中心轮。行星架与中心轮的轴线必须重合,否则轮系不能转动。

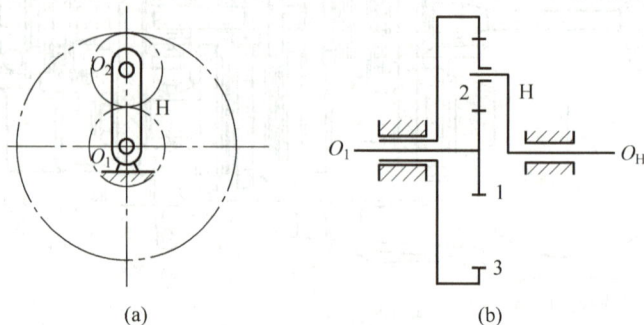

(a)   (b)

图 7-3   周转轮系

7.2　定轴轮系传动比的计算

轮系中,首、末两轮的角速度或转速之比,称为轮系的传动比。

1. 平面定轴轮系传动比的计算

如果定轴轮系中各齿轮的轴线互相平行(全部是圆柱齿轮),称为平面定轴轮系。

图 7-4 所示的一对圆柱齿轮传动可视为最简单的平面定轴轮系,若齿轮 1 是主动轮(即首轮),齿轮 2 是从动轮(即末轮),其传动比为

$$i_{12} = \frac{\omega_1}{\omega_2} = \frac{n_1}{n_2} = \pm \frac{z_2}{z_1}$$

图 7-4(a)所示为一对外啮合圆柱齿轮传动,两轮转向相反,取负号;图 7-4(b)所示为一对内啮合圆柱齿轮传动,两轮转向相同,取正号。

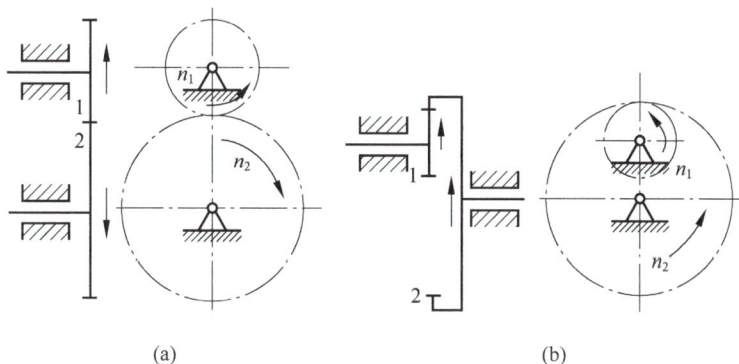

(a)　　　　　　　　　　(b)

图 7-4　一对圆柱齿轮传动

在图 7-2 所示的定轴轮系中,若齿轮 1 是主动轮,z_1、z_2、$z_{2'}$、z_3、$z_{3'}$、z_4、z_5 分别表示各齿轮齿数,n_1、n_2、n_3、n_4、n_5 分别对应为各齿轮的转速。按上述表达方式,则各对啮合齿轮的传动比为

$$i_{12} = \frac{n_1}{n_2} = -\frac{z_2}{z_1}, \quad i_{2'3} = \frac{n_{2'}}{n_3} = \frac{z_3}{z_{2'}}, \quad i_{3'4} = \frac{n_{3'}}{n_4} = -\frac{z_4}{z_{3'}}, \quad i_{45} = \frac{n_4}{n_5} = -\frac{z_5}{z_4}$$

该轮系的传动比可写成

$$i_{15} = \frac{n_1}{n_5} = \frac{n_1}{n_2} \cdot \frac{n_2}{n_3} \cdot \frac{n_3}{n_4} \cdot \frac{n_4}{n_5}$$

因为 $n_2 = n_{2'}$,$n_3 = n_{3'}$,所以有

$$i_{15} = \frac{n_1}{n_5} = \frac{n_1}{n_2} \cdot \frac{n_{2'}}{n_3} \cdot \frac{n_{3'}}{n_4} \cdot \frac{n_4}{n_5} = i_{12} i_{2'3} i_{3'4} i_{45}$$

$$= \left(-\frac{z_2}{z_1}\right)\left(\frac{z_3}{z_{2'}}\right)\left(-\frac{z_4}{z_{3'}}\right)\left(-\frac{z_5}{z_4}\right) = (-1)^3 \frac{z_2 \cdot z_3 \cdot z_5}{z_1 \cdot z_{2'} \cdot z_{3'}}$$

上述计算结果表明,定轴轮系的传动比等于组成该轮系的各对齿轮传动比的连乘积,也等于轮系中从动轮齿数的连乘积与主动轮齿数连乘积之比。首、末两轮的转向是否相

同,取决于轮系中外啮合次数。此外,齿轮 4 同时与齿轮 3 和齿轮 5 啮合,作一次主动轮又作一次从动轮,其齿数 z_4 在计算中可消去,即齿轮 4 不影响轮系传动比的大小,但却能改变从动轮的转向。这种齿轮称为惰轮。

对于轮系中首、末两轮的转向,也可以在传动图上,根据外啮合两轮转向相反,内啮合两轮转向相同的关系,依次画转向箭头来确定,如图 7-2 所示的转向箭头。

综上所述,若以 1 表示首轮,k 表示末轮,m 表示 1 至 k 轮之间外啮合次数,则定轴轮系的传动比

$$i_{1k} = \frac{n_1}{n_k} = (-1)^m \frac{\text{所有从动轮齿数的乘积}}{\text{所有主动轮齿数的乘积}} \qquad (7\text{-}1)$$

式中:1——首轮;

$\qquad k$——末轮;

$\qquad m$——轮系中外啮合齿轮的对数。当 m 为奇数时传动比为负,表示首末轮转向相反;当 m 为偶数时传动比为负,表示首末轮转向相同。

注意:惰轮不影响传动比的大小,但改变了从动轮的转向。

2. 空间定轴轮系传动比的计算

空间轮系是指轮系中包括锥齿轮、蜗杆蜗轮等空间齿轮机构。对于空间定轴轮系,其传动比的数值仍可用式(7-1)计算,但其转向不能再由 $(-1)^m$ 决定,必须在运动简图中用画箭头的方法确定。

图 7-5 所示为一对锥齿轮传动,由于主、从动轮的轴线不平行,两个齿轮的转向没有相同和相反的关系,所以不能用"+""−"号表示,这时只能用画箭头的方法来表示两轮转向,其传动比不再带符号。画箭头方法如下:图 7-4(a)所示为一对外啮合圆柱齿轮传动,两轮转向相反,取负号;图 7-4(b)所示为一对内啮合圆柱齿轮传动,两轮转向相同,取正号。对于锥齿轮,两箭头同时指向啮合点或者背离啮合点,如图 7-5 所示。蜗轮蜗杆的转动方向判定可参照单元 6 相关内容。

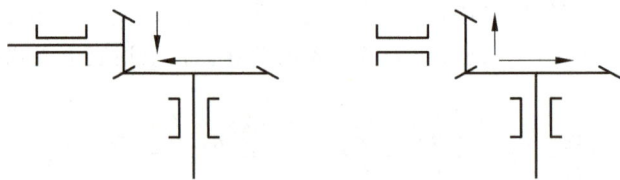

图 7-5　一对锥齿轮传动

图 7-6 所示的空间定轴轮系中所有齿轮的几何轴线并不都是平行的,但首、末两轮的轴线相平行,则它们的转向关系仍可用正负号表示。其符号由图上所画箭头判定。如首轮 1 和末轮 4 的转向相反。故其传动比为

$$i_{14} = -\frac{\omega_1}{\omega_4} = -\frac{z_2 \cdot z_3 \cdot z_4}{z_1 \cdot z_{2'} \cdot z_{3'}}$$

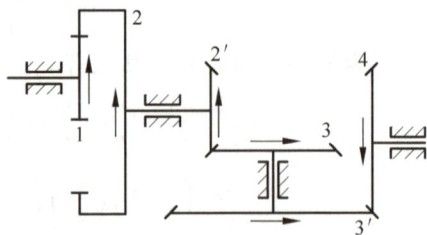

图 7-6　空间定轴轮系

例 7-1　如图 7-7 所示轮系,蜗杆的头数

$z_1 = 1$,右旋；蜗轮的齿数 $z_2 = 26$。一对锥齿轮 $z_3 = 20, z_4 = 21$。一对圆柱齿轮 $z_5 = 21$, $z_6 = 28$。若蜗杆为主动轮,其转速 $n_1 = 1500 \text{r/min}$,试求齿轮 6 的转速 n_6 的大小和转向。

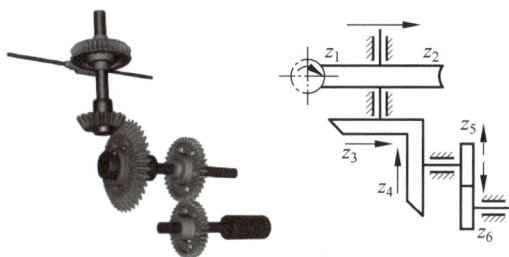

图 7-7 定轴轮系传动比的计算

解：根据定轴轮系传动比公式：

$$i_{16} = \frac{n_1}{n_6} = \frac{z_2 \cdot z_4 \cdot z_6}{z_1 \cdot z_3 \cdot z_5} = \frac{26 \times 21 \times 28}{1 \times 20 \times 21} = 36.4$$

转向如图中箭头所示。

例 7-2 如图 7-8 所示定轴轮系,已知 $z_1 = 20, z_2 = 30, z_{2'} = 20, z_3 = 60, z_{3'} = 20$, $z_4 = 20, z_5 = 30, n_1 = 100 \text{r/min}$,逆向转动。求末轮的转速 n_5 和转向。

解：根据定轴轮系传动比公式,并考虑 1 到 5 间有 3 对外啮合,

$$i = \frac{n_1}{n_5}(-1)^3 \frac{z_2 \cdot z_3 \cdot z_5}{z_1 \cdot z_{2'} \cdot z_{3'}}$$

故末轮 5 的转速

$$n_5 = \frac{n_1}{i_{15}} = \frac{100}{-6.75} = -14.8 (\text{r/min})$$

负号表示末轮 5 的转向与首轮 1 相反,顺时针转动。

例 7-3 如图 7-9 所示某汽车变速箱,Ⅰ轴是输入轴,Ⅳ轴是输出轴,A、B 是离合器, 齿轮 3、齿轮 5 是滑移齿轮。各齿轮齿数 $z_1 = 20, z_2 = 35, z_3 = 25, z_4 = 30, z_5 = 19, z_6 = 36$, $z_7 = 18, z_8 = 18$。第一挡齿轮啮合顺序为 1—2—4—3,第二挡离合器 A、B 直接将Ⅰ轴和 Ⅳ轴相连,第三挡齿轮啮合顺序为 1—2—6—5,第四挡齿轮啮合顺序为 1—2—7—8—5, 为倒车挡。求各挡传动比。

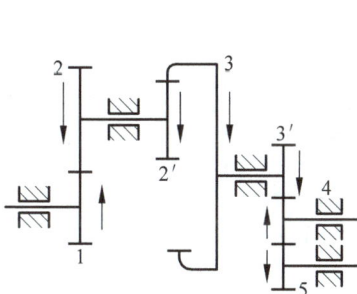

图 7-8 定轴轮系的计算

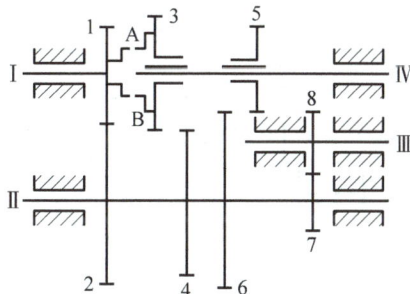

图 7-9 汽车变速箱

解：由式(7-1)得第一挡传动比

$$i_{13} = \frac{n_1}{n_3} = (-1)^2 \frac{z_2 \cdot z_3}{z_1 \cdot z_4} = \frac{35 \times 25}{20 \times 30} = 1.458$$

第二挡传动比

$$i_{I\,IV} = 1$$

第三挡传动比

$$i_{15} = \frac{n_1}{n_5} = (-1)^2 \frac{z_2 \cdot z_5}{z_1 \cdot z_6} = \frac{35 \times 19}{20 \times 36} = 0.923$$

第四挡传动比

$$i_{15} = \frac{n_1}{n_5} = (-1)^3 \frac{z_2 \cdot z_8 \cdot z_5}{z_1 \cdot z_7 \cdot z_8} = -\frac{35 \times 19}{20 \times 18} = -1.847$$

式(7-1)只能用于轴线平行的圆柱齿轮传动,计算出的传动比为负值,说明 1、k 两轮转向相反。对两轴线相交的锥齿轮传动和两轴线交错的蜗杆传动,两轮的转向没有相同或相反的意义,所以传动比的大小仍可用式(7-1)计算,各轮的转向只能在图中用画箭头的方法表示。

例 7-4 在图 7-10(a)所示的轮系中,锥齿轮 1 是主动件,转向如图所示。各齿轮齿数 $z_1 = 20, z_2 = 30, z_{2'} = 18, z_3 = 30, z_{3'} = 2$(旋向见图示), $z_4 = 40$。若 $n_1 = 1000\text{r/min}$,求蜗轮 4 的转速 n_4 及各轮的转向。

解：由式(7-1)得

$$i_{14} = \frac{n_1}{n_4} = (-1)^2 \frac{z_2 \cdot z_3 \cdot z_4}{z_1 \cdot z_{2'} \cdot z_{3'}} = \frac{30 \times 30 \times 40}{20 \times 18 \times 2} = 50$$

$$n_4 = \frac{n_1}{i_{14}} = \frac{1000}{50} = 20(\text{r/min})$$

各轮的转向如图 7-10(b)所示的箭头。其中蜗轮 4 的转向是通过对蜗杆应用右手定则,判定出蜗杆轴向力的方向,从而确定蜗轮 4 圆周力 F_{t4} 方向(见图 7-10(b))。蜗轮 4 是从动件,啮合点处转向与圆周力方向相同。

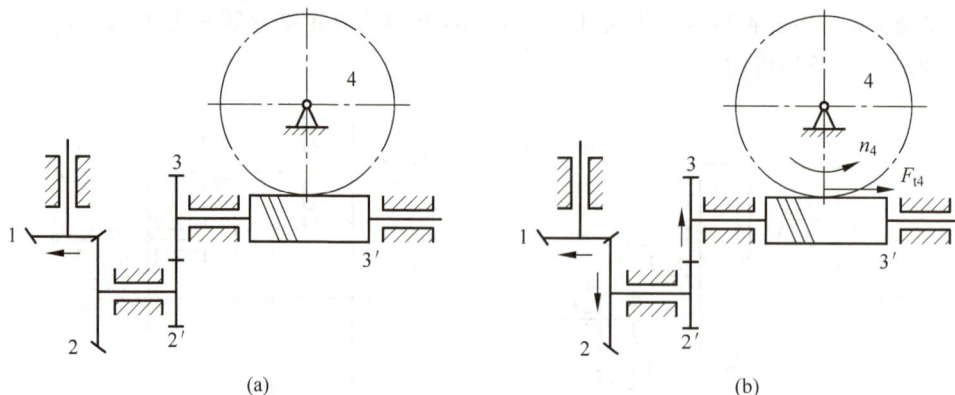

图 7-10 例 7-4 图

7.3 周转轮系传动比的计算

由于周转轮系中行星轮不是绕固定的轴线转动,所以其传动比不能直接用求解定轴轮系传动比的方法来计算。

为了利用定轴齿轮系传动比的计算公式,间接计算行星齿轮系的传动比,必须采用转化机构法。如图 7-11 所示行星轮系,假设给整个轮系加上一个与行星架 H 的转速大小相等,转向相反的附加转速"$-n_H$"。根据相对性原理,此时整个行星轮系中各构件间的相对运动关系不变。但这时行星轮架转速为零。即原来运动的行星轮架转化为静止。这样原来的行星轮系就转化为一个假想的定轴轮系。这个假想的定轴轮系称原行星轮系的转化机构,如图 7-12 所示。对于这个转化机构的传动比,则可以按定轴齿轮系传动比的计算公式进行计算。从而也可以间接求出行星轮系传动比。

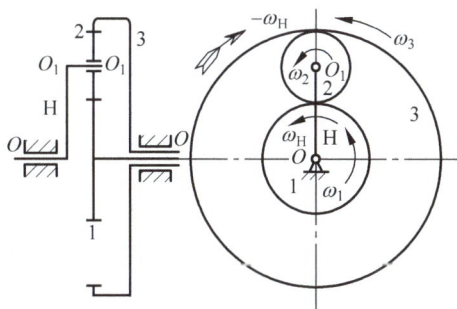

图 7-11 行星轮系   图 7-12 转化机构

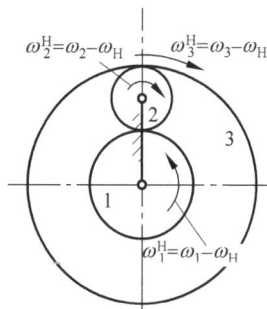

转化轮系:给整个机构加上 $-n_H$,使行星架静止不动,$n_H=0$,各构件之间相对运动关系不变,这个转换轮系是个假想的定轴轮系。

行星轮系的组成如下。

太阳轮:齿轮 1、3;行星轮:齿轮 2;行星架:构件 H。

行星轮系的传动比计算见表 7-1。

表 7-1 行星轮系的传动比计算

构 件	原 转 速	相 对 转 速
中心轮 1	n_1	$n_1 = n_1 - n_H$
行星轮 2	n_2	$n_2 = n_2 - n_H$
中心轮 3	n_3	$n_3 = n_3 - n_H$
行星架 H	n_H	$n_H = n_H - n_H = 0$

转化轮系为定轴轮系。

$$i_{13}^H = \frac{n_1^H}{n_3^H} = \frac{n_1 - n_H}{n_3 - n_H} = -\frac{z_3}{z_1}$$

"一"表示在转化轮系中齿轮 1、3 转向相反。

一般公式：

$$i_{GK}^H = \frac{n_G^H}{n_K^H} = \frac{n_G - n_H}{n_K - n_H} = (-1)^m \frac{\text{从 G 至 K 所有从动轮齿数乘积}}{\text{从 G 至 K 所有主动轮齿数乘积}} \qquad (7\text{-}2)$$

式中：m——齿轮 G 至 K 转之间外啮合的次数。

（1）G 为起始主动轮，K 为最末从动轮，中间各轮的主从地位应按照这一条件去判别。

（2）公式只用于齿轮 G、K 和行星架 H 的轴线平行的场合。

（3）n_G、n_K、n_H 三个量中需给定两个；并且带正负号，需假定某一转向为正，相反方向用负值代入计算。转化轮系中齿轮 G 和 K 的相对转向用箭头的方向判定。

例 7-5　如图 7-13 所示的行星轮系中，已知电机转速 $n_1 = 300 r/min$（顺时针转动），当 $z_1 = 17$，$z_3 = 85$，求当 $n_3 = 0$ 和 $n_3 = 120 r/min$（顺时针转动）时的 n_H。

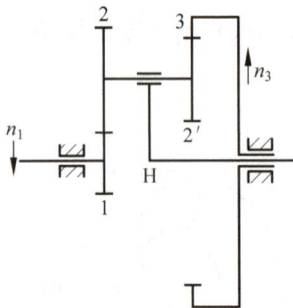

图 7-13　例 7-5 图

解：

$$\frac{n_1 - n_H}{n_3 - n_H} = -\frac{z_3}{z_1}$$

$$\frac{300 - n_H}{-n_H} = -\frac{85}{17} = -5$$

$$n_H = 50 (r/min)$$

$$\frac{300 - n_H}{-120 - n_H} = -\frac{85}{17} = -5$$

$$n_H = -50 (r/min)$$

7.4　轮系的功用

1. 获得大的传动比

当传动比较大时，仅用一对齿轮传动，必将使两轮的直径相差悬殊，外廓尺寸庞大。若采用定轴轮系，如图 7-14 所示，可以避免上述缺点。但多级传动，结构略显复杂。采用周转轮系，可以用很少的齿轮，获得很大的传动比。

2. 实现分路传动

当输入轴的转速一定时，利用轮系可将输入轴的一种转速同时传到几根输出轴上，获得所需的各种转速。图 7-15 所示为滚齿机上实现轮坯与滚刀展成运动的传动简图，轴Ⅰ的运动和动力经过锥齿轮 1、2 传给滚刀，经过齿轮 3、4、5、6、7 和蜗杆传动 8、9 传给轮坯。

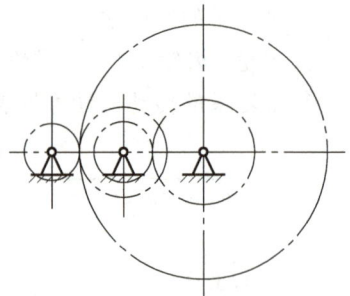

图 7-14　大传动比时单级和多级的比较

3. 实现变速变向传动

输入轴的转速转向不变。利用轮系可使输出轴得到若干种转速或改变输出轴的转向,这种传动称为变速变向传动。如汽车在行驶中经常变速、倒车时要变向等。图 7-16 所示为汽车的变速箱,轴 Ⅰ 为动力输入轴,Ⅱ 为输出轴,4、6 为滑移齿轮,A、B 为牙嵌式离合器。该变速箱可使输出轴得到四种转速。

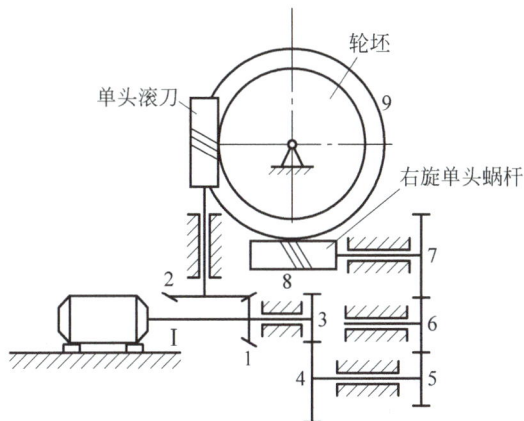

图 7-15　滚齿机分路传动

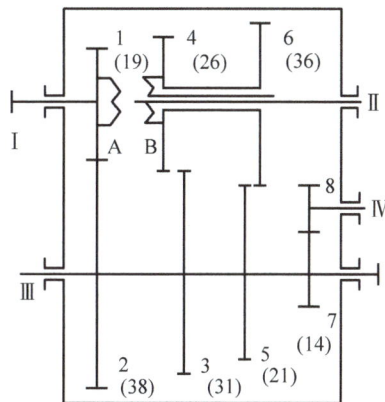

图 7-16　汽车变速箱

第一挡齿轮 5、6 相啮合而 3、4 和离合器 A、B 均脱离。第二挡齿轮 3、4 相啮合而 5、6 和离合器 A、B 均脱离。第三挡离合器 A、B 相嵌合而齿轮 5、6 和 3、4 均脱离。倒退挡齿轮 6、8 相啮合而 3、4 和 5、6 以及离合器 A、B 均脱离。此时由于惰轮 8 的作用,输出轴 Ⅱ 反转。

4. 实现运动的合成与分解

因为差动轮系有两个自由度,所以需要给定三个基本构件中任意两个的运动后,第三个构件的运动才能确定。这就意味着第三个构件的运动为另两个基本构件的运动的合成。

图 7-17 所示的差动轮系就常用作运动的合成。其中 $z_1 = z_3$,则

$$i_{13}^{H} = \frac{n_1^{H}}{n_3^{H}} = \frac{n_1 - n_H}{n_3 - n_H} = -\frac{z_3}{z_1}$$

所以

$$2n_H = n_1 + n_3$$

当由齿轮 1 及齿轮 3 的轴分别输入被加数和加数的相应转角时,系杆 H 的转角的两倍就是它们的和。这种运动合成作用被广泛应用于机床、计算机构和补偿调整等装置中。

同样,利用周转轮系也可以实现运动的分解,即将差动轮系中已知的一个独立运动分解为两个独立的运动。图 7-18 所示为装在汽车后桥上的差动轮系(称为差速器)。发动机通过传动轴驱动齿轮 5,齿轮 4 上固连着行星架 H,其上装有行星轮 2。齿轮 1、2、3 及行星架 H 组成一差动轮系。在该轮系中,$z_1 = z_3$,$n_H = n_4$,可得

$$i_{13}^{H} = \frac{n_1 - n_4}{n_3 - n_4} = -\frac{z_3}{z_1} = -1$$

$$2n = n_1 + n_3$$

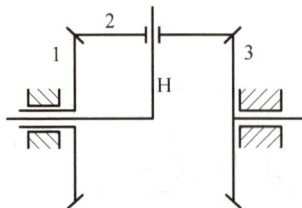

图 7-17   差动轮系用于运动合成

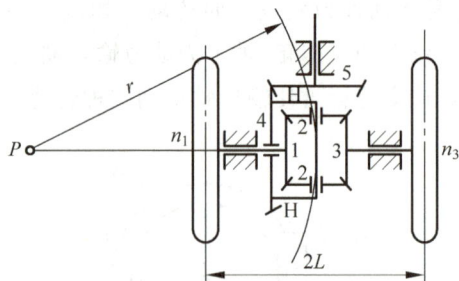

图 7-18   汽车后桥差速器

由于差动轮系具有两个自由度,因此,只有锥齿轮 5 为主动时,锥齿轮 1 和 3 的转速是不能确定的,但 $n_1 + n_3$ 却总为常数。当汽车直线行驶时,由于两个后轮所滚过的距离是相等的,其转速也相等。所以有 $n_1 = n_3$,即 $n_1 = n_3 = n_H = n_4$,行星轮 2 没有自转运动。此时,整个行星轮系形成一个同速转动的整体,一起随轮 4 转动。当汽车转弯时,由于两后轮所走过的路程不相等,则两后轮的转速应不相等($n_1 \neq n_3$)。在汽车后桥上采用差动轮系,就是为了当汽车沿不同弯道行驶时,在车轮与地面不打滑的条件下,自动改变两后轮的转速。

当汽车左转弯时,汽车的两前轮在转向机构(见图 7-19 所示的梯形机构 $ABCD$)的作用下,其轴线与汽车两后轮的轴线汇交与一点 P,这时整个汽车可以看成是绕着点 P 的回转。

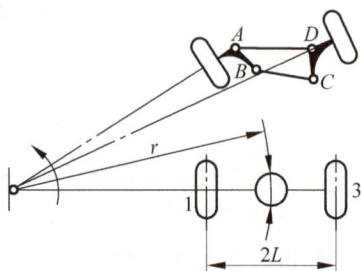

图 7-19   汽车前轮转向机构

复习思考题

一、填空题

1. 平面定轴轮系传动比的大小等于_____;从动轮的回转方向可用_____方法来确定。

2. 定轴轮系是指_____,而周转轮系是指_____。

3. 组成周转轮系的基本构件有_____,_____,_____。

二、选择题

1. (   )可以通过轮系的运用得以实现。

a. 两轴的较远距离传动   b. 变速传动   c. 获得大的传动比   d. 实现合成和分解运动

    A. ab   B. adc   C. bcd   D. abcd

2. 定轴轮系传动比大小与轮系中惰轮的齿数(   )。

A. 无关　　　　　　　　　　　　　　B. 有关,成正比

C. 有关,成反比　　　　　　　　　　D. 有关,不成比例

3. 汽车后桥传动轴部分组成的轮系为(　　　)。

A. 平面定轴轮系　　B. 空间定轴轮系　　C. 周转轮系　　　D. 都有可能

4. 主动轴转速为 1200r/min,若要求从动轴获得 12r/min 的转速,应采用(　　　)传动。

A. 一对直齿圆柱齿轮　　　　　　　B. 链

C. 轮系　　　　　　　　　　　　　　D. 蜗轮蜗杆

三、计算题

1. 图 7-20 所示的轮系中,各标准齿轮齿数为 $z_1 = z_2 = 20, z_{3'} = 26, z_4 = 30, z_{4'} = 22$, $z_5 = 34$。试计算齿轮 3 的齿数 z_3 及传动比 i_{15},画出齿轮 5 的转向。

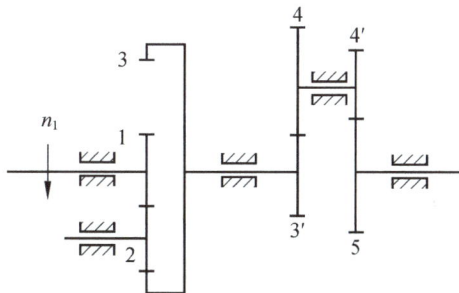

图 7-20　轮系

2. 如图 7-21 示,已知轮系中各轮齿数分别为 $z_1 = 20, z_2 = 24, z_3 = 28, z_4 = 24, z_5 = 64$, $z_6 = 20, z_7 = 30, z_8 = 28, z_9 = 32$,求传动比 i_{19}。

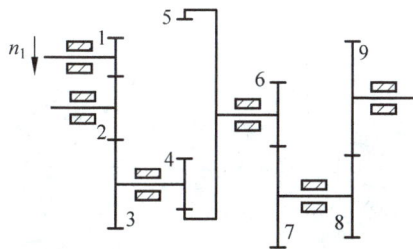

图 7-21　轮系

单元 8

连 接

学习目标

（1）知道螺纹的主要参数及分类。

（2）掌握螺纹连接的类型在汽车上的运用。

（3）掌握键和销的分类及其在汽车上的运用。

图 8-1 所示的汽车发动机的气缸体和气缸盖是通过螺栓连接在一起的，如果在拆卸螺栓的过程中操作不当，如缸盖螺栓预紧力过大或严重不均或顺序不当等，会造成气缸盖翘曲，使气缸盖结合面失去正确形状，严重时气缸盖底面和气缸体贴合面不平，造成密封失效，漏气漏水严重，发动机无法工作。

图 8-1　汽车发动机

在汽车等机器中大量地使用各种连接方式来连接不同的零部件。本单元介绍常用的螺纹连接、键连接和销连接的类型、特性和使用场合。

连接的种类很多,根据连接拆开后是否损坏连接,可分为可拆连接和不可拆连接。允许多次装拆而不损坏使用性能的连接称为可拆连接,如螺纹连接、键连接和销连接。若不损坏组成零件就不能拆开的连接则称为不可拆连接,如焊接、胶接。

8.1 螺 纹 连 接

8.1.1 螺纹的形成

如图8-2(a)所示,将一倾斜角为ϕ的直线绕在圆柱体外表便形成一条螺旋线。若取一平面图形,如图8-2(b)所示,其平面始终通过圆柱的轴线而沿着螺旋线移动,则这个平面图形在空间描绘成一个螺旋形体,称为螺纹。

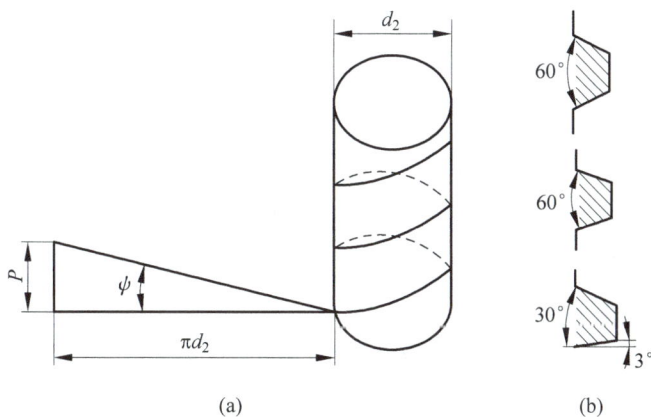

(a)　　　　　　　(b)

图 8-2　螺旋线的形成

8.1.2 螺纹的种类和主要参数

1. 螺纹的种类

1) 按螺纹轴向剖面分类

螺纹轴向剖面图形常用的有三角形、矩形、梯形、锯齿形和圆形,因此形成的螺纹有三角形螺纹(见图8-3(a))、矩形螺纹(见图8-3(b))、梯形螺纹(见图8-3(c))、锯齿形螺纹(见图8-3(d))和圆形螺纹(又称管螺纹,多用于有气密性要求的管道连接,见图8-3(e))。三角形螺纹和圆形螺纹多用于连接,其余螺纹多用于传动。

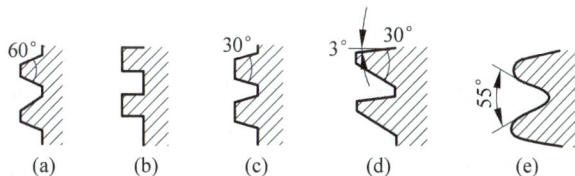

(a)　　(b)　　(c)　　(d)　　(e)

图 8-3　螺纹轴向剖面的平面形状

2) 按螺旋线旋向分类

按螺旋线旋向不同,螺纹分为左旋螺纹(见图 8-4(a))与右旋螺纹(见图 8-4(b))。其识别方法可用左、右手定则来判断。常用的是右旋螺纹。

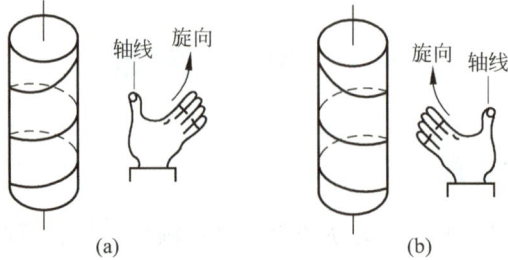

图 8-4   螺旋线旋向

3) 按螺纹的头数分类

按螺纹的头数不同,螺纹有单头螺纹(见图 8-5(a)),它只有一条螺旋线;双头螺纹(见图 8-5(b)),它有两条并行的螺旋线,线头相隔 180°;三头螺纹则有三条螺旋线,线头相隔 120°;其余类推,一般不超过四头,主要是难以制造。双头以上称为多头螺纹。单头螺纹旋紧后不易松动,自锁性较好。多头螺纹旋进快,效率较高,但易松动。

此外,还可按螺纹在圆柱体面的分布分为外螺纹和内螺纹,如螺栓的螺纹外螺纹;螺母或螺孔的螺纹内螺纹。

2. 螺纹的主要参数

按照母体形状,螺纹分为圆柱螺纹和圆锥螺纹。现以圆柱螺纹为例说明螺纹的几何参数,如图 8-6 所示。

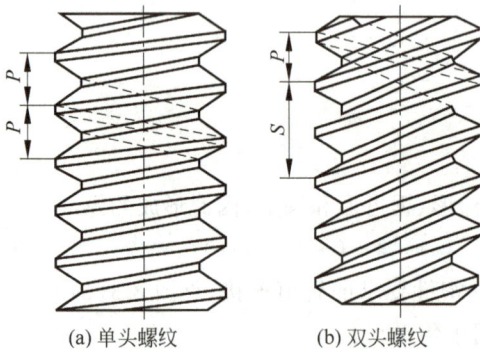

图 8-5   螺纹的头数

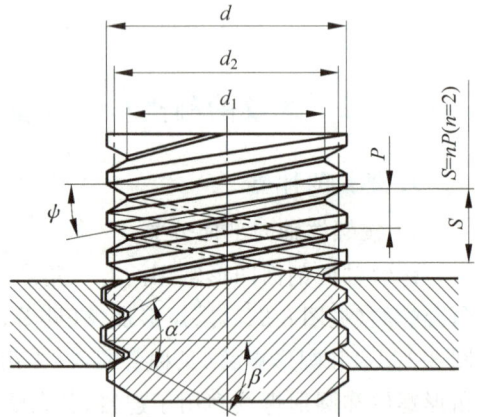

图 8-6   螺纹的基本参数

(1) 大径 d:与外螺纹牙顶(或内螺纹牙底)相重合的假想圆柱体的直径。

(2) 小径 d_1:与外螺纹牙底(或内螺纹牙顶)相重合的假想圆柱体的直径。

(3) 中径 d_2:也是一个假想的圆柱,该圆柱的母线上牙形沟槽和凸起宽度相等。

(4) 螺距 P:相邻两牙在中径线上对应两点间的轴向距离。

（5）**导程 S**：同一条螺旋线上的相邻两牙在中径线上对应两点间的轴向距离。螺距 P 与导程 S 之间的关系：$S＝nP$。

（6）**线数 n**：螺旋线的数目。

（7）**螺纹升角 ψ**：在中径 d_2 圆柱上，螺旋线的切线与垂直于螺纹轴线的平面的夹角。

$$\tan\psi = nP/(\pi d_2) \tag{8-1}$$

（8）**牙形角 α 与牙侧角 β**：轴向截面内螺纹牙形相邻两侧边的夹角称为牙形角。牙形侧边与螺纹轴线的垂线间的夹角称为牙侧角 β。对于对称牙形，$\beta＝\alpha$。

8.1.3 常用螺纹的特点和应用

1. 普通螺纹

我国国家标准中，把牙形角 $\alpha＝60°$ 的三角形米制螺纹称为普通螺纹，以大径 d 为公称直径。内外螺纹旋合后有径向间隙，这种螺纹当量摩擦角大，自锁性好，螺纹牙根厚，强度高，因此多用于连接。

同一公称直径可以有多种螺距，其中螺距最大的称为粗牙螺纹，如图 8-7（a）所示，其余均称为细牙螺纹，如图 8-7（b）所示。粗牙螺纹应用最广。公称直径相同时，细牙螺纹的螺纹升角小、小径大，因而自锁性能好、强度高，常用于承受冲击、振动及变载荷或空心、薄壁零件和微调装置中。细牙螺纹的缺点是螺纹牙细小、不耐磨、易滑扣。

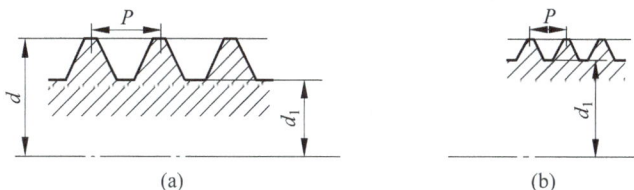

图 8-7 粗牙和细牙螺纹

2. 密封性管螺纹

密封性管螺纹牙形为等腰三角形，牙形角 $\alpha＝55°$，牙顶有较大的圆角，内外螺纹旋合后无径向间隙，密封性能好。密封性管螺纹为英制细牙螺纹，公称直径为管子内径。管螺纹有圆柱管螺纹和圆锥管螺纹之分。与圆柱管螺纹相比，圆锥管螺纹的螺纹分布在锥度为 $1:16$（$\psi＝1°47'24''$）的圆锥管壁上，螺纹旋合后，利用本身的变形就可以保证连接的紧密性，不需要任何填料，密封简单。适用于管子、管接头、螺塞、阀门及其他螺纹连接件。

3. 矩形螺纹

矩形螺纹的牙形多为正方形，牙形角 $\alpha＝0°$，其传动效率较其他螺纹高，但牙根强度弱，螺旋副磨损后，间隙难以修复和补偿，传动精度低。矩形螺纹尚未标准化。

4. 梯形螺纹

梯形螺纹牙形为等腰梯形，牙形角 $\alpha＝30°$，和矩形螺纹相比，效率略低，但牙根强度较高，易于制造；且因内外螺纹是以锥面贴合，易于对中。若采用剖分螺母，还可利用径向位移以消除因磨损而造成的间隙，在螺旋传动中应用较为普遍。

梯形螺纹和锯齿形螺纹用于传动。为了减少摩擦和提高效率,这两种螺纹的牙侧角都比三角形螺纹的牙侧角小得多,如图 8-3(d)和图 8-3(e)所示,而且有较大的间隙以便储存润滑油。梯形螺纹的牙侧角 $\beta=15°$,比矩形螺纹容易切削。当采用剖分螺母时还可以消除因磨损而产生的间隙,因此应用较广,锯齿形螺纹工作面一面的牙侧角 $\beta=3°$,另一面牙侧角 $\beta=30°$,效率比梯形螺纹高,适用于单向有自锁要求的传动。

8.1.4 螺纹连接的基本类型

1. 螺栓连接

螺栓连接的结构特点是被连接件不太厚时,用螺栓贯穿两个或多个被连接件的光孔,如图 8-8 所示,插入螺栓后,在螺栓的另一端拧上螺母。图 8-8(a)所示为普通螺栓连接,螺栓与孔之间有间隙。这种连接的优点是孔的加工精度要求低,结构简单,拆装方便,使用时不受被连接件材料的限制,故应用最广。图 8-8(b)所示为铰制孔用螺栓连接,其螺杆外径与螺栓孔(由高精度铰刀加工而成)的内径具有同一基本尺寸,并常采用过渡配合(H7/m6、H7/n6)。这种连接能精确固定被连接件的相对位置,并能承受垂直于螺栓轴线的横向载荷,但孔的精度要求较高。

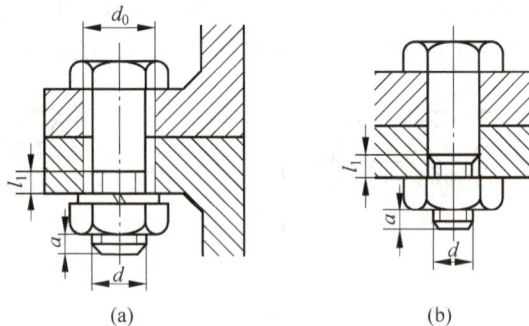

图 8-8 螺栓连接图

2. 双头螺柱连接

如图 8-9(a)所示,双头螺柱连接适用于结构上不能采用螺栓连接的场合,例如没有足够操作空间或被连接件之一太厚不宜制成通孔,材料又比较软(例如用铝镁合金制造的壳体),且需要经常拆装时,往往采用双头螺柱连接。显然,拆卸这种连接时,不用拆下螺柱。

3. 螺钉连接

如图 8-9(b)所示,螺钉连接的特点是被连接件之一较厚,不宜采用螺栓连接时,螺钉直接拧入被连接件的螺纹孔中,省去了螺母,螺杆不外露,外观整齐。在结构上比双头螺柱连接简单、紧凑。但如经常拆装时,易使螺纹孔磨损,可能导致被连接件报废,故多用于受力不大,或不需要经常拆装的场合。

4. 紧定螺钉连接

紧定螺钉连接是利用拧入零件螺纹孔中的螺钉末端顶住另一零件的表面,如图 8-10(a)

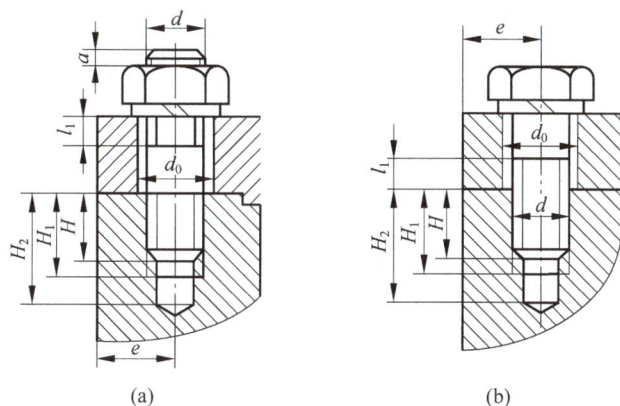

图 8-9　双头螺柱连接、螺钉连接

所示,或顶入相应的凹坑中,如图 8-10(b)所示,以固定两个被连接件之间的位置,并可传递较小的轴向或周向载荷。

除以上四种基本螺纹连接类型外,还有把机器的底座固定在地基上的地脚螺栓连接,如图 8-11 所示;装在机器或者大型零部件的顶盖上便于起吊用的吊环螺钉连接,如图 8-12 所示;以及 T 型螺栓连接,如图 8-13 所示。

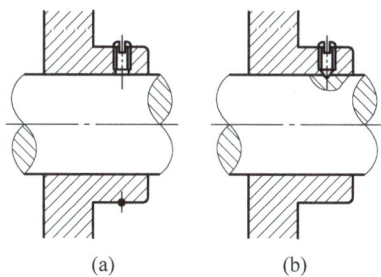

图 8-10　紧定螺钉连接

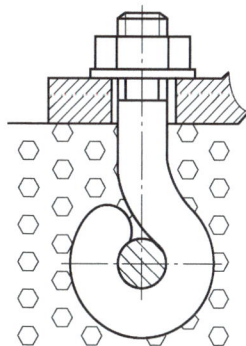

图 8-11　地脚螺栓连接

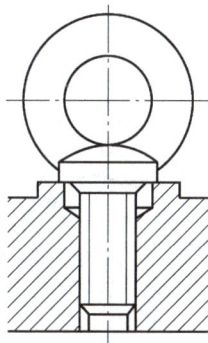

图 8-12　吊环螺钉连接

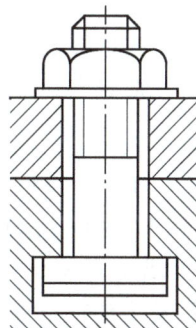

图 8-13　T 型螺栓连接

8.1.5 螺纹连接件

常用的标准连接零件有螺栓、螺钉、双头螺柱、螺母、垫圈和防松零件等,这些标准件品种、类型很多,它们的特点和有关尺寸可参考设计手册。

1. 螺栓和螺钉

螺栓的头部形状很多,最常用的有六角头和小六角头两种,如图 8-14 所示。使用时需要配置螺母,必要时加垫圈。这种连接强度高,主要用于尺寸较大、受力较大的场合。

螺钉的头部有圆柱的、六角槽或十字槽的、沉头或半沉头的。圆头螺钉是应用最广泛的一种。不需要特制工具,可承受中等拧紧力矩。六角槽或十字槽的螺钉,可承受较大的拧紧力矩而不致破裂,但需特制拆装工具。沉头或半沉头螺钉的钉头更薄,适用于较薄的连接及结构所限必须沉头之处,钉头有 90°锥面,拧紧时起定位作用。

2. 双头螺柱

双头螺柱如图 8-15 所示,旋入被连接件螺纹孔的一端称为座端,另一端为螺母端,其公称长度为 L。

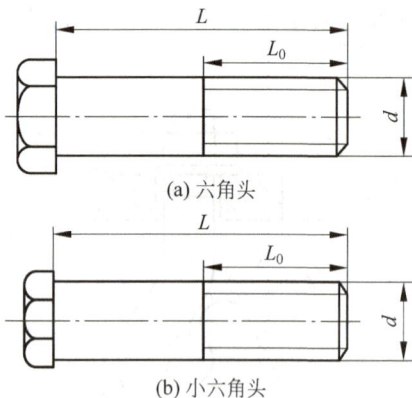

(a) 六角头

(b) 小六角头

图 8-14　螺栓

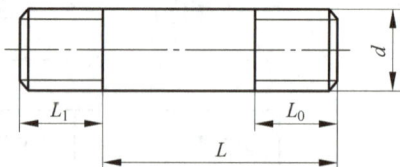

图 8-15　双头螺柱

3. 紧定螺钉

紧定螺钉的头部有内六角头、十字槽头等多种形式,以适应不同的拧紧程度。紧定螺钉末端要顶住或顶入被连接件之一的表面或相应的凹坑,如图 8-10 所示,其末端具有平端、锥端、圆尖端等各种形状。

4. 螺母

螺母的形状有六角形、圆形等,圆螺母如图 8-16 所示。六角螺母有两种不同厚度,薄螺母用于受剪力的螺栓上或空间尺寸受限制的场合。厚螺母用于经常装拆易于磨损之处。圆螺母常与止动垫圈配用,用于轴上零件的轴向固定。

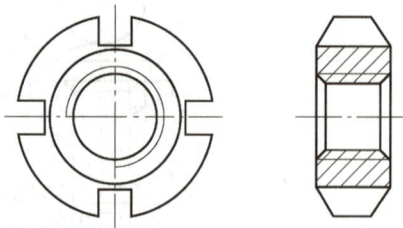

图 8-16　圆螺母

5. 垫圈

垫圈放置在螺母和被连接件之间起保护支承表面或防止松动的作用,有平垫圈、斜垫圈、弹簧垫圈等,如图 8-17 所示。根据不同的支承表面使用不同的垫圈。

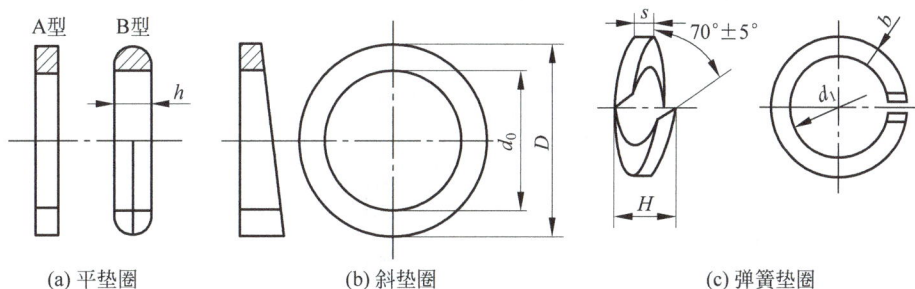

图 8-17 垫圈

螺纹紧固件按制造精度分为 A、B、C 三级(不一定每个类别都备齐 A、B、C 三级,详见有关手册),A 级精度最高。A 级螺栓、螺母、垫圈组合可用于重要的、要求装备精度高的、受冲击或变载荷的连接;B 级用于较大尺寸的紧固件;C 级用于一般螺栓连接。

8.1.6 螺纹连接的预紧和防松

1. 螺纹连接的预紧

绝大多数螺纹连接在装配时要适当拧紧螺母(或螺钉),称为预紧。预紧后,被连接件和螺栓都受到预紧力 F_0 的作用,只是螺栓受拉而被连接件受压。预紧的作用是增加连接的刚度、紧密性和提高连接在变载荷作用下的疲劳强度及防松能力。预紧力应适当,过大预紧力导致连接的结构尺寸增大,或连接件在装配时及偶然过载时易被拉断。通常规定,预紧后螺纹连接件的预紧力不得超过其材料屈服点 σ_s 的 70%。预紧力的大小应根据载荷性质、连接刚度等具体工作条件确定。对于重要连接在装配时应控制预紧力,通常是利用控制拧紧力矩的方法来控制预紧力,如采用测力矩扳手(见图 8-18)或定力矩扳手(见图 8-19)。

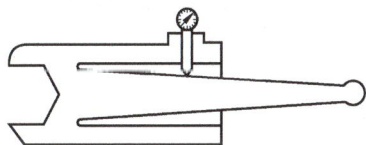

图 8-18 测力矩扳手

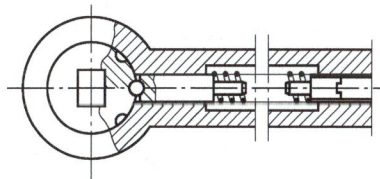

图 8-19 定力矩扳手

2. 螺纹连接的防松

静载荷和温度变化不大时螺纹副的自锁能力和螺母与螺栓头部支承面的摩擦力可有效防止连接松脱。但在冲击、振动及变载荷作用下,或当高温、温度变化较大时,连接中的预紧力和摩擦力会逐渐减小或瞬时消失,导致连接松脱、失效。

　　螺纹连接一旦出现失效,轻者会影响机器的正常运转,重者会造成机毁人亡。因此,对于上述情况下的螺纹连接,特别是机器内部不易检查的螺纹连接,必须采用有效的、合理的防松措施。

　　防松的目的在于防止螺纹副间的相对运动。常用的防松方法很多,根据工作原理不同,可分为三大类,列于表 8-1 中。

表 8-1　常用的防松方法

利用附加摩擦力	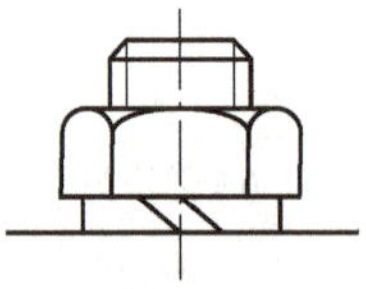 弹簧垫圈	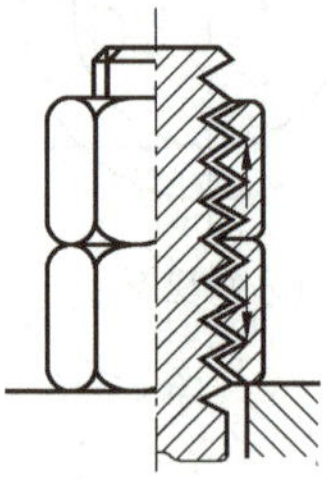 对顶螺母	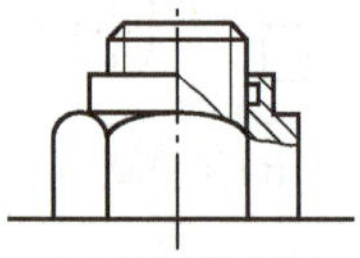 尼龙圈锁紧螺母
	弹簧垫圈材料为弹簧钢,装配后垫圈被压平,其反弹力能使螺纹副内部保持压紧力和摩擦力	利用两螺母的对顶作用使螺纹副内始终受到附加的拉力和附加的摩擦力。结构简单,可用于低速重载场合	螺母中嵌有尼龙圈,拧上后尼龙圈内孔被胀大,箍紧螺栓
机械防松	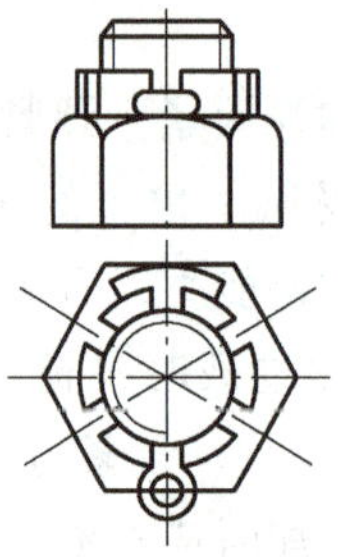 槽形螺母和开口销	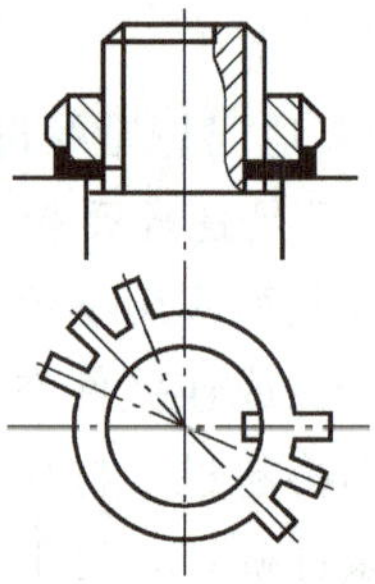 圆螺母用带翅垫片	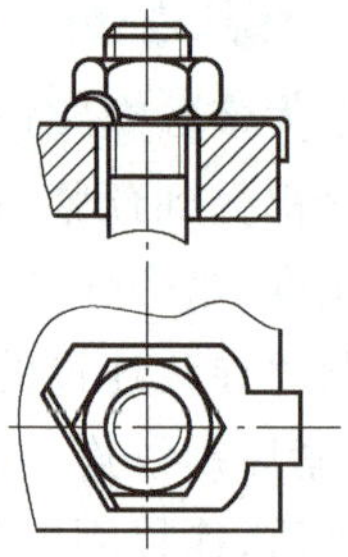 止动垫片
	槽形螺母拧紧后,用开口销穿过螺栓尾部小孔和螺母的槽,也可以用普通螺母拧紧后再配钻开口销孔	使垫片内翅嵌入螺栓的槽内,拧紧螺母后将垫片外翅之一折嵌于螺母的一个槽内	将垫片折边以固定螺母和被连接件的相对位置
其他方法	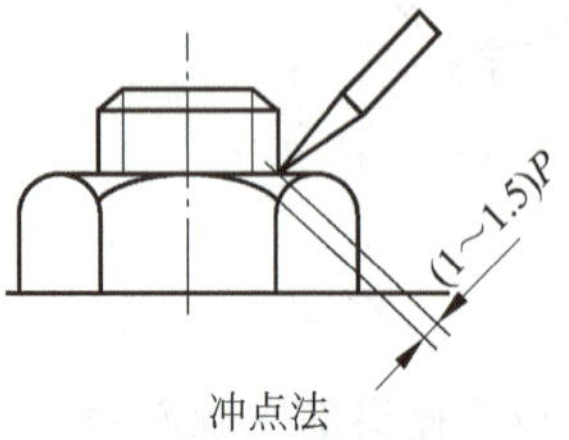 冲点法	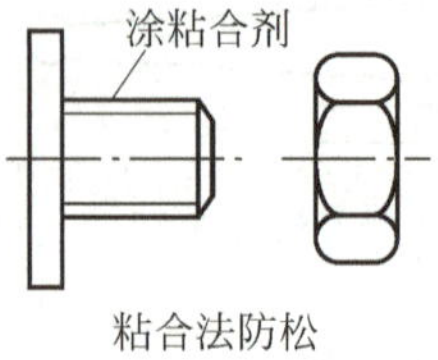 粘合法防松	
		用粘合剂涂于螺纹旋合表面,拧紧螺母后粘合剂能自行固化,防松效果良好	

8.1.7 螺旋传动

1. 螺旋传动的特点

螺旋传动主要用来把回转运动变为直线运动。也可将直线运动转变为回转运动,并传递载荷。也用于零部件之间的相互位置的调整。有时几种作用兼而有之,应用广泛,其特点如下。

(1) 传动比大。螺母旋转一周螺杆只移动一个导程,而导程可以很小。

(2) 增力作用。在主动件上施加较小的力矩,从动件可获得较大的轴向推力。

(3) 传动精度高。当导程很小时,可以得到很精确的位移。

(4) 易实现自锁(滑动螺旋)。选择合适的螺旋升角,就有较好的自锁性。

(5) 传动平稳,结构简单,但传动效率较低(滑动螺旋),尤其是自锁螺旋其效率通常低于 45%。

2. 螺旋传动的分类

螺旋传动按用途不同可分为三类。

1) 传力螺旋

传力螺旋以传递动力为主,要求用较小的力矩转动螺杆(或螺母)而使螺母(或螺杆)产生轴向运动和较大的轴向力,这个轴向力可以用来做起重和加压等工作,如图 8-20(a)所示的起重器、图 8-20(b)所示的压力机(加压或装拆用)等。

2) 传导螺旋

传导螺旋以传递运动为主,并要求具有很高的运动精度,它常用作机床刀架或工作台的进给机构,如图 8-20(c)所示。

3) 调整螺旋

调整螺旋用于调整并固定零件或部件之间的相对位置。

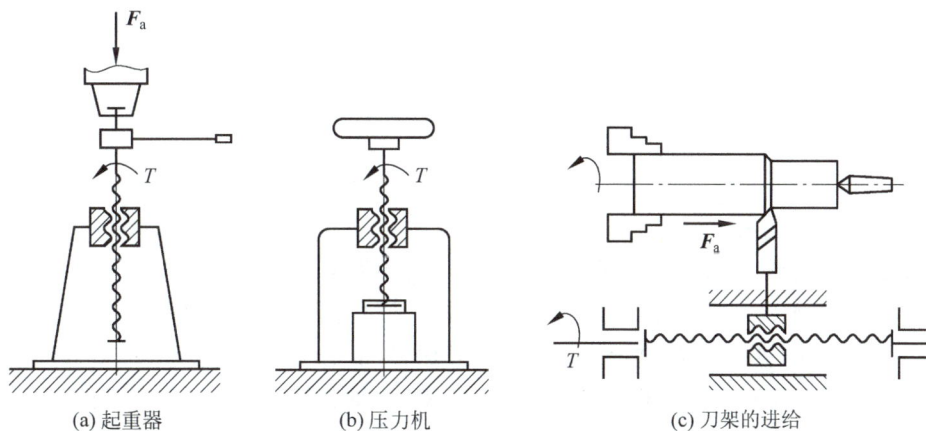

(a)起重器　　　　(b)压力机　　　　(c)刀架的进给

图 8-20　螺旋传动

8.2　键　连　接

8.2.1　键连接的类型

键连接是一种可拆卸连接,多用来连接轴和轴上的转动零件(如带轮、齿轮、飞轮、凸轮等),实现轴和轴上零件之间的周向固定并传递转矩。有些类型的键还可实现轴上零件的轴向固定或轴向移动。

键是标准件,按照在工作前键连接中是否存在预紧力,将键分为两类:松连接和紧连接。

1. 松连接

松连接是由平键或半圆键与轴、轮毂所组成的。键的两侧面是工作面,键的上表面没有斜度,因此构成松连接。这种连接在工作前,连接中没有预紧力的作用;工作时,依靠键的两侧面与轴及轮毂上键槽侧壁的挤压来传递转矩。

平键通常分为普通平键及导向平键,如图 8-21 所示。

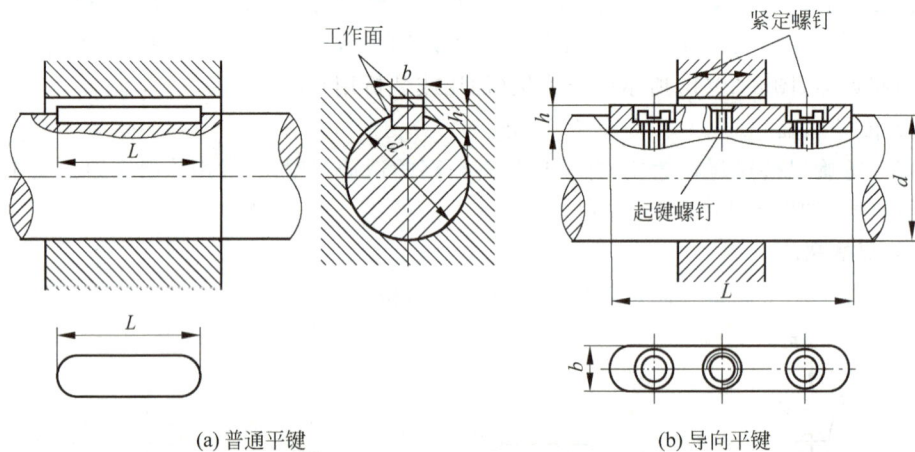

(a) 普通平键　　　　　　　　　　(b) 导向平键

图 8-21　平键

1) 普通平键连接

普通平键的形状如图 8-22 所示,有 A、B、C 三种类型。A 型两端为圆弧,B 型两端为平头,C 型一端平头一端圆弧。C 型键用于轴端。A、C 型键的轴上键槽用立铣刀加工,对轴应力集中较大。B 型键的轴上键槽用盘铣刀加工,轴上应力集中较小。

平键的各个相对表面都相互平行。应用平键时,轴和轮毂(孔)都开出键槽,键放在键槽中,如图 8-22 所示。在工作过程中,键的两侧面和键槽的两侧面相互挤压传递扭矩,所以平键的侧面是它的工作面。由于平键制造方便,因此应用很广泛。

2) 导向平键

导向平键较长,需用螺钉固定在轴槽中,为了便于装拆,在键上制出起键螺纹孔,如

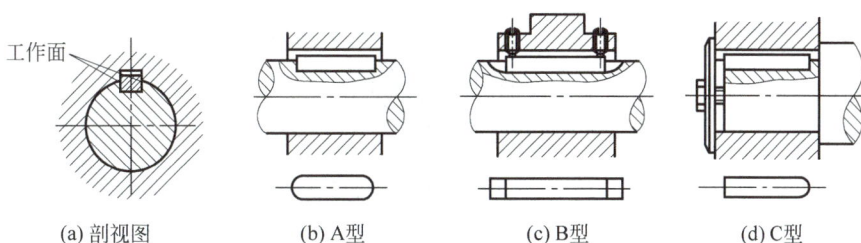

(a) 剖视图　　(b) A型　　(c) B型　　(d) C型

图 8-22　普通平键

图 8-21(b)所示。这种键能实现轴上零件的轴向移动,构成动连接。如汽车变速箱的滑移齿轮即可采用导向平键。

3) 半圆键

半圆键连接的制造简单,安装方便,同时它可以自动地适应轮毂中键槽的斜度,如图 8-23(a)所示;缺点是轴上的深槽影响轴的强度,所以这种键主要用于轻载荷的连接。锥形轴端采用半圆键连接在工艺上较为方便,如图 8-23(b)所示。

松连接的优点是轴与轴上零件的配合对中性好,因而可以应用于高速及精密的连接中,同时这种连接装拆也很方便。但是它仅能传递转矩,不能承受轴向力,因此,必须附加固定螺钉或定位轴环等才能把零件的轴向位置固定。

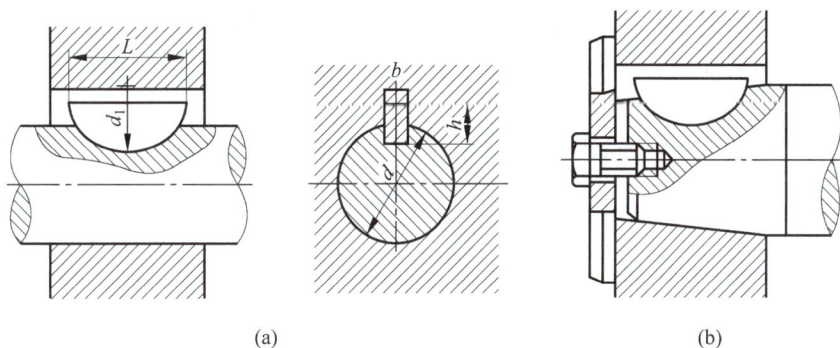

(a)　　　　　　　　　　　　(b)

图 8-23　半圆键连接

2. 紧连接

紧连接是由楔键和轴、轮毂组成的。键的上表面制成 1∶100 的斜度,与此面相接触的轮毂键槽平面也制成 1∶100 的斜度。装配时,将键楔紧,使键的上下两工作面与轴、轮毂的键槽工作表面压紧,而构成紧连接,即在工作前连接中有预紧力作用。键与键槽的侧壁互不接触,如图 8-24(b)所示。

楔键分为普通楔键和钩头楔键两种,如图 8-24(a)所示。钩头楔键的钩头是为了拆键用的。工作时楔键是靠键与键槽之间和轴与轮毂之间的摩擦,以及在转动时轴与轮毂间有相对偏转,从而使键的一侧压紧来传递转矩和单向的轴向力的,但是由于预紧力会使轴上零件和轴偏向,如图 8-24(b)所示,因此楔键仅用于定心精度要求不高、载荷平稳和低速的连接场合。

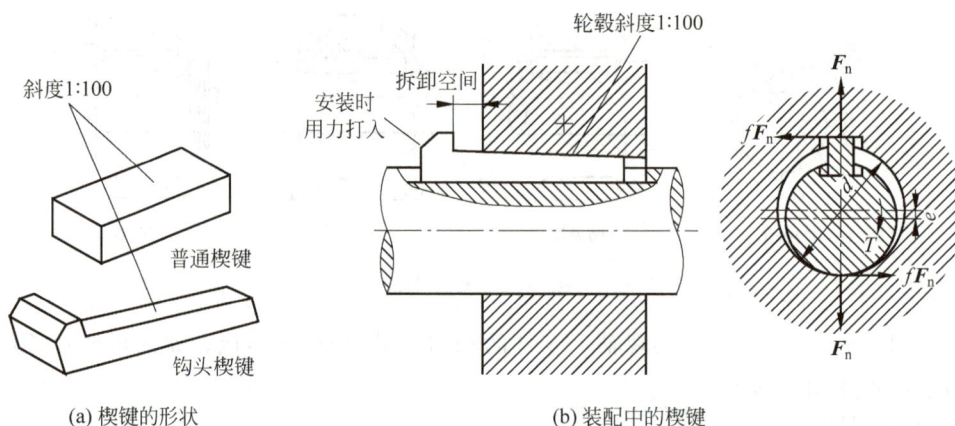

(a) 楔键的形状   (b) 装配中的楔键

图 8-24   楔键连接

8.2.2   键的选择及其强度校核

键是标准件,工作时,键受到挤压,所以键的材料多采用强度极限 σ_b 不小于 600MPa 的碳素钢,通常用 Q275 或 45 钢等。

设计时,通常先根据连接的工作要求,参照各种键的结构形式及其特点确定键的种类;随后键的截面尺寸应按轴径 d 从键的标准中查取,即键的宽度 b 和高度 h;键的长度 L 一般取 $1.5d$,可略小于轮毂长度,并从系列标准中查取。必要时应进行强度校核。下面主要介绍平键的强度校核。

平键连接的主要失效形式是工作面的压溃和磨损(对于动连接)。除非有严重过载,一般不会出现键的剪断。平键连接受力情况如图 8-25 所示。

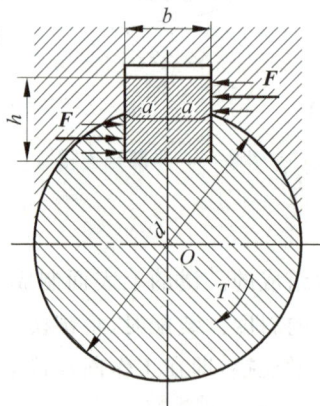

图 8-25   平键连接受力情况

设载荷为均匀分布,由图 8-21 可得平键连接的挤压强度条件

$$\sigma_p = \frac{4T}{dhl} \leqslant [\sigma_p] \tag{8-2}$$

对于导向平键连接(动连接),计算依据是磨损,则应限制压强。即

$$p = \frac{4T}{dhl} \leqslant [p] \tag{8-3}$$

式中：T——转矩，N·mm；

d——轴径，mm；

h——键的高度，mm；

l——键的工作长度，mm，圆头平键 $l=L-b$，平头平键 $l=L$；

b——键的宽度，mm；

L——键的公称长度；

$[\sigma_p]$——许用挤压应力，MPa，见表 8-2；

$[p]$——许用压强，MPa，见表 8-2。

表 8-2　连接件的许用挤压应力和许用压强　　　　　　　　　　MPa

许用值	轮毂材料	载荷性质		
		静载荷	轻微冲击	冲击
$[\sigma_p]$	钢	125～150	100～120	60～90
	铸铁	70～80	50～60	30～45
$[p]$	钢	50	40	30

注：在键连接的组成零件(轴、键、轮毂)中，轮毂材料较弱。

如强度不够时，可采用两个键，相隔 180° 布置，如图 8-26 所示。考虑到载荷分布的不均匀性，在强度校核中可按 1.5 个键计算。

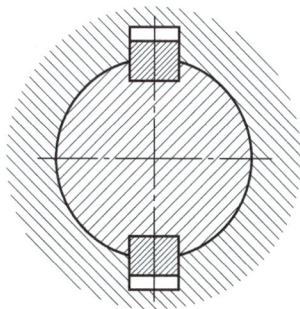

图 8-26　两个平键组成的连接

8.2.3　花键连接

轴和轮毂孔周向均布的多个键齿构成的连接称为花键连接。齿的侧面是工作面。由于是多齿传递载荷，所以花键连接比平键连接具有承载能力高，对轴强度削弱程度小(齿浅、应力集中小)，定心好和导向性能好等优点。它适用于定心精度要求高、载荷大或经常滑移的连接。花键连接按其齿形不同，可分为一般常用的矩形花键和强度高的渐开线花键，如图 8-27(a)、(b)所示。

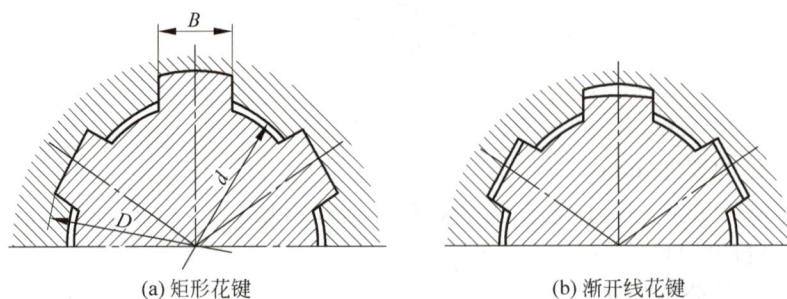

(a) 矩形花键　　　　　　　　　　(b) 渐开线花键

图 8-27　花键连接

8.3　销　连　接

销可用于定位、锁紧或连接。销的主要用途是固定零件之间的相互位置,并可传递不大的载荷。也可用作过载保护元件,如减速器中的定位销、套筒联轴器里的连接销和安全联轴器中的安全销。

销的基本形式为圆柱销和圆锥销,如图 8-28(a)、(b)所示。圆柱销利用微量的过盈固定在铰光的销孔中,多次装拆将有损于连接的紧固,其定位精度也会降低。圆锥销有 1∶50 的锥度,安装比圆柱销方便,多次装拆对定位精度的影响也较小。

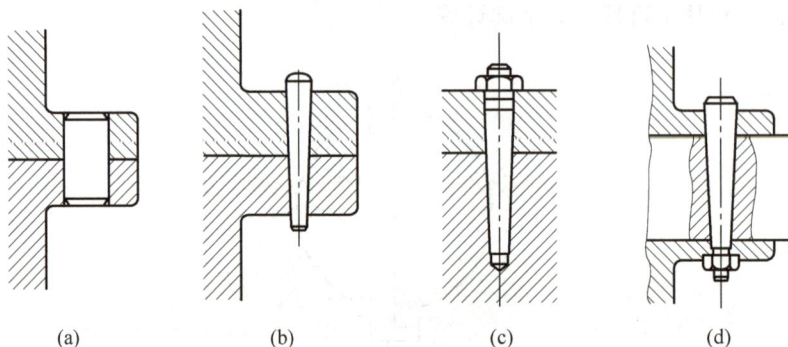

(a)　　　　　　　(b)　　　　　　　(c)　　　　　　　(d)

图 8-28　圆柱销和圆锥销

销的常用材料为 35、45 钢。

销还有许多特殊形式。图 8-28(c)所示是大端具有外螺纹的圆锥销,便于拆卸,可用于盲孔;图 8-28(d)所示是小端带外螺纹的圆锥销,可用螺母锁紧,适用于有冲击的场合。图 8-29(a)所示是带槽的圆柱销,销上有 3 条压制的纵向沟槽;图 8-29(b)所示是放大的俯视图,其细线表示打入销孔前的形状,实线表示打入后变形的结果,这使销与孔壁压紧,不易松脱,能承受振动和变载荷。使用这种销连接时,销孔不需要铰制,且可多次装拆。

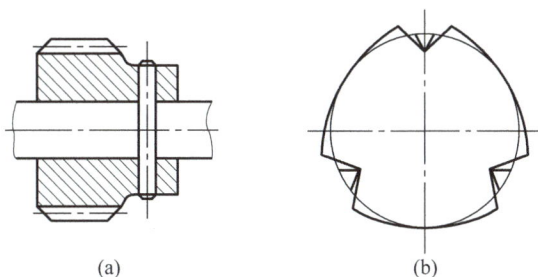

(a)　　　　　　　　(b)

图 8-29　带槽圆柱销

复习思考题

一、填空题

1. 普通螺栓公称直径为螺纹_____径。

2. 常用连接螺纹的旋向为_____旋。

3. 螺纹连接的防松方法有_____和_____两大类。

4. 平键当采用双键连接时,两键相距_____布置。

5. 平键连接中的工作面为_____,楔键连接中的工作面为_____。

二、选择题

1. 一般采用(　　)加工 B 型普通平键的键槽。

　　A. 指状铣刀　　　　　B. 盘形铣刀　　　　　C. 插刀　　　　　　　D. 铰刀

2. 半圆键的主要优点是(　　)。

　　A. 对轴的强度影响较小　　　　　　　　B. 工艺性好,安装方便

　　C. 承受载荷的能力强　　　　　　　　　D. 键槽的应力集中小

3. 用于连接的螺纹,其牙形为(　　)。

　　A. 矩形　　　　　　　B. 三角形　　　　　　C. 锯齿形　　　　　D. 梯形

4. 当两个被连接件不太厚时,宜采用(　　)。

　　A. 双头螺柱连接　　　　　　　　　　　B. 螺栓连接

　　C. 螺钉连接　　　　　　　　　　　　　D. 紧定螺钉连接

5. 螺纹连接防松的根本问题在于(　　)。

　　A. 增加螺纹连接的轴向力　　　　　　　B. 增加螺纹连接的横向力

　　C. 防止螺纹副的相对转动　　　　　　　D. 增加螺纹连接的刚度

三、简答题

1. 螺纹连接的基本类型有哪些?各有哪些特点?适应于什么场合?

2. 螺纹连接预紧的作用是什么?为什么对重要连接要控制预紧力?

3. 试指出图 8-30 中的错误结构,并画出正确的结构图。

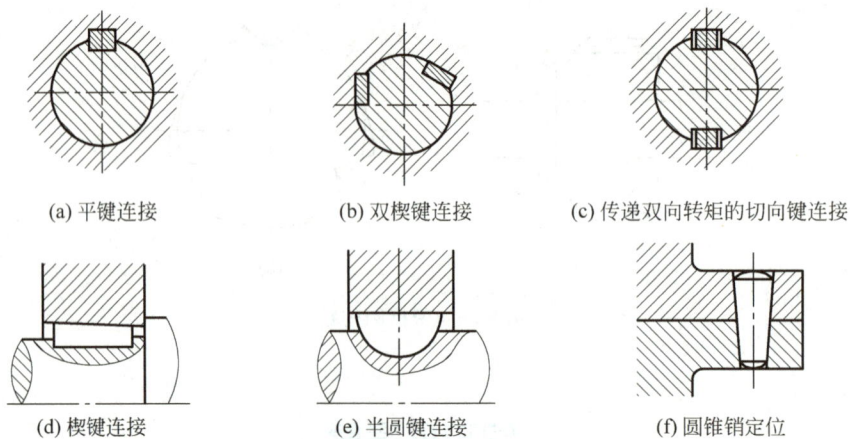

(a) 平键连接　　　　(b) 双楔键连接　　　　(c) 传递双向转矩的切向键连接

(d) 楔键连接　　　　(e) 半圆键连接　　　　(f) 圆锥销定位

图 8-30　题 3 图

轴 系

学习目标

(1) 知道轴的分类。
(2) 掌握轴在汽车上的运用。
(3) 知道轴的结构要求。

9.1 轴

采用前置后驱或四轮驱动的车辆,发动机一般放在车的前面,发动机的动力通过离合器、变速箱,最后由传动轴传递给后桥驱动器,驱动汽车行驶,如图 9-1 所示。

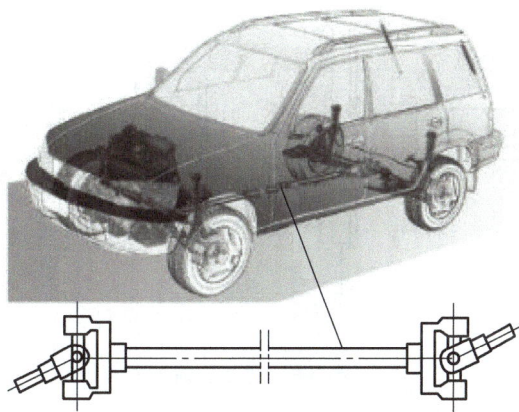

图 9-1 传动轴在汽车中的位置

9.1.1　轴的功用

轴在机械传动中是非常重要的支撑零件,主要用来支撑旋转的机械零件如齿轮、带轮、链轮、离合器等,并传递运动和动力。轴工作状况的好坏直接影响机器的质量。轴类零件在汽车上的应用非常广泛,例如汽车变速箱、汽车传动轴、发动机曲轴等,如图 9-1 和图 9-2 所示。

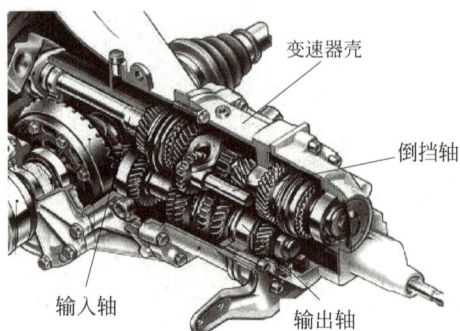

图 9-2　桑塔纳 2000 轿车两轴式变速器

9.1.2　轴的分类

因为轴的应用非常广泛,为了满足不同的应用要求,轴的受力形式、轴线和外部形状也各不相同。可以按不同的方法,把轴分为不同的种类。

1. 按轴受载荷分类

1)心轴

心轴只承受弯矩(支撑转动零件)而不传递转矩,当心轴随轴上回转零件一起转动时称为转动心轴,如火车轮轴(见图 9-3);而固定不动的心轴称为固定心轴,如自行车的前轮轴(见图 9-4)。

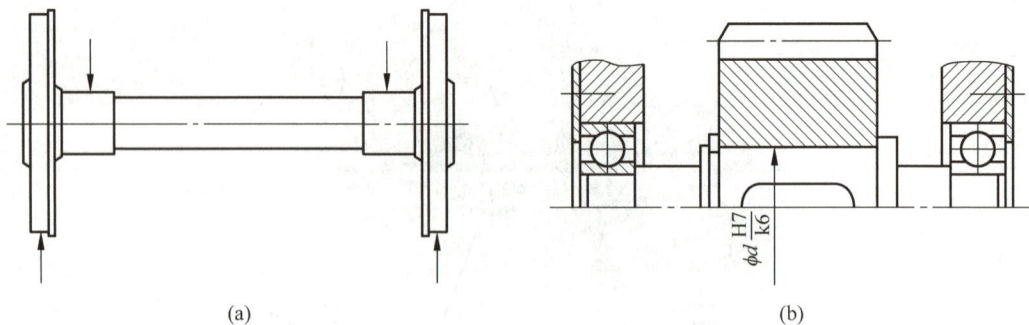

(a)　　　　　　　　　　　　　　(b)

图 9-3　转动心轴

2)传动轴

传动轴是主要传递转矩,不承受或承受很小的弯矩的轴,如汽车中的主传动轴、转向

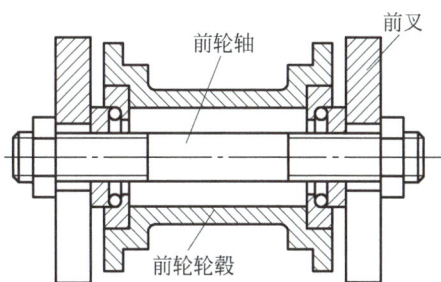

图 9-4 固定心轴

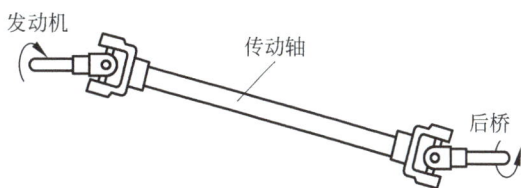

图 9-5 汽车传动轴

轴等(见图 9-5)。

3) 转轴

转轴工作时既承受弯矩(支撑转动零件)又承受转矩(传递动力),如汽车变速箱的转轴(见图 9-6)。

2. 按轴线形状分类

按轴线的形状不同,可以把轴分为直轴(见图 9-7)、曲轴(见图 9-8)和挠性钢丝软轴(见图 9-9)。其中直轴的应用最为广泛。曲轴是往复式机械中的专用零件,用于内燃机、曲柄压力机等机械中。钢丝软轴由于轴线可任意弯曲,可以方便地把旋转运动和扭矩传到任意位置。软轴可以自由弯曲,两轴线几乎可以处于任意位置。

图 9-6 汽车变速箱的转轴

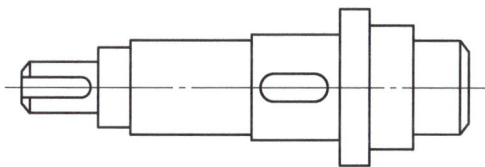

图 9-7 直轴

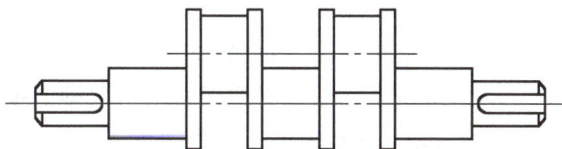

图 9-8 曲轴

3. 按外形分类

按外形不同,可以把直轴分为光轴(见图 9-10)和阶梯轴。为了实现轴和轴上零件的标准化、系列化,在农业机械和纺织机械中有时采用直径不变的光轴。在一般机械中,为了满足轴上旋转零件的安装、定位和强度等要求,轴的外形经常加工成阶梯状,这也是在机器中应用最为广泛的一类轴。

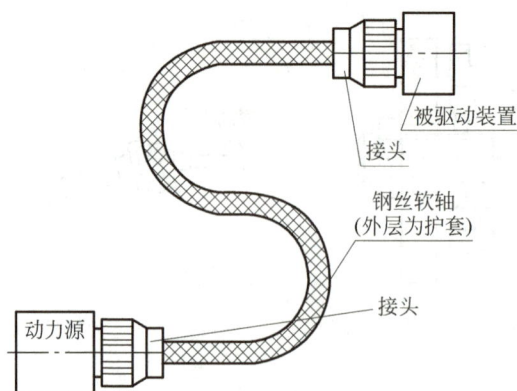

图 9-9　挠性钢丝软轴

图 9-10　光轴

另外,轴还可以按结构不同,分为实心轴(见图 9-10)和空心轴(见图 9-11)。一般的轴都制成实心的。空心轴主要是为了某些特殊要求,如从空心处输送润滑油、冷却液,安装其他零件和通过待加工棒料等。同时空心轴也可以在保证强度的要求下,减轻轴的重量,节约材料,提高轴的刚度。

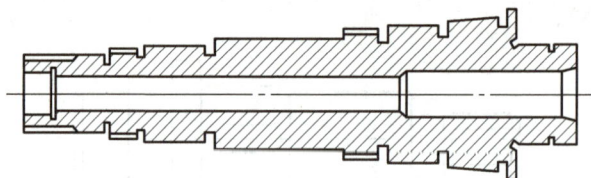

图 9-11　空心轴

9.1.3　轴的材料

针对轴的主要失效形式和结构要求,轴的材料应具有较高的疲劳强度、较低的应力集中敏感性和良好的加工工艺性等特点。设计时主要是根据对轴的强度、刚度、耐磨性、耐腐蚀性等方面的要求,以及为实现这些要求而采用的热处理方式,同时考虑制造工艺、经济性等因素来合理选用材料。

轴的材料品种很多,常用材料为碳素钢和合金钢。

1. 碳素钢

碳素钢价格低廉,其强度、韧性等综合机械性能较好,故应用较广。

(1) 对于轻载或不重要的轴,可采用 Q235、Q275 等普通碳素钢。轴不进行热处理。

(2) 对于中载和一般要求的轴,可采用 35、40、45 和 50 等优质碳素钢,其中以 45 钢应用最广。常经正火或调质处理,以改善材料的综合机械性能。

2. 合金钢

合金钢具有较高的机械强度和优良的淬火性能,但价格较贵,故多用于要求强度高、尺寸小、重量轻、提高轴颈耐磨性以及非常温条件下工作或有其他特殊要求的轴。

(1)对于要求高强度、重载而无很大冲击的轴,可采用 40Cr、40MnB、35SiMn、40CrNi 等合金钢。轴进行调质处理。

(2)对于要求强度、韧性及耐磨性均较好的轴,可采用 20Gr、20CrMnTi 等低碳合金钢,进行渗碳、淬火及低温回火处理。表 9-1 列出了轴的常用材料及其主要力学性能和应用,供设计时参考选用。

表 9-1 轴的常用材料及其主要力学性能和应用

材　料	热处理	毛坯直径/mm	硬度/HBS	强度极限 σ_b	屈服极限 σ_s	弯曲疲劳极限 σ_{-1}	剪切疲劳极限 τ_{-1}	应用范围
				/MPa				
Q235				440	235	200	105	用于不重要或载荷不大的轴
35	正火	≤100	143～187	520	270	250	125	有好的塑性和适当的强度,可用于一般的轴
	正火回火	>100～300		500	250	240	120	
	调质	≤100	163～207	560	300	265	135	
45	正火回火	≤100	170～217	600	300	275	140	用于较重要的轴,应用最为广泛
		>100～300	162～217	580	290	270	135	
	调质	≤200	217～255	650	360	300	155	
40Cr	调质	≤100	241～286	750	550	350	200	用于载荷较大而无很大冲击的重要轴
		>100～300	241～266	700		340	195	
40MnB	调质	≤200	241～286	750	500	335	195	性能接近 40Cr,可作其代用品
35SiMn 42SiMn	调质	≤100	229～286	800	520	400	205	
		>100～300	217～269	750	450	350	185	
35CrMo	调质	≤100	207～269	750	550	390	200	用于重载荷的轴
20Cr	渗碳＋淬火＋回火	≤60	表面 50～60HRC	650	400	280	160	用于强度、韧性及耐磨性较高的轴
QT450-10			160～210	450	310	160	140	多用于铸造形状复杂的曲轴、凸轮轴等
QT600-3			190～270	600	370	215	185	

9.1.4 轴的结构

1. 轴结构的主要要求

轴的结构设计就是根据轴的工作条件和受载情况来确定轴的结构形状和尺寸,使其满足下列主要要求。

(1) 轴及轴上零件具有确定的位置且固定可靠。

(2) 轴的尺寸必须符合有关的尺寸标准系列。

(3) 轴的结构形状和尺寸应有利于提高其强度和刚度,使轴的受力合理,尽量避免或减小应力集中。

(4) 应具有良好的加工和装配工艺性。

总的来说,就是在满足工作能力的前提下,应尽量使轴的尺寸小,重量轻,工艺性好。轴与轴承配合的部分称为轴颈,轴与传动零件轮毂配合的部分称为轴头,连接轴颈和轴头的部分称为轴身。

2. 轴上零件的定位和固定

轴上零件在轴向及周向两个方向需要定位和固定。轴上零件的定位,就是指轴和轴上零件要有准确的工作位置。而固定则是零件在轴上必须有牢靠的轴向和周向固定,以防止受力时发生位置的变化,而丧失传递运动和转矩的功能。从结构作用上,往往同一个结构,既起定位作用,又起固定作用。

1) 轴上零件的轴向定位和固定

轴上零件的轴向定位和固定可采用轴肩、轴环、套筒、圆螺母、轴端挡圈、弹性挡圈、挡环与紧定螺钉、销连接等方式,其结构形式、特点和应用见表9-2。

2) 轴上零件的周向定位和固定

轴上零件的周向定位和固定可采用键连接、花键连接、销连接、过盈配合连接、型面连接等方式,其结构形式、特点和应用见表9-3。

表 9-2　轴上零件的轴向定位和固定方式

序号	定位和固定方式	结 构 简 图	特点和应用
1	轴肩、轴环		结构简单,工作可靠,可承受较大载荷。为了保证工作可靠,轴上圆角半径 r 应小于零件毂孔的圆角半径 R 或倒角高度 C,即 $r<R$ 或 $r<C$;同时在定位时还需保证轴肩高度 $a>R$(或 C)。一般 $a=0.07d+3mm$,$b=(1\sim1.5)a$
2	套筒		当轴上两零件间隔距离不大时,可用套筒作轴向定位和固定零件,其结构简单,定位可靠,应注意装零件的轴段长度要比轮毂的宽度短 $2\sim3mm$,保证套筒靠紧零件端面,但不宜用于转速较高的轴

续表

序号	定位和固定方式	结 构 简 图	特点和应用
3	圆螺母	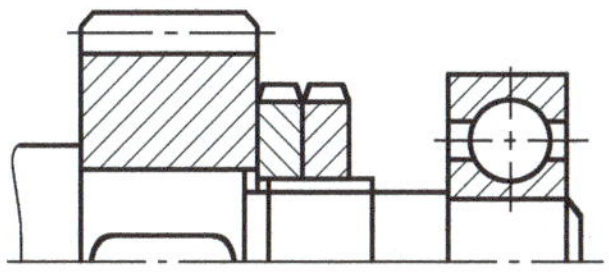	固定可靠,可承受较大的轴向力,用于固定轴中部的零件时,可避免采用长套筒,以减轻重量。但轴上要攻螺纹和切制退刀槽。应力集中较大,一般用于轴端零件的固定,螺纹采用细牙螺纹
4	轴端挡圈	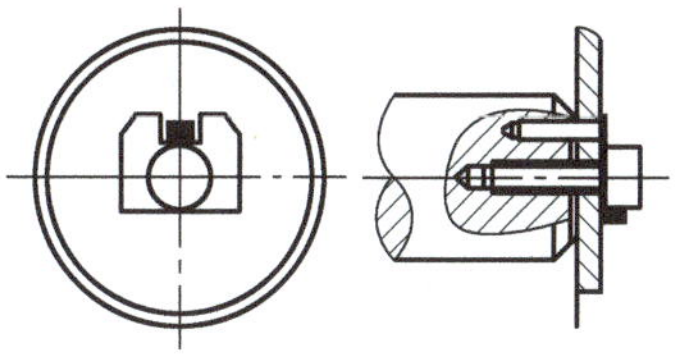	用于轴端零件的固定,可承受较大的轴向力,应注意装零件的轴段长度要比轮载的宽度短 $2\sim3$ mm,保证轴端挡圈能压紧零件端面
5	弹性挡圈	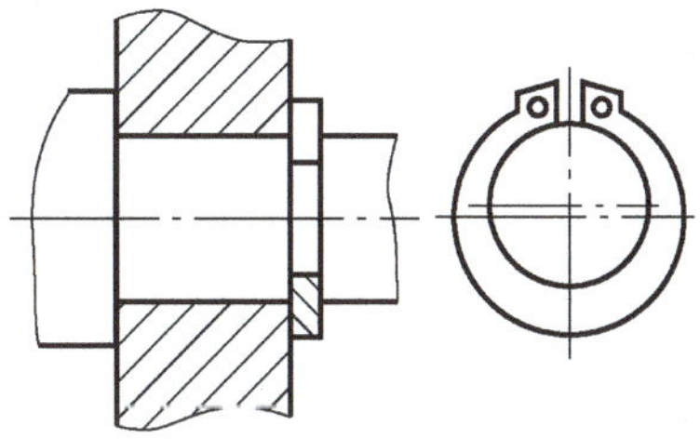	结构简单、紧凑,装拆方便,但只能承受较小的轴向力,且可靠性较差,对轴的强度削弱较大
6	挡环与紧定螺钉	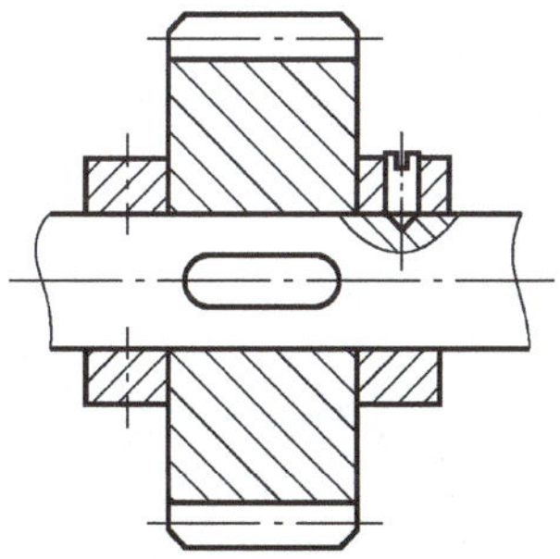	用紧定螺钉把挡环与轴固定,结构简单,定位方便,但只能用于承受较小的轴向力,且转速较低的场合
7	销连接	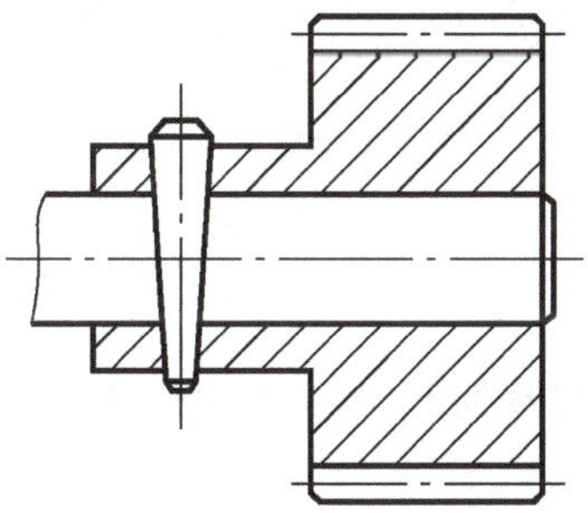	结构简单,可同时起周向固定作用,但轴上的应力集中较大,对轴的强度削弱较大

表 9-3　轴上零件的周向定位和固定方式

序号	定位和固定方式	简　图	特点和应用
1	键连接	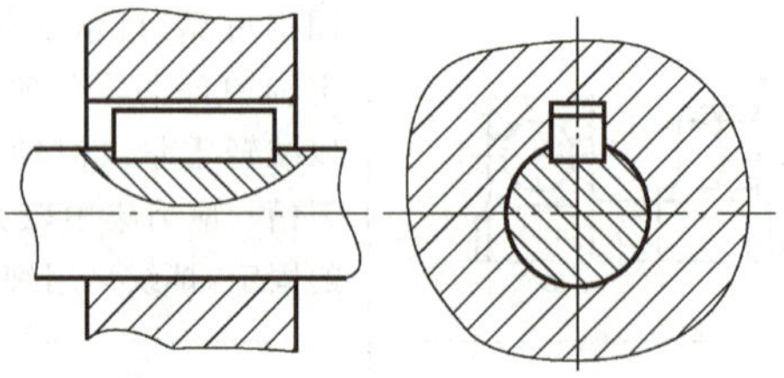	详见单元 8 中键连接和花键连接
2	花键连接	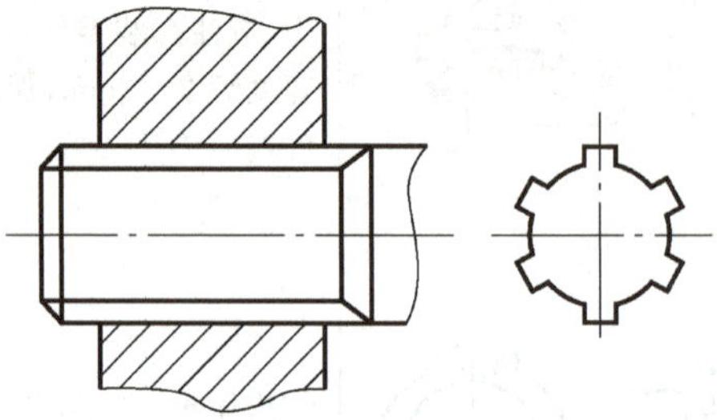	详见单元 8 中键连接和花键连接
3	过盈配合连接	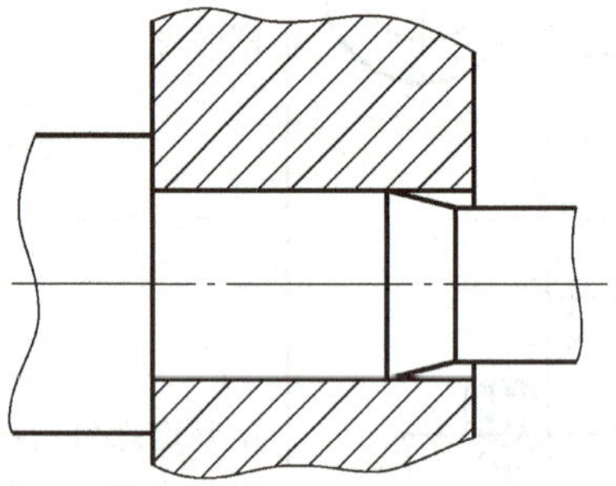	利用轴和零件轮毂孔之间的配合过盈量来连接,能同时实现周向和轴向固定,结构简单,对中性好,对轴削弱小,装拆不便
4	无键连接(型面连接)	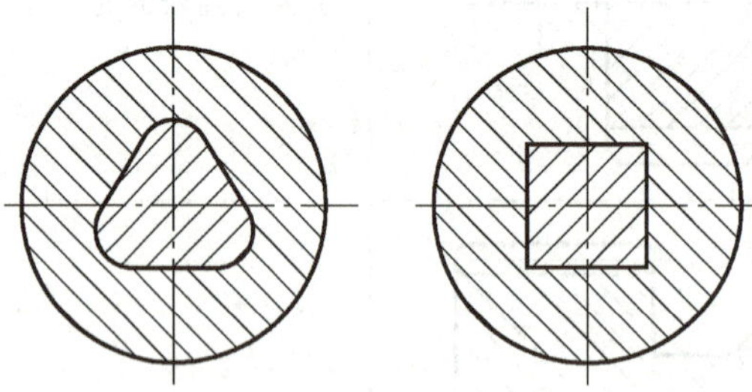	对中性好,工作可靠,承载能力较强,但加工困难

3) 轴的结构工艺性

(1) 为保证零件能顺利装拆,常将轴做成阶梯形。阶梯轴的直径从轴端到中间逐段增大,以便零件能依次安装到轴上。

(2) 为了便于零件安装及防止锐边划伤手或碰伤其他零件,轴端应有 45° 倒角。

(3) 轴上需要车削螺纹的部分,应设置螺纹退刀槽(见图 9-12)。轴上需要磨削的轴

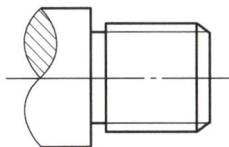

图 9-12　螺纹退刀槽

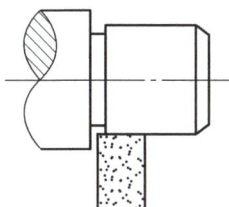

图 9-13　砂轮越程槽

段可设置砂轮越程槽(见图 9-13)以方便磨削。

(4) 轴上多个轴段有键槽时,槽宽要尽可能统一,并置于同一加工直线上(见图 9-14)。

(5) 为便于加工,各轴段过渡圆角半径应尽可能取相同数值;所有退刀槽取相同宽度。

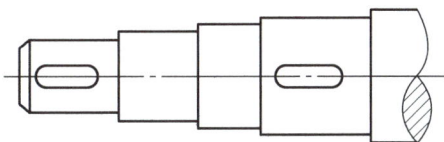

图 9-14　键槽在同一加工直线上

4) 改善轴的受力状况,减小应力集中

(1) 避免或减小应力集中。对于承受变应力的轴来说,应力集中往往是使轴发生疲劳破坏的根源。为了提高轴的疲劳强度,就应从结构设计、加工工艺等方面采取措施,尽量减小应力集中,对合金钢轴尤其重要。这里仅讨论从结构设计方面避免或减小应力集中的问题。

① 要尽量避免在轴上开横孔、凹槽和加工螺纹,这些结构会产生较大的应力集中。当必须开横孔时,应在孔边倒角。

② 在轴的截面和尺寸发生突变处都会造成应力集中,变化越大,应力集中越大,所以对阶梯轴来说,相邻两段轴径的变化不宜过大,而且应尽量增大过渡处的圆角半径。对于有定位要求的轴肩,由于轴上零件的端面应与轴肩定位面靠紧,过渡圆角半径要受到限制,这时可采用凹切圆槽或过渡定位套(见图 9-15)等结构。

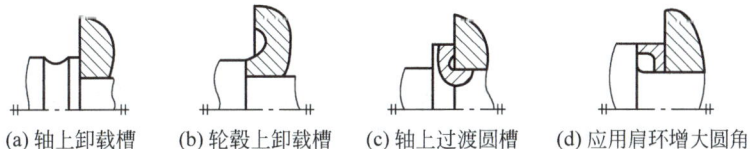

(a) 轴上卸载槽　(b) 轮毂上卸载槽　(c) 轴上过渡圆槽　(d) 应用肩环增大圆角

图 9-15　减少应力集中的措施

此外,提高轴的表面质量,降低轴的表面粗糙度,对轴的表面采用辗压、喷丸、渗碳淬火等强化处理,均可提高轴的疲劳强度。

(2) 改善轴的受力情况。在结构设计时,可以采用改变轴的受力情况和零件在轴上的位置等措施,来提高轴的强度。例如,当轴所传递的动力需由两个轮输出时,其布置如图 9-16(a)所示,则轴传递的最大转矩等于输入转矩,即 $T_1 + T_2$;若将输入轮布置在中间,如图 9-16(b)所示,则轴传递的最大转矩将减小为 T_1 或 T_2;又如图 9-17 所示的起重机卷筒结构,若将大齿轮和卷筒装配在一起,如图 9-17(b)所示,转矩经大齿轮直接传给卷筒,则使卷筒轴只受弯矩,不受转矩,减小了该轴所受的载荷。

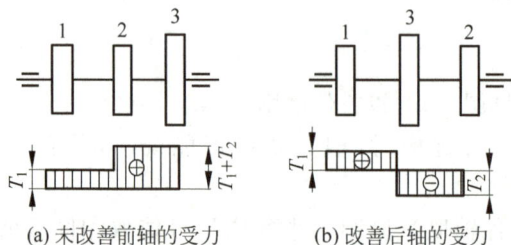

(a) 未改善前轴的受力   (b) 改善后轴的受力

图 9-16   轴上零件的合理布置

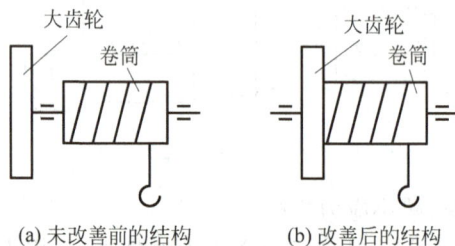

(a) 未改善前的结构   (b) 改善后的结构

图 9-17   起重机卷筒结构

9.2   轴   承

9.2.1   概述

1. 轴承的功用

轴工作时大多要做旋转运动。轴承是用来支撑轴及轴上回转零件,使轴能实现旋转运动的部件。

2. 轴承的分类

按承受载荷的方向,轴承可分为承受径向载荷的向心轴承、承受轴向载荷的推力轴承和既受径向载荷又受轴向载荷的向心推力轴承。

按工作时的摩擦性质,轴承可分为滑动摩擦轴承(简称滑动轴承)和滚动摩擦轴承(简称滚动轴承)两大类。滚动轴承是标准零件,有专门工厂生产供应,其摩擦阻力小、效率高,但径向尺寸大,抗冲击能力弱。一般的滑动轴承也有标准,因此,使用者要了解它们的结构、类型、特点等。

9.2.2 滑动轴承

1. 概述

1）滑动轴承的摩擦润滑状态

为了减轻轴瓦与轴颈表面之间的摩擦，降低表面磨损，以保持机器的工作精度，必须在滑动轴承内加入润滑剂，对滑动表面进行润滑。一般来说，滑动轴承的润滑可以有两种不同的状态：非液体摩擦状态和液体摩擦状态。非液体摩擦状态如图9-18(a)所示，在轴颈1和轴瓦2的表面之间形成一层极薄的不完全的油膜，它使轴颈和轴瓦表面有一部分隔开，但还有一部分直接接触。这时，滑动面的摩擦大为减轻，一般滑动轴承中的摩擦都处于这种状态。液体摩擦状态如图9-18(b)所示，在轴颈1和轴瓦2的表面之间形成一层较厚的油膜，将滑动表面完全隔开。这是一种理想的润滑状态，它使滑动表面之间的摩擦和磨损降到很小的程度。

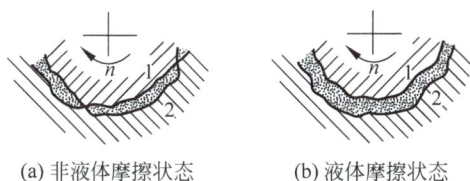

(a) 非液体摩擦状态   (b) 液体摩擦状态

图 9-18 滑动轴承的润滑状态

2）滑动轴承的类型

滑动轴承根据承受载荷方向，分为向心滑动轴承（承受径向载荷）和推力滑动轴承（承受轴向载荷）；根据轴组件及轴承拆装的需要，滑动轴承可分为整体式和剖分式两类；根据轴颈与轴瓦间的摩擦状态，滑动轴承可分为液体摩擦滑动轴承和非液体摩擦滑动轴承两类。

3）滑动轴承的特点

滑动轴承与滚动轴承相比具有一些独特的优点，其接触面积大，承载能力高；影响精度的零件数目少，可获得很高的旋转精度；润滑油膜可起到缓冲、减振的作用，因而工作平稳、噪声小；结构简单，径向尺寸小；还可做成剖分式，便于安装和间隙调整，并可用于有中间轴颈的场合；当处于液体润滑状态下，其摩擦系数很小，效率高，寿命长；并能在特殊工作条件下工作，如在水下、腐蚀介质或无润滑等条件下工作。但起动时摩擦阻力较大（对静压滑动轴承不存在）。

2. 滑动轴承的结构与材料

1）向心滑动轴承

（1）整体式滑动轴承。整体式滑动轴承主要由轴承座和轴套组成，如图9-19所示。轴承座顶部开有油孔，轴承座用螺栓与机架连接。这种轴承的结构简单，成本低，但磨损后轴承的径向间隙无法调整，而且装拆时需进行轴向移动，装拆不方便，且无法用于中间轴颈的场合。此种轴承一般用于低速、轻载和进行间歇工作的场合。

（2）剖分式滑动轴承。剖分式滑动轴承是由轴承座、轴承盖、剖分式轴瓦和双头螺柱等组成,如图 9-20 所示。在剖分面上设有阶梯形的定位止口,来确定轴承座和轴承盖的相对位置。在剖分面间有垫片,以便在磨损后调整轴承的径向间隙。由于剖分式滑动轴承装拆时不需要轴向移动,故装拆方便,应用广泛。

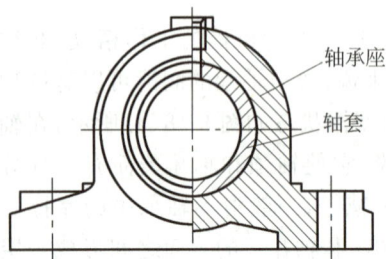

图 9-19　整体式滑动轴承

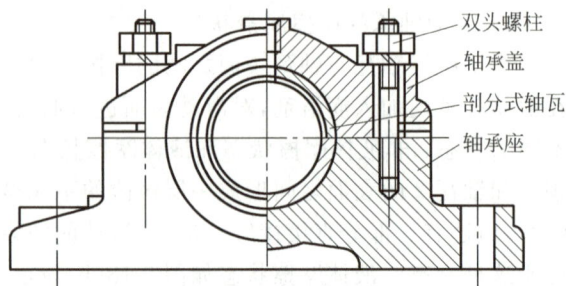

图 9-20　剖分式滑动轴承

（3）调心式滑动轴承。调心式滑动轴承如图 9-21 所示,主要是轴瓦外表面和轴承座孔的内表面均做成球面形状相配合,其轴瓦可绕球心自动调整位置,以适应轴颈在轴弯曲时产生的偏斜,从而避免轴颈与轴瓦的局部磨损。

2）推力滑动轴承

用来承受轴向载荷的滑动轴承称为推力滑动轴承。常见的推力滑动轴承的结构形式如图 9-22 所示。实心式滑动轴承的结构最简单,但由于轴颈在转动时轴心与边缘的速度不同,所以使磨损不均匀,从而使轴心部分的压强很大,对润滑极为不利,因此一般不采用。为了减小轴颈速度的差值,使磨损趋于均匀,一般应把轴端制成环状,变成空心式滑动轴承,如图 9-22(a)所示。又由于空心式滑动轴承

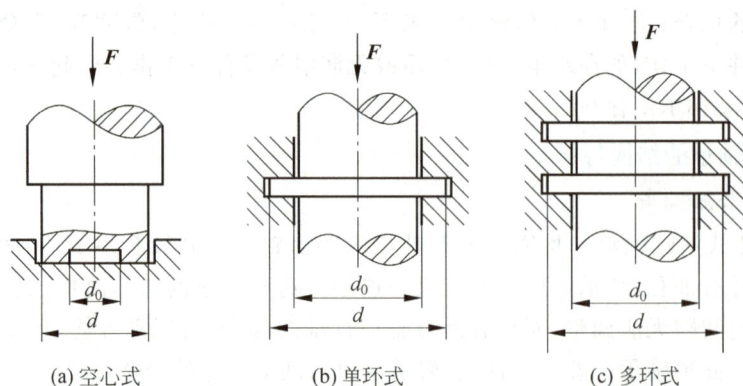

图 9-21　调心式滑动轴承

的承载面积减小,使承载能力降低,为了满足承载能力的要求,可改用单环式,如图 9-22(b)所示。或多环式,如图 9-22(c)所示。多环式滑动轴承不仅承载能力大,还可承受双向的轴向载荷。

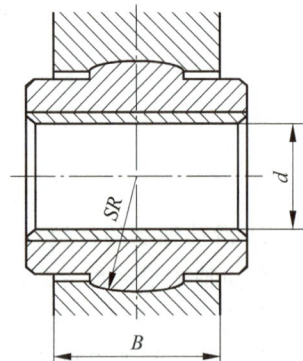

(a) 空心式　　　　(b) 单环式　　　　(c) 多环式

图 9-22　推力滑动轴承

3) 轴瓦和轴承衬

轴瓦是轴承与轴颈直接接触的零件,它的结构是否合理对轴承的性能影响很大。其结构分为整体式(见图9-23)和剖分式(见图9-24)两种。整体式轴瓦也称为轴套。

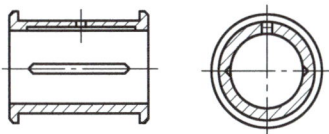

图9-23 整体式轴瓦

图9-24 剖分式轴瓦

为了提高轴承材料的强度和降低成本,往往在轴瓦的内表面附着上一层或两层很薄的轴承衬,而做成双金属或三金属轴瓦。为了使轴承衬能与轴瓦很好地结合,常在轴瓦内表面上制出各种形状的凸起、凹沟或螺纹(见图9-25)。

为了防止轴瓦与轴承座发生相对运动,在轴瓦两端做出凸缘作轴向定位,或在轴瓦的剖分面处制出定位唇(又称凸耳)进行定位。

为了对轴承进行良好的润滑,在轴瓦上还制出了油孔和油沟。油孔是从轴承外部向轴承内输送润滑油的通道;而油沟则是在轴承内对润滑油进行分布的,有轴向和周向两种。为了使摩擦表面得到良好的润滑,轴向油沟应有足够的长度,通常可取轴瓦长度的80%,但不能开通,对于油孔和油沟均应开设在非承载区域,否则会降低油膜的承载能力。常见的油沟的形式如图9-26所示。

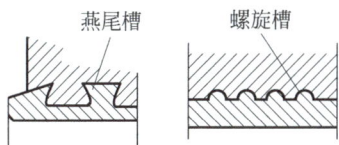

燕尾槽   螺旋槽

图9-25 轴瓦与轴承衬的结合形状

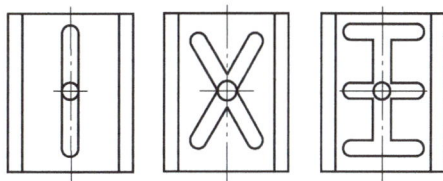

图9-26 油沟的形式

9.2.3 滚动轴承

1. 滚动轴承的构造

滚动轴承是机器中的重要零件,用来支撑轴或其他转动零件。它的优点是摩擦阻力小、起动轻快、效率高和不易磨损等。

典型的滚动轴承的基本结构如图9-27所示,由内圈、外圈、滚动体和保持架四个部分组成。内圈用来与轴颈装配,外圈一般与轴承座装配。当内外圈相对转动时,滚动体在内外圈的滚道内滚动。常用的滚动体形状有球、球面滚子、圆锥滚子、圆柱滚子、滚针(见图9-28)等。保持架的作用是将滚动体均匀地隔开,避免相邻滚动体接触产生磨损。滚动轴承已标准化,由轴承工厂大量生产。

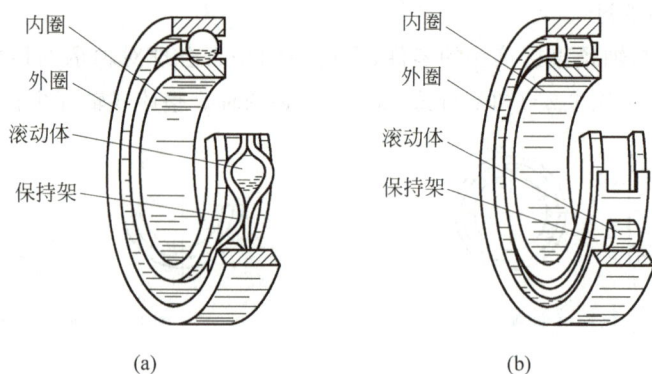

图 9-27　滚动轴承的基本结构

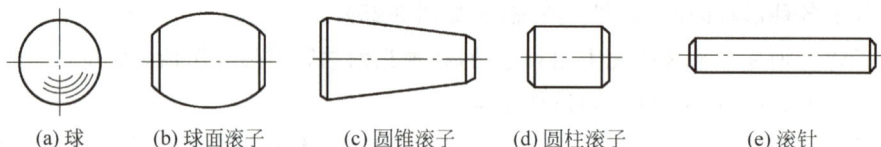

内圈
外圈
滚动体
保持架

内圈
外圈
滚动体
保持架

(a)　　　　　　　　　　　(b)

(a) 球　　(b) 球面滚子　　(c) 圆锥滚子　　(d) 圆柱滚子　　(e) 滚针

图 9-28　滚动体的种类

2. 滚动轴承的主要类型

　　滚动体与滚道接触处的法线和垂直于轴承轴线平面之间的夹角称为公称接触角 α。公称接触角越大,轴承承受轴向载荷的能力越强。滚动轴承的公称接触角见表 9-4。根据轴承能承受的外载荷和公称接触角 α 的不同,可分为向心轴承、推力轴承和向心推力轴承三大类,图 9-29 是它们的承载情况示意图。

表 9-4　滚动轴承的公称接触角

轴承类型	向 心 轴 承		推 力 轴 承	
	径向接触轴承	向心角接触轴承	推力角接触轴承	轴向接触轴承
公称接触角	$\alpha=0$	$0<\alpha\leqslant45°$	$45°<\alpha<90°$	$\alpha=90°$
图例				

　　主要用来承受径向载荷的轴承称为向心轴承,有的向心轴承也能承受少量的轴向载荷,如深沟球轴承;仅用来承受轴向载荷的轴承称为推力轴承;用来承受径向载荷和轴向载荷的组合载荷的轴承称为向心推力轴承。

　　常用的标准滚动轴承的名称、类型代号及性能特点见表 9-5。

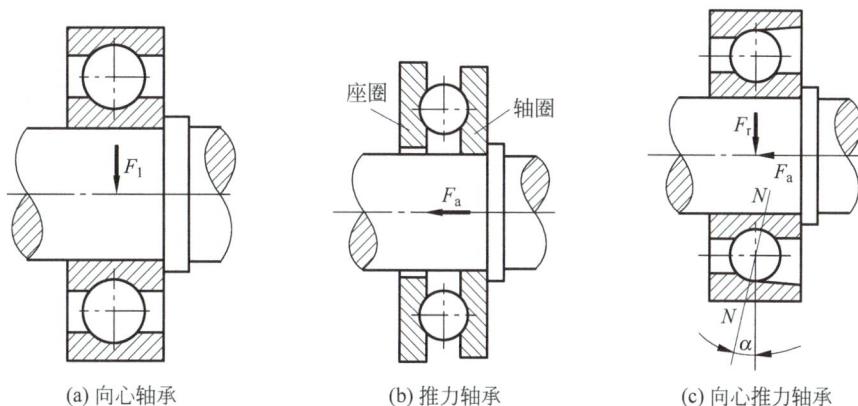

(a) 向心轴承　　　　　　　　(b) 推力轴承　　　　　　　(c) 向心推力轴承

图 9-29　不同类型轴承的承载情况

表 9-5　常用的标准滚动轴承的名称、类型代号及性能特点

轴承名称	简　图	类型代号	基本额定动载荷比	极限转速比	轴向承载能力	性能和特点
调心球轴承		10000	0.6～0.9	中	少量	主要承受径向载荷，也可同时承受少量的双向轴向载荷。外圈滚道为球面，具有自动调心性能，适用于弯曲刚度小的轴
调心滚子轴承		20000	1.8～4	低	少量	用于承受径向载荷，其承载能力比调心球轴承大，也能承受少量的双向轴向载荷。具有调心性能，适用于弯曲刚度小的轴
圆锥滚子轴承		30000 $\alpha=10°\sim18°$	1.5～2.5	中	较大	能承受径向载荷和轴向载荷。内外圈可分离，故轴承游隙可在安装时调整，通常成对使用，对称安装
		30000B $\alpha=27°\sim30°$	1.1～2.1	中	很大	
双列深沟球轴承		40000	1.6～2.2	中	少量	主要承受径向载荷，也能承受一定的双向轴向载荷。它比深沟球轴承具有更大的承载能力

续表

轴承名称	简　图		类型代号	基本额定动载荷比	极限转速比	轴向承载能力	性能和特点
推力球轴承	单向 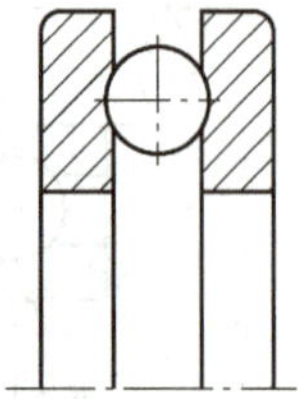		51000	1	低	单向轴向载荷	主要承受单向轴向载荷,适用于轴向力大而转速较低的场合
	双向 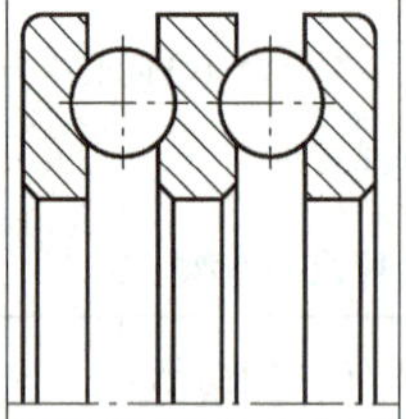		52000	1	低	双向轴向载荷	可承受双向轴向载荷,常用于轴向载荷大、转速不高处
深沟球轴承			60000	1	高	少量	主要承受径向载荷,也可同时承受少量双向轴向载荷。摩擦阻力小,极限转速高,结构简单,价格便宜,应用最广泛
角接触球轴承			70000C $\alpha=15°$	1.0～1.4	高	一般	能同时承受径向载荷与轴向载荷,接触角有 15°、25°、40°三种。适用于转速较高、同时承受径向和轴向载荷的场合
			70000AC $\alpha=25°$	1.0～1.3		较大	
			70000B $\alpha=40°$	1.0～1.2		更大	
推力圆柱滚子轴承			80000	1.7～1.9	低	大	只能承受单向轴向载荷,承载能力比推力球轴承大得多,不允许轴线偏移。适用于轴向载荷大而不需调心的场合
圆柱滚子轴承(外圈无挡边)			N0000	1.5～3	高	无	只能承受径向载荷,不能承受轴向载荷。承受载荷能力比同尺寸的球轴承大,尤其是承受冲击载荷能力大

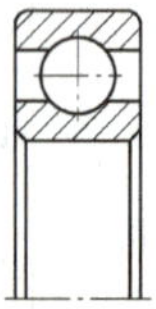

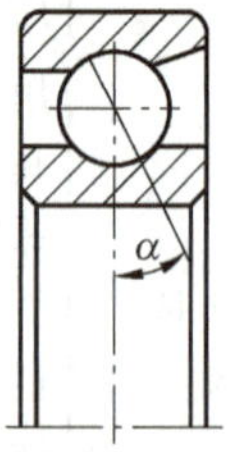

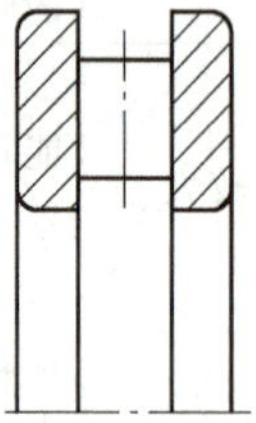

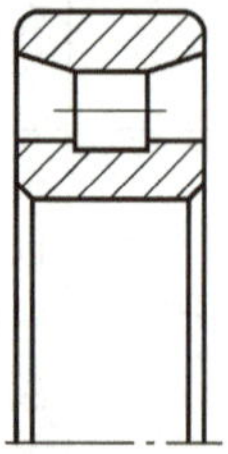

续表

轴承名称	简 图	类型代号	基本额定动载荷比	极限转速比	轴向承载能力	性能和特点
滚针轴承		NA0000		低	无	这类轴承一般不带保持架,摩擦系数大。内外圈可分离。适用于径向载荷大。径向尺寸受限制的场合

在表 9-5 中,基本额定动载荷比:指同一尺寸系列(直径及宽度)各种类型和结构形式的轴承的基本额定动载荷与单列深沟球轴承(推力轴承则与单向推力球轴承)的基本额定动载荷之比。极限转速比:指同一尺寸系列 0 级公差的各类轴承脂润滑时的极限转速与单列深沟球轴承脂润滑时极限转速之比。高、中、低的意义为:高为单列深沟球轴承极限转速的 90%～100%;中为单列深沟球轴承极限转速的 60%～90%;低为深沟球轴承极限转速的 60% 以下。

3. 滚动轴承的代号

滚动轴承类型很多,每种类型又有不同的结构、尺寸、公差等级,为便于组织生产和选用,国家标准《滚动轴承　代号方法》(GB/T 272—1993)规定了滚动轴承代号的表示方法,滚动轴承代号的构成见表 9-6。

表 9-6　滚动轴承代号的构成

前置代号	基 本 代 号			后 置 代 号							
轴承分部件代号	类型代号	尺寸系列代号		内径代号	内部结构代号	密封与防尘结构代号	保持架及其材料代号	特殊轴承材料代号	公差等级代号	游隙代号	多轴承配置代号	其他代号
		宽度系列代号	直径系列代号									
字母	×	×	×	××	字母、数字组合							

1) 基本代号

基本代号是表示轴承的类型和尺寸,是轴承代号的核心,从右向左占五位,分别表示内径、尺寸系列和类型。

(1) 内径代号。内径代号用基本代号右起第 1、2 位数字表示。在 $20\text{mm} \leqslant d < 500\text{mm}$ 范围内,两位数值乘 5 等于轴承内径 d。不在此范围内或特殊轴承内径的表示方法可查阅国家标准《滚动轴承　代号方法》(GB/T 272—1993)。

(2) 尺寸系列代号。尺寸系列代号由直径系列代号和宽度(对推力轴承为高度)系列代号组成。

基本代号右起第 3 位数字表示直径系列代号,指内径相同的轴承可取不同的外径、宽度和滚动体。常用直径系列代号是 1、2、3、4,分别表示特轻、轻、中、重直径系列,其尺寸对比如图 9-30(a)所示。基本代号右起第 4 位数字表示宽度系列代号,它表示内径、外径相同的轴承,宽度可以不同(见图 9-30(b))。向心轴承常用宽度系列代号是 0,表示正常宽度系列,其他系列查标准。

宽度系列代号为 0 时,除圆锥滚子轴承外,可以省略不标。

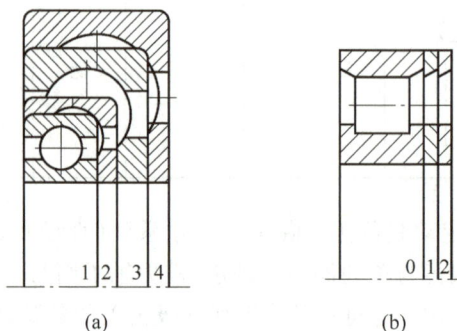

(a)　　　　　　　　　(b)

图 9-30　直径系列和宽度系列

尺寸系列代号反映的是轴承在外径、宽度方面尺寸的变化,对应不同的工作能力。

(3)类型代号。用基本代号右起第 5 位数字或字母表示轴承的类型,常用滚动轴承类型及类型代号见表 9-5。

2)前置代号

前置代号表示成套轴承的分部件,用字母表示。如 L 表示可分离轴承的可分离的内圈或外圈;K 表示滚子和保持架组件等。对成套购买或使用的可分离轴承,如圆锥滚子轴承、圆柱滚子轴承,不用标注前置代号。

3)后置代号

后置代号是轴承在结构、材料、精度等方面有特殊技术要求时才使用,除下面几个常用的后置代号外,一般情况下可部分或全部省略。

(1)内部结构代号。表示同一类型轴承的不同内部结构,用字母表示。如公称接触角为 15°、25° 和 40° 的角接触球轴承,分别用 C、AC 和 B 表示内部结构的不同。例如 7210C、7210AC、7210B;圆锥滚子轴承 B 为接触角加大,如 32310B;E 为加强型(即内部结构设计改进,增大轴承载能力),如 N207E。

(2)公差等级代号。轴承的公差等级分为六级,依次由高级到低级,分别用/p2、/p4、/p5、/p6x、/p6 和 /p0 表示,其中 0 级为普通级,代号/p0 省略。

(3)游隙代号。轴承游隙是指一个套圈固定,另一个套圈的最大活动量。为适应不同的温度变化和轴的挠曲变形等,轴承游隙分 1、2、0、3、4、5 共六个组别,游隙依次由小到大,常用"0 组"游隙,代号中不标出,其余分别用/C1、/C2、/C3、/C4 和 C5 表示。

例 9-1 试说明轴承代号 7311C/p6、6104/C3 的含义。

解:轴承 7311C/p6 中各代号表示:7 表示角接触球轴承;0 表示宽度为正常系列(省略);3 表示直径系列为中系列;11 表示内径 $d = 11 \times 5 = 55 (mm)$;C 表示接触角 $\alpha = 15°$;/p6 表示公差等级 6 级;"0 组"游隙不标出。

轴承 6104/C3 中各代号表示:6 表示深沟球轴承;宽度系列为正常宽度;1 表示直径

系列为特轻系列；04 表示内径 $d=04×5=20(mm)$；无特殊结构；公差等级 0 级，/p0 省略；/C3 表示"3 组"游隙。

4. 滚动轴承类型的选择

国家标准规定了十几种类型的轴承,其目的就是要尽可能地满足各类机械产品对轴承的使用要求。所以,在选择滚动轴承的类型时,首先要了解机械设备的工况,再根据各类轴承的技术特性,进行轴承类型的选择。选择时可参考以下几个方面。

1）轴承的载荷

载荷的大小及其性质、方向是选择轴承类型的主要依据。

在同样的外廓尺寸下,滚子轴承比球轴承承载能力大,适用于载荷大或有冲击的场合。

载荷小时,优先选用球轴承。球轴承的价格一般低于滚子轴承。

当受纯径向载荷时,可选用深沟球轴承（60000 型）或圆柱滚子轴承（N0000 型）。

当受纯轴向载荷时,可选用推力球轴承（50000 型）或推力圆柱滚子轴承（80000 型,结构见国家标准《滚动轴承　代号方法》GB/T 272—1993）。

当支点既有径向载荷又有轴向载荷时,可选用角接触球轴承（70000 型）或圆锥滚子轴承（30000 型）。如轴向载荷较大,可选用大接触角轴承。如轴向载荷超过径向载荷甚多,应采用推力轴承与向心轴承组合,分别承担轴向和径向载荷。

2）轴承的转速

球轴承比滚子轴承具有较高的极限转速,所以转速高时应优先选用球轴承。在高转速的情况下,为减小滚动体离心惯性力的影响,宜选用轻系列、特轻系列轴承。

3）轴承的调心性能

由于两轴承孔的同轴度误差或轴受载后的变形等,都会使轴承的内、外圈轴线发生偏斜,如图 9-31 所示,这时就要求轴承有一定的调心性能。在此情况下,调心球轴承或调心滚子轴承即是优选的类型。

4）轴承的安装和拆卸

对整体式箱体或套杯,轴承孔没有剖分面,必须沿轴向装拆轴系部件,此时,选用内、外圈可分离的圆锥滚子轴承、圆柱滚子轴承,会给装配带来很大的方便。图 9-32 所示为内、外圈不可分离轴承（下）与可分离轴承（上）装配时的比较。

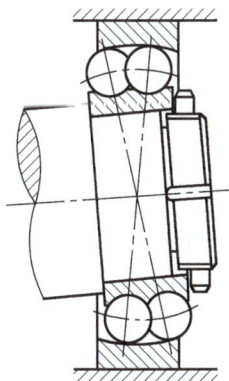

图 9-31　内外圈轴线的偏斜

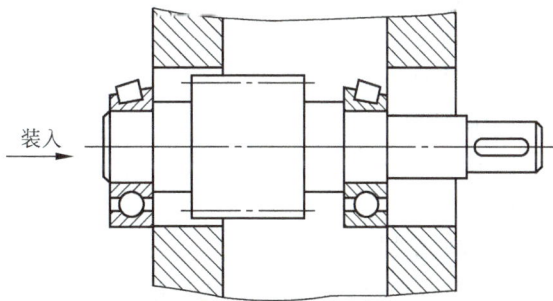

图 9-32　装配的方便性比较

9.3　联轴器和离合器

联轴器与离合器都是用来连接两轴、传递运动和转矩的连接。二者区别在于联轴器连接的两轴只有停车后经拆卸才能分离,而离合器连接的两轴可在机器工作中方便地实现分离与接合。

9.3.1　联轴器

1. 联轴器的类型和特点

联轴器根据其工作原理不同可分为机械式联轴器、液力联轴器和电磁式联轴器。其中以机械式联轴器最为常用。机械式联轴器主要包括刚性联轴器和弹性联轴器两大类。

刚性联轴器是由刚性构件组成,按是否可以补偿两轴的相对偏移,又可分为固定式和可移式。可移式刚性联轴器可以通过自身的结构来保证允许一定的两轴相对位移,而固定式刚性联轴器则无法补偿两轴的相对偏移。

弹性联轴器包含弹性元件,可以靠弹性元件的变形来补偿两轴相对位移,并且具有缓冲吸振的作用。

两轴的相对位移通常是由于制造及安装误差或承载后的变形及温度变化的影响等因素所引起的两轴相对位置发生变化,致使不能保证严格的对中。如图 9-33 所示,两轴线之间的相对位移包括轴向位移 x、径向位移 y、角位移 α 及由这些位移组合的综合位移。

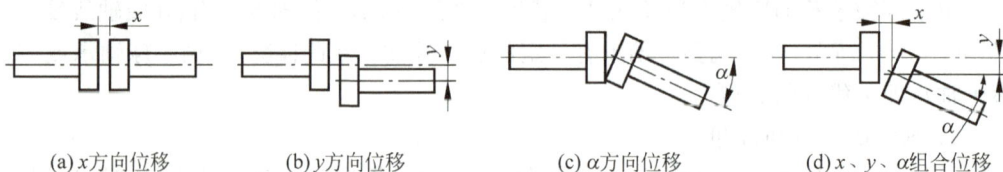

| (a) x 方向位移 | (b) y 方向位移 | (c) α 方向位移 | (d) x、y、α 组合位移 |

图 9-33　轴线的相对位移

2. 刚性固定式联轴器

刚性固定式联轴器无法补偿两轴线相对位移偏差,故对两轴对中性的要求很高。当两轴有相对位移存在时,就会在机件内引起附加载荷,使工作情况恶化。但由于构造简单、成本低,通常可传递较大的转矩,所以当转速低、无冲击、轴的刚性大、对中性较好时常被采用。常见的结构形式有以下两种。

1)套筒联轴器

如图 9-34 所示,两轴通过套筒进行连接。可采用键、销、紧钉螺钉来限制轴向和周向的相对运动。

2)凸缘联轴器

凸缘联轴器是把两个带有凸缘的半联轴器用键连接,然后用螺栓把两个半联轴器联成一体,以传递运动和转矩。这种联轴器有以下两种主要的结构形式。如图 9-35(a)所

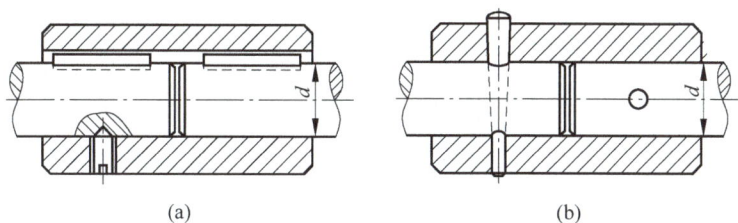

图 9-34　套筒联轴器

示采用铰制孔用螺栓连接,是普通的凸缘联轴器,通常是靠铰制孔用螺栓来实现两轴对中。采用铰制孔用螺栓时,螺栓杆与孔为过渡配合,靠螺栓杆承受挤压与剪切来传递转矩。如图 9-35(b)所示采用普通螺栓连接,是有对中榫的凸缘联轴器,靠一个半联轴器上的凸肩与另一个半联轴器上的凹槽相配合而对中。连接两个半联轴器时用普通螺栓连接,此时螺栓杆与孔壁间存在间隙,装配时须拧紧螺栓,转矩靠半联轴器接合面的摩擦力矩来传递。

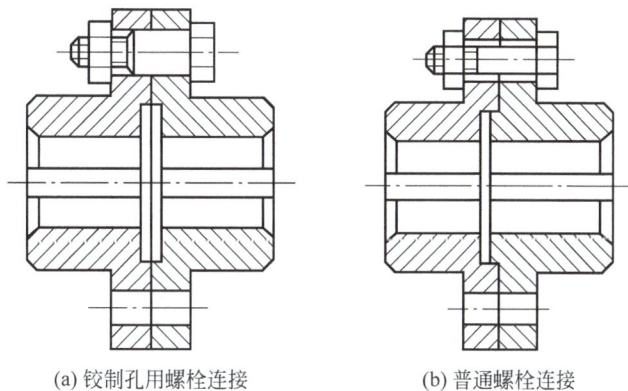

(a) 铰制孔用螺栓连接　　　　　　(b) 普通螺栓连接

图 9-35　凸缘联轴器

3. 刚性可移式联轴器

1) 十字滑块联轴器

如图 9-36 所示,十字滑块联轴器由端面开有凹槽的两个半联轴器和一个两端具有凸块的中间圆盘组成,中间圆盘两端的凸块相互垂直,并分别与两半联轴器的凹槽相嵌合,凸块的中心线通过圆盘中心。两个半联轴器分别装在主动轴和从动轴上,转动时,如果两轴线不同心或偏斜,中间圆盘的凸块将在半联轴器的凹槽内滑动,以补偿两轴的相对位移,因此,凹槽和凸块的工作面要求有较高的硬度(40~55HRC)并加润滑剂。当转速较高时,中间圆盘的偏心将会产生较大的离心力,加速工作面的磨损,并给轴和轴承带来较大的附加载荷,故它只适用于低速的场合。十字滑块联轴器允许的径向位移 $y \leqslant 0.04d$(d 为轴径),角位移 $\alpha \leqslant 30'$。

2) 万向联轴器

图 9-37(a)为万向联轴器的结构简图。万向联轴器主要是由两个分别固定在主、从动轴上的叉形接头和一个十字形零件(称十字头)组成。叉形接头和十字头是铰接的,因此

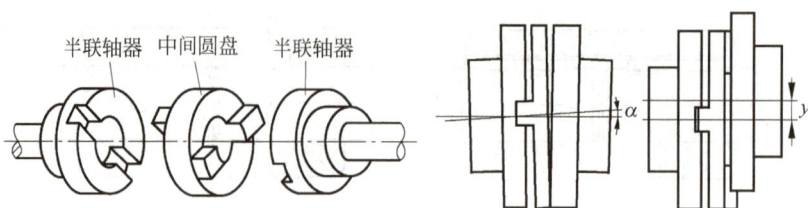

图 9-36   十字滑块联轴器

允许被连接两轴的轴线夹角 α 很大。当两轴线存在一定的夹角时,主动轴等速转动,而从动轴将在某一范围内做周期性的变速转动,会在传动中引起附加动载荷。为了克服这一缺点,常将万向联轴器成对使用,构成双万向联轴器,如图 9-37(b)所示。但应注意安装时必须保证轴 O_1、轴 O_2 与中间轴之间的夹角相等,并且中间轴两端的叉形接头应在同一平面内,只有这样双万向联轴器才可以得到相同的转速,即 $\omega_1 = \omega_2$。

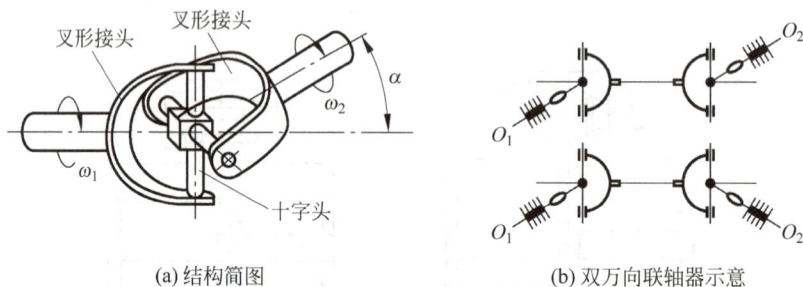

(a) 结构简图   (b) 双万向联轴器示意

图 9-37   万向联轴器

万向联轴器可用于相交两轴间的连接(两轴夹角最大可达 $35° \sim 45°$),或工作时有较大角位移的场合。图 9-38 所示是小型双万向联轴器的实际结构图,通常用合金钢制造,能可靠地传递转矩和运动,结构比较紧凑,传动效率高,维修保养比较方便,因此,在汽车、拖拉机中获得了广泛应用。

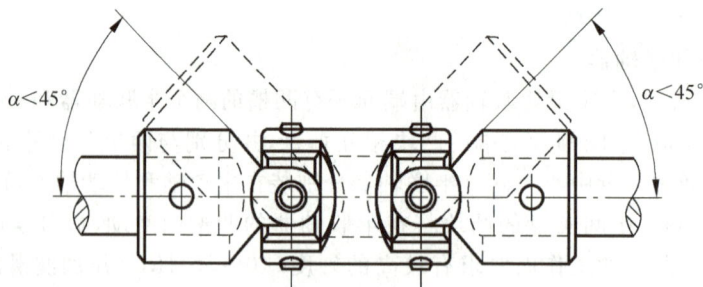

图 9-38   双万向联轴器结构

3) 齿式联轴器

如图 9-39 所示,齿式联轴器主要由两个具有外齿的半联轴器和两个具有内齿的外壳组成。两外壳用螺栓连成一体,两半联轴器分别装在主动轴和从动轴上,外壳与半联轴器通过内、外齿的相互啮合而相连。工作时,靠啮合的齿轮传递转矩,轮齿的齿廓通常为

20°压力角的渐开线齿廓,轮齿间留有较大的齿侧间隙,外齿轮的齿顶做成球面,球面中心位于齿轮的轴线上,故能补偿两轴的综合位移。这种球面齿或鼓形齿的联轴器许用的角位移 α 可达 30°。为减少磨损,可以从油孔处定期注入润滑油。挡圈用于密封环的轴向固定。这种联轴器能传递较大的转矩,但结构较复杂,制造较困难,在重型机器和起重设备中应用较广。齿式联轴器用于高速传动(如用于燃气轮机传动轴系的连接)时,必须进行高精度加工,并经动平衡处理,还需要有良好的润滑和密封。齿式联轴器不适用于立轴。

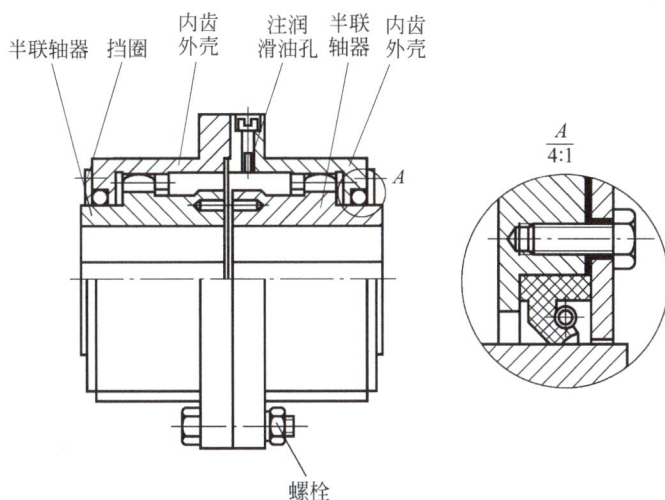

图 9-39　齿式联轴器

4. 弹性联轴器

1) 弹性套柱销联轴器

如图 9-40 所示,弹性套柱销联轴器的结构与凸缘联轴器相似,只是用套有弹性圈的柱销代替了连接螺栓。这种联轴器,结构比较简单,制造容易,不用润滑,弹性圈更换方便(不用移动半联轴器),具有一定的补偿两轴线相对偏移和减振、缓冲性能。但弹性套易磨损、寿命较短,多用于冲击载荷小、经常正反转、起动频繁、转速较高的中、小功率传动。

2) 弹性柱销联轴器

如图 9-41 所示,弹性柱销联轴器与弹性套柱销联轴器很相似,采用尼龙柱销代替弹性圈和金属柱销。为了防止柱销滑出,在柱销两端配置挡圈。在装配时也应注意留出间隙 c。这种联轴器结构简单,安装、制造方便,耐久性好,也有吸振和补偿轴向位移的能力。常用于轴向窜动量较大,经常正、反转,起动频繁,转速较高的场合和带载荷起动的传动轴系,可代替弹性套柱销联轴器。不适用于可靠性要求高(如起重机提升机构)、重载和具有强烈冲击与振动的场合。对径向与角位移较大、安装精

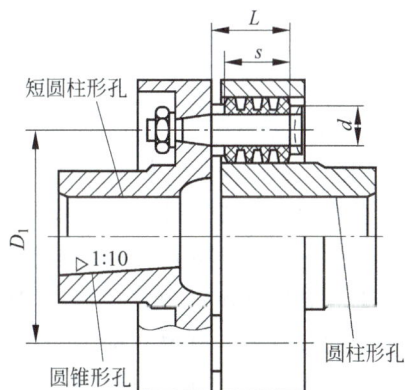

图 9-40　弹性套柱销联轴器

度较低的传动轴系也不宜选用。

3）轮胎联轴器

如图 9-42 所示，轮胎联轴器是由橡胶或橡胶织物制成轮胎形的弹性元件。通过压板与螺栓和两个半联轴器相连。两个半联轴器与轴相连。这种联轴器因为具有橡胶轮胎弹性元件，所以允许两轴有综合位移，并能缓冲吸振，且绝缘性能好、不需润滑。缺点是径向尺寸较大；当转矩大时，会因过大扭转变形而产生附加轴向载荷。适用于潮湿，多尘，冲击大，正、反转次数多以及起动频繁的场合，起重机械多用。

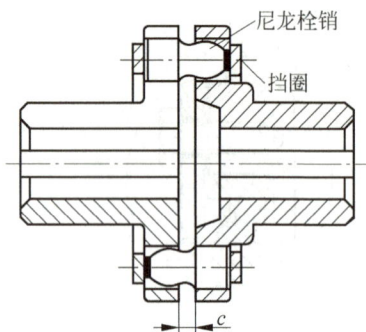

图 9-41　弹性柱销联轴器

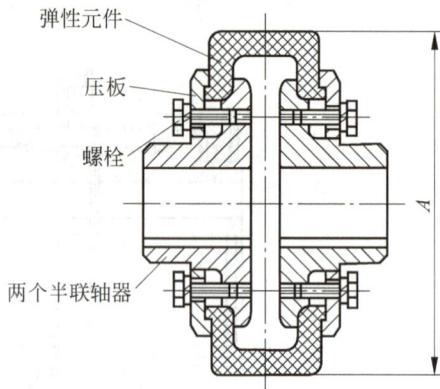

图 9-42　轮胎联轴器

9.3.2　离合器

离合器是在机器运转过程中，可使两轴随时接合或分离的装置。它的主要功能是用来操纵机器传动系统的断续，以便进行变速及换向等。对离合器的基本要求是操纵方便而且省力、结合和分离迅速平稳、动作准确、结构简单、维修方便、使用寿命长等。

离合器按其工作原理可分为啮合式、摩擦式和电磁式三类。

1. 牙嵌离合器

如图 9-43 所示，牙嵌离合器由端面有齿的两个半离合器组成，通过其端面齿的啮合来传递转矩。半离合器用平键固定在主动轴上。另一半离合器利用导向平键（或花键）安装在从动轴上。利用操纵机构移动滑环使半离合器做轴向移动。就可实现离合器的结合或分离。为便于两轴对中，在半离合器中装有对中环，用来保证两轴线同心。

牙嵌离合器常用的牙形有三角形、矩形、梯形和锯齿形，见图 9-44。三角形齿结合分离容易，但齿强度弱，多用于传递小转矩。梯形和锯齿形齿强度大、能传递较大的转矩，能自动补偿

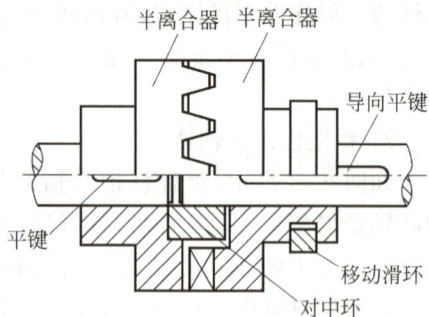

图 9-43　牙嵌离合器

磨损产生的牙侧间隙。锯齿形齿只能单向工作,反转时工作面将受较大的轴向分力,会迫使离合器自行分离。矩形齿制造容易,但须在齿与槽对准时方能接合,因此接合困难,故应用较少。

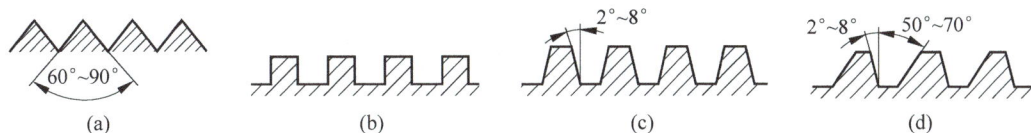

图 9-44　牙嵌离合器沿圆柱面展开齿形

　　牙嵌离合器结构简单,外廓尺寸小,接合后两半离合器没有相对滑动,但只宜在两轴的转速差较小或相对静止的情况下接合,否则,齿与齿会发生很大冲击,影响齿的寿命。

2. 圆盘摩擦离合器

　　圆盘摩擦离合器是摩擦式离合器中应用最广泛的一种离合器,它与牙嵌离合器的根本区别在于它是依靠两接触面之间的摩擦力使主、从动轴接合和传递转矩。因此,它具有以下特点。

　　(1) 能在不停车或两轴具有转速差的情况下进行接合。

　　(2) 控制离合器的接合过程,就能调节从动轴的加速时间,减少接合时的冲击和振动,实现平稳接合。

　　(3) 过载时,摩擦面间会打滑,可以避免其他零件的损坏。

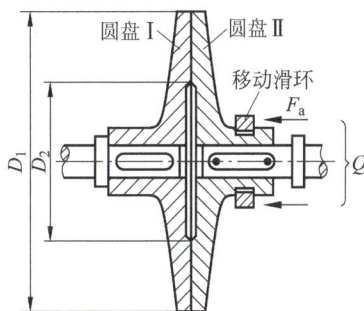

图 9-45　单片式圆盘摩擦离合器

　　圆盘摩擦离合器又分单片式和多片式两种。如图 9-45 所示,圆盘Ⅰ紧固在主动轴上,圆盘Ⅱ可以沿导向平键在从动轴上移动,移动滑环可使两圆盘接合或分离。在轴向压力 F_a 作用下,两圆盘工作表面产生摩擦力,从而传递转矩。

　　单片式圆盘摩擦离合器多用于传递转矩较小的轻型机械,若要提高摩擦离合器传递扭矩的能力,可以采用多片式摩擦离合器。如图 9-46 所示,主动轴与外壳相连接,外壳内装有一组摩擦片,主动轴和摩擦片可以一同旋转,从动轴与套筒相连接,套筒上装有另一组摩擦片,它的外缘不与任何零件接触,所以只要两组摩擦片接合,从动轴即可随主动轴转动。两组摩擦片的接合是靠滑环拨动杠杆顺时针转动,通过压板使摩擦片相结合。图示位置离合器处于接合的状态。调节螺母可以用来调节摩擦片之间的压力。摩擦片结构如图 9-47 所示。

3. 汽车摩擦式离合器的构造和原理

　　1) 摩擦式离合器的结构类型

　　(1) 按从动盘的数目,摩擦式离合器分为单片离合器和双片离合器。轿车、客车和部分中、小型货车多采用单片离合器;双片离合器多用于重型车辆上。

　　(2) 按压紧弹簧的形式,摩擦式离合器分为周布弹簧离合器、中央弹簧离合器和膜片

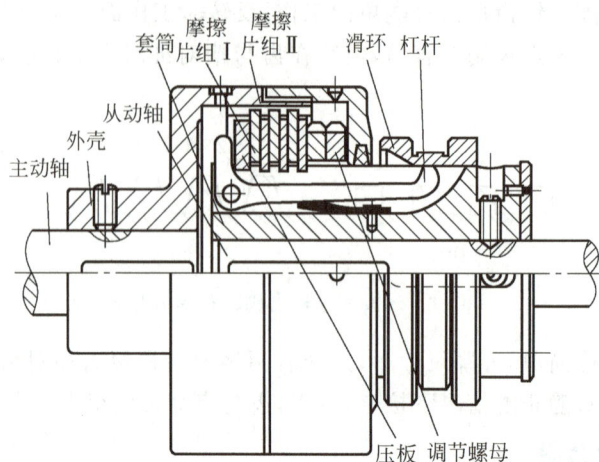

图 9-46　多片式摩擦离合器

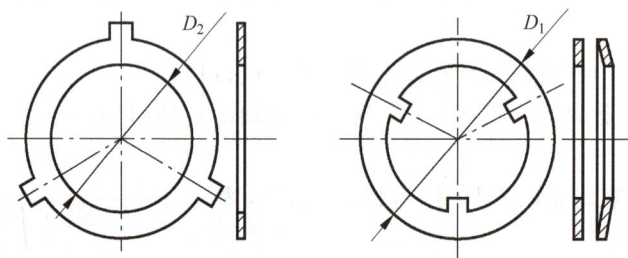

图 9-47　摩擦片

弹簧离合器。周布弹簧离合器和中央弹簧离合器采用螺旋弹簧,分别沿压盘的圆周和中央布置;膜片弹簧离合器采用膜片弹簧,目前应用最广泛。

2) 膜片弹簧离合器

膜片弹簧离合器目前在各种类型的汽车上广泛应用,其构造如图 9-48、图 9-49 和图 9-50 所示。

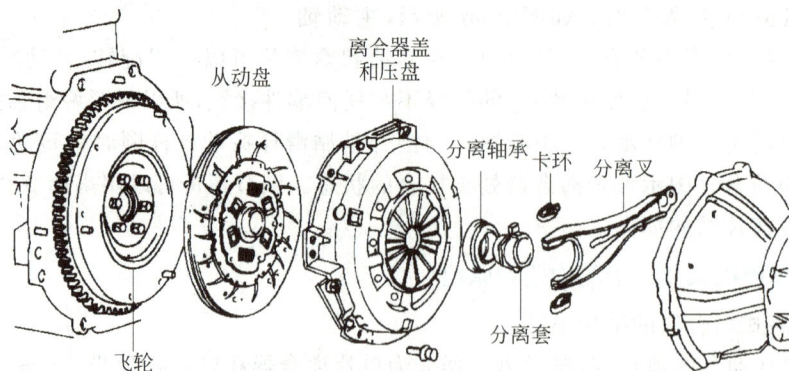

图 9-48　膜片弹簧离合器的构造

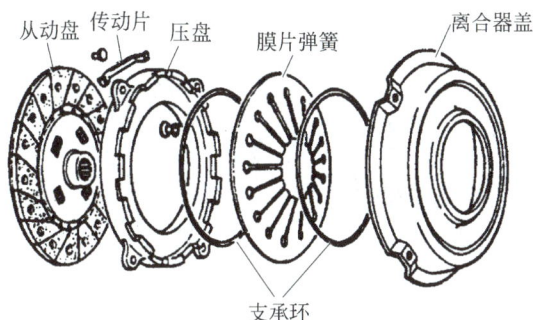

图 9-49 膜片弹簧离合器盖和压盘分解图

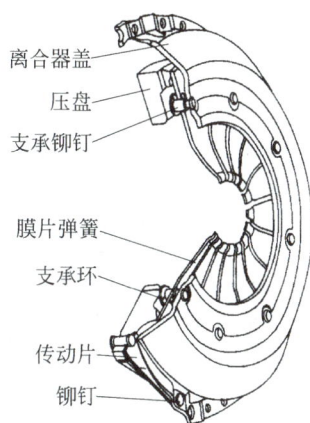

图 9-50 膜片弹簧离合器盖和压盘示意图

膜片弹簧离合器由主动部分、从动部分、压紧机构和操纵机构组成。主动部分由飞轮、离合器盖和压盘组成。离合器盖通过螺栓固定在飞轮上，为了保持正确的安装位置，离合器盖通过定位销进行定位。压盘与离合器盖之间通过周向均布的三组或四组传动片来传递转矩。传动片用弹簧钢片制成，每组两片，一端用铆钉铆在离合器盖上，另一端用螺钉连接在压盘上。

从动部分包括从动盘和从动轴，从动盘一般都带有扭转减振器。由于发动机传到传动系统的转速和转矩是不规律变化的，所以传动系统会产生扭转振动，这将使传动系统的零部件受到冲击性交变载荷，使寿命下降、零件损坏。采用扭转减振器可以有效地防止传动系统的扭转振动。带扭转减振器的从动盘的结构和原理如图 9-51 所示。

从动盘钢片外圆周铆接有波浪形弹簧钢片，摩擦衬片分别铆接在弹簧钢片上，从动盘钢片与减振器盘铆接在一起，这两者之间夹有摩擦垫圈和从动盘毂。从动盘毂、从动盘钢片和减振器盘上都有六个圆周均布的窗孔，减振弹簧装在窗孔中。

当从动盘受到转矩作用时，转矩从摩擦衬片传到从动盘钢片，再经减振弹簧传给从动盘毂，此时弹簧将被压缩，吸收发动机传来的扭转振动。

压紧机构是膜片弹簧，其径向有若干切槽，形成弹性杠杆。切槽末端有圆孔，固定铆钉穿过圆孔，并固定在离合器盖上。膜片弹簧两侧装有钢丝支承环，这两个钢丝支承环是膜片弹簧工作时的支点。膜片弹簧的外缘通过分离钩与压盘联系起来。

膜片弹簧离合器的工作原理如图 9-52 所示。当离合器盖未安装到飞轮上时，膜片弹簧不受力处于自由状态，此时离合器盖与飞轮之间有一距离 S，如图 9-52(a)所示。当离合器盖通过螺栓固定在飞轮上时，膜片弹簧在支承环处受压产生弹性变形，此时膜片弹簧的外圆周对压盘产生压紧力使离合器处于接合状态，如图 9-52(b)所示。当踩下离合器踏板时，分离轴承推动膜片弹簧，使膜片弹簧以支承环为支点外圆周向后翘起，通过分离钩拉动压盘后移使离合器分离，如图 9-52(c)所示。

从上面的介绍中可以看出，膜片弹簧既是压紧弹簧，又是分离杠杆，使结构简化了。另外膜片弹簧的弹簧特性优于圆柱螺旋弹簧，所以膜片弹簧离合器的应用越来越广泛，在各种车型上都有应用。

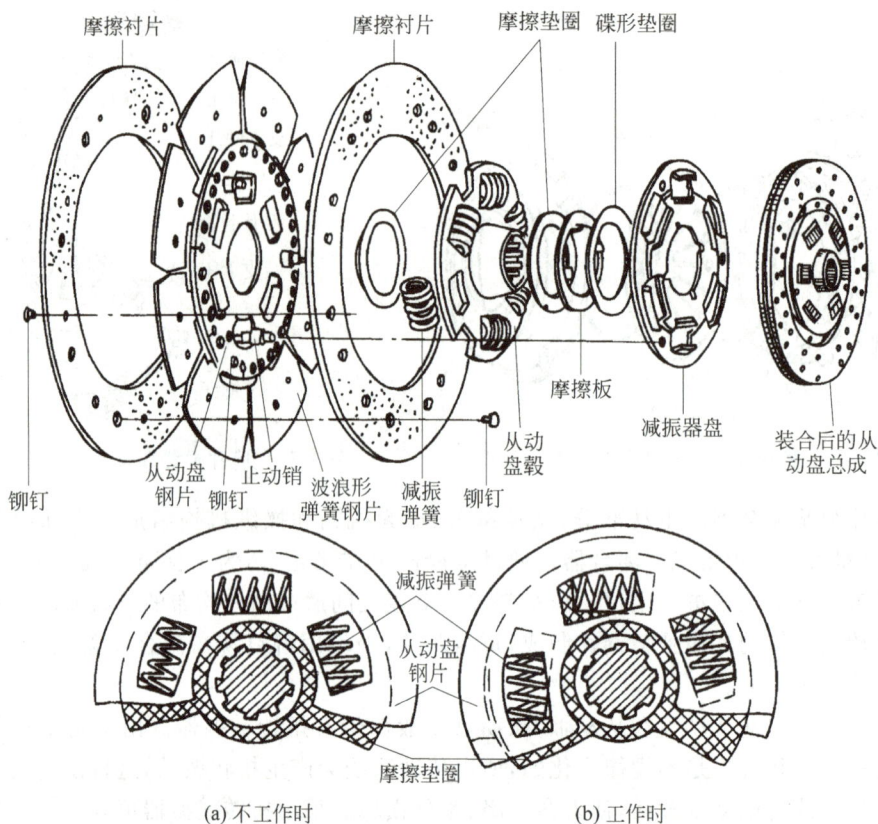

(a) 不工作时   (b) 工作时

图 9-51　带扭转减振器的从动盘的结构和原理

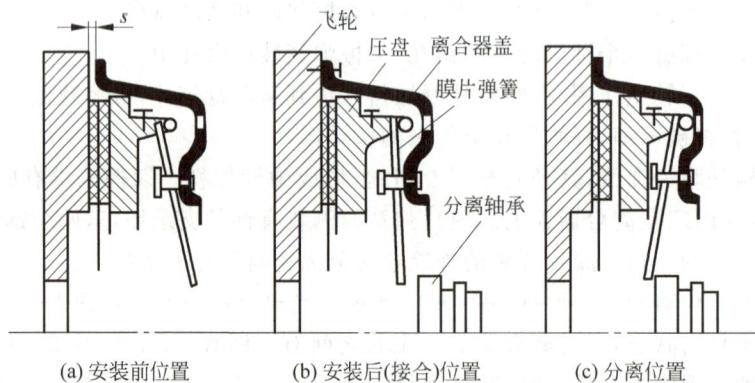

(a) 安装前位置   (b) 安装后(接合)位置   (c) 分离位置

图 9-52　膜片弹簧离合器的工作原理

3) 周布弹簧离合器

单片周布弹簧离合器的构造如图 9-53 所示。

（1）主动部分和从动部分。单片周布弹簧离合器的主动部分、从动部分的结构与膜片弹簧离合器基本相同。

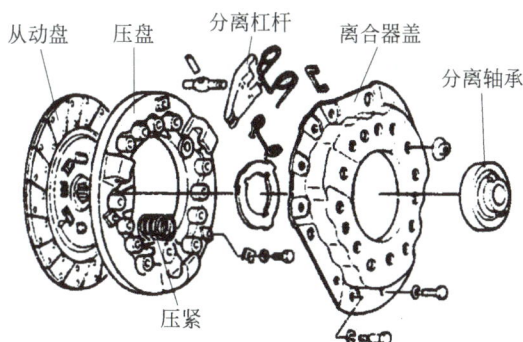

图 9-53　单片周布弹簧离合器的构造

（2）压紧机构。单片周布弹簧离合器的压紧机构由若干根螺旋弹簧组成，螺旋弹簧沿压盘周向对称布置，装在压盘和离合器盖之间。

4. 定向离合器

定向离合器只能传递单向转矩，反向时能自动分离。如前所述的锯齿形牙嵌离合器就是一种定向离合器，它只能单方向传递转矩，反向时会自动分离。这种利用齿嵌合的定向离合器空程时（分离状态运转）噪声大，故只适用于低速场合。在高速情况下，可采用摩擦式定向离合器，其中应用较为广泛的是滚柱式定向离合器（见图 9-54）。它主要由星轮、外圈、弹簧顶杆和滚柱组成。弹簧的作用是将滚柱压向星轮的楔型槽内，使滚柱与星轮、外圈相接触。

星轮和外圈均可作为主动轮。当星轮为主动件并按图示方向旋转时，滚柱受摩擦力的作用被楔紧在槽内，因而带动外圈一起转动，这时离合器处于接合状态。当星轮反转时，滚柱受摩擦力的

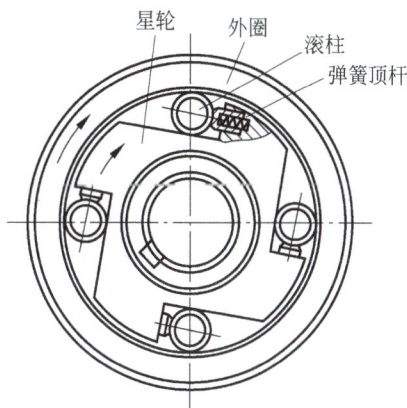

图 9-54　滚柱式定向离合器

作用被推到槽中较宽的部分，不再楔紧在槽内，这时离合器处于分离状态。

如果星轮仍按图示方向旋转，而外圈还能从另一条运动链中获得与星轮转向相同但转速较大的运动时，按相对运动原理，离合器将处于分离状态，此时星轮和外圈互不相干，各自以不同的转速转动，所以，这种离合器又称为自由行走离合器。又由于它的接合和分离与星轮和外圈之间的转速差有关，因此也称超越离合器。

在汽车的起动装置中，装上这种定向离合器，起动时，电动机通过定向离合器的外圈（此时外圈转向与图 9-54 所示相反）、滚柱、星轮带动发动机。当发动机发动以后，反过来带动星轮，使其获得与外圈转向相同但转速较大的运动，使离合器处于分离状态，以避免发动机带动起动机超速旋转。定向离合器常用于汽车、拖拉机和机床等设备中。

9.4 制 动 器

9.4.1 汽车制动系统概述

汽车制动系统的功用是按照需要使汽车减速或在最短距离内停车；下坡行驶时保持车速稳定；使停驶的汽车保持不动。

汽车应包括两套独立的制动系统：行车制动系统和驻车制动系统。行车制动系统是使行驶中的车辆减速或停车，制动器安装在全部车轮上，通常由驾驶员用脚操纵。驻车制动系统是使停驶的汽车驻留原地，通常由驾驶员用手操纵，因此俗称手制动系统。

1. 对制动系统的要求

为保证汽车能在安全的条件下发挥出高速行驶的能力，制动系统必须满足下列要求。

(1) 具有良好的制动效能，迅速减速直至停车的能力。

(2) 操纵轻便。操纵制动系统所需的力不应过大。

(3) 制动稳定性好。制动时，前、后车轮制动力分配合理，左、右车轮的制动力矩基本相等，汽车在制动过程中不跑偏、不甩尾。

(4) 制动平顺性好。制动力矩能迅速且平稳地增加，也能迅速且彻底地解除。

(5) 散热性好。连续制动时，制动鼓和制动蹄上的摩擦片因高温引起的摩擦系数下降要小；水湿后恢复干燥要快。

(6) 对挂车的制动系统，还要求挂车的制动作用略早于主车；挂车自行脱挂时能自动进行应急制动。

2. 制动系统的工作原理

图 9-55 所示是行车制动系统的组成及工作原理。

行车制动系统由车轮制动器和液压传动机构两部分组成。

车轮制动器的旋转部分是制动鼓，它固定于轮毂上，与车轮一起旋转。固定部分是制动蹄和制动底板等。制动蹄上铆有摩擦片，其下端套在支承销上，上端用复位弹簧拉紧压靠在制动轮缸内的活塞上。支承销和制动轮缸都固定在制动底板上，制动底板用螺钉与转向节凸缘(前桥)或桥壳凸缘(后桥)固定在一起。制动蹄靠液压轮缸使其张开。

不制动时，制动鼓的内圆柱面与摩擦片之间保留一定间隙，制动鼓可以随车轮一起旋转。

制动时，驾驶员踩下制动踏板，主缸推杆便推动制动主缸内的活塞前移，迫使制动液经管路进入轮缸，推动轮缸的活塞向外移动，使制动蹄克服复位弹簧的拉力绕支承销转动而张开，消除制动蹄与制动鼓之间的间隙后压紧在制动鼓上。此时，不旋转的制动蹄摩擦片对旋转的制动鼓就产生一个摩擦矩，其方向与车轮的旋转方向相反。制动鼓将此力矩传到车轮后，由于车轮与路面的附着作用，车轮即对路面作用一个向前的圆周力 F_μ，与此相反，路面会给车轮一个向后的反作用力，这个力就是车轮受到的制动力 F_B。各车轮制

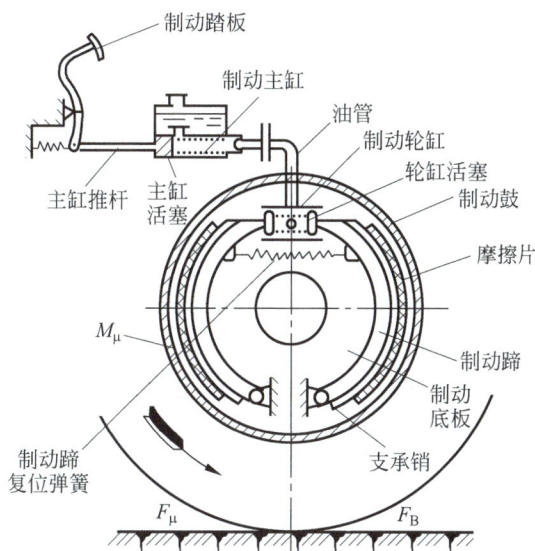

图 9-55 行车制动系统的组成及工作原理

动力的总和就是汽车受到的总的制动力。

　　放松制动踏板,在复位弹簧的作用下,制动蹄与制动鼓的间隙又得以恢复,从而解除制动。

9.4.2 车轮制动器

　　旋转元件固装在车轮或半轴上,将制动力矩直接分别作用于两侧车轮上的制动器称为车轮制动器。车轮制动器可分为盘式和鼓式两种。它们的区别在于前者的旋转元件为圆盘状的制动盘,以端面为工作表面;后者的摩擦副中旋转元件为制动鼓,其工作表面为圆柱面。如图 9-56 所示。

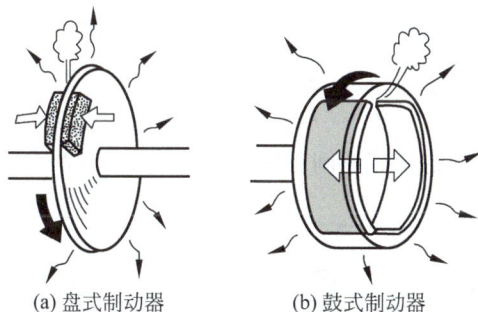

(a) 盘式制动器　　　　(b) 鼓式制动器

图 9-56 制动器的类型

1. 盘式车轮制动器

1) 盘式制动器的类型

盘式制动器根据其固定元件的结构形式可分为钳盘式制动器和全盘式制动器。

钳盘式制动器的固定元件为制动钳,制动钳中的制动块由 2～4 块工作面积不大的摩擦块与其金属背板组成。钳盘式制动器按制动钳固定在支架上的结构型式可分为定钳盘式和浮钳盘式,图 9-57 所示为定钳盘式制动器。

全盘式制动器的固定元件的金属背板和摩擦块都做成圆盘形,因而其制动盘的全部工作面可同时与摩擦片接触。全盘式制动器由于制动钳的横向尺寸较大,所以主要应用在重型车上。其结构原理与摩擦离合器相似。

2) 盘式车轮制动器的基本结构和工作原理

钳盘式制动器的基本结构如图 9-57 所示,其旋转元件是制动盘,它和车轮固装在一起旋转,以其端面为摩擦工作表面。其固定元件是制动块、导向支销、轮缸及活塞,它们均被安装于制动盘两侧的钳体上,总称为制动钳。制动钳用螺栓与转向节或桥壳上的凸缘固装,并用调整垫片来调整钳与盘之间的相对位置。

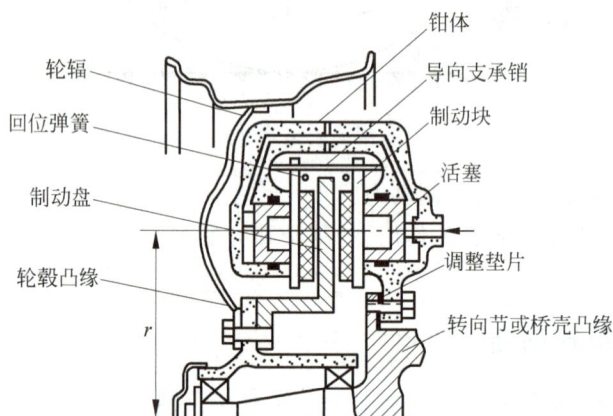

图 9-57   定钳盘式制动器基本结构

如图 9-57 所示,制动时油液被压入内、外两轮缸中,经液压作用的活塞朝制动盘方向移动,推动制动块紧压制动盘,产生摩擦力矩而制动。在此过程中,轮缸槽内的矩形橡胶密封圈的刃边在摩擦力的作用下产生微小的弹性变形,如图 9-58(a)所示。

放松制动时,液压系统压力消除,密封圈恢复到其初始位置,活塞和制动块依靠密封圈的弹力和弹簧的弹力回位,如图 9-58(b)所示。由于矩形密封圈刃边的变形量很微小,在不制动时,摩擦片与制动盘之间的间隙每边只有 0.1mm 左右,足以保证制动的解除。

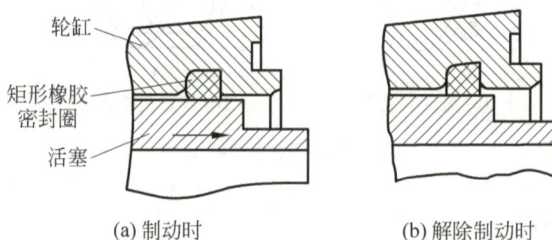

(a) 制动时   (b) 解除制动时

图 9-58   活塞密封圈的工作情况

3）盘式制动器的特点

（1）盘式制动器的优点如下。

① 散热能力强，热稳定性好。受热后，制动盘只在径向膨胀，不会影响制动间隙。

② 抗水衰退能力强。受水浸后，在离心力作用下被很快甩干，摩擦衬片上的剩水也由于压力较高而容易挤出，一般仅需要一到二次制动后即可恢复正常。

③ 制动时的平顺性好。

④ 结构简单，维修方便。

⑤ 制动间隙小，便于自动调节。

（2）盘式制动器的缺点如下。

① 制动时无助势作用，故要求管路液压较高。

② 防污性差，制动衬片磨损较快。

2. 鼓式制动器

1）鼓式制动器的结构

简单的鼓式车轮制动器由旋转部分、固定部分、促动装置和定位调整机构组成。

旋转部分多为制动鼓。固定部分是制动底板和制动蹄。制动底板固装在车桥的凸缘盘上，通过支承销与制动蹄相连。促动装置的作用是对制动蹄施加力使其向外张开，常用的促动装置有制动凸轮和制动轮缸。制动蹄在不工作时，其摩擦片与制动鼓之间应有合适的间隙，此间隙一般为 0.25～0.5mm。间隙过小易造成制动解除不彻底，间隙过大会使制动踏板行程过大，驾驶员操作不便，同时也会推迟制动器起作用的时间。但是在制动过程中，摩擦片的不断磨损必将导致此间隙逐渐增大，因此，各种型式的制动器均设有检查、调整此间隙的装置。

定位调整装置的作用是保持和调整制动蹄和制动鼓间正确的相对位置。

2）鼓式制动器的工作原理

汽车行驶中不需要制动时，制动踏板处于自由状态，制动主缸无制动液输出，制动蹄在复位弹簧的作用下压靠在轮缸活塞上，制动鼓的内圆柱面与摩擦片之间保留一定间隙，制动鼓可以随车轮一起旋转，如图 9-55 所示。

制动时，驾驶员踩下制动踏板，主缸推杆便推动制动主缸内的活塞前移，迫使制动液经管路进入制动轮缸，推动轮缸的活塞向外移动，使制动蹄克服复位弹簧的拉力绕支承销转动而张开，消除制动蹄与制动鼓之间的间隙后压紧在制动鼓上。此时，不旋转的制动蹄摩擦片对旋转的制动鼓就产生一个摩擦矩，其方向与车轮的旋转方向相反。

松开制动踏板，在复位弹簧的作用下，制动蹄与制动鼓的间隙又得以恢复，从而解除制动。

9.5　防抱死制动系统

防抱死制动系统（Anti-locked Braking System，ABS）是一种具有防滑、防锁死等优点的汽车安全控制系统。防抱死制动系统是在常规刹车装置基础上的改进型技术，它既有普通制动系统的制动功能,又能防止车轮锁死,使汽车在制动状态下仍能转向,保证汽车制动方向的稳定性,防止产生侧滑和跑偏,是目前最先进、制动效果最佳的汽车制动装置。防抱死制动系统制动时可保持方向稳定性,保持转向控制能力,缩短制动距离,减少轮胎磨损。

1. 作用

制动性能是汽车主要性能之一,它关系到行车的安全性。评价一辆汽车的制动性能最基本的指标是制动加速度、制动距离、制动时间及制动时方向的稳定性。

制动时方向的稳定性是指汽车制动时仍能按指定方向的轨迹行驶。如果因为汽车的紧急制动(尤其是高速行驶时)而使车轮完全抱死会非常危险。若前轮抱死,将使汽车失去转向能力;若后轮抱死,将会出现甩尾或调头(跑偏、侧滑),尤其在路面湿滑的情况下,对行车安全造成极大的危害。

汽车的制动力取决于制动器的摩擦力,但能使汽车制动减速的制动力,还受地面附着系数的制约。当制动器产生的制动力增大到一定值时,汽车轮胎将在地面上出现滑移。其滑移率为

$$\delta = (V - v)/V \times 100\% \tag{9-1}$$

式中:δ——滑移率;

$\quad V$——汽车的理论速度,km/h;

$\quad v$——汽车的实际速度,km/h。

据试验证实,当车轮滑移率 δ 为 15%~20% 时,附着系数达到最大值,因此,为了取得最佳的制动效果,要控制滑移率在 15%~20% 范围内。

ABS 的功能即在车轮将要抱死时,降低制动力,而当车轮不会抱死时又增加制动力,如此反复动作,使制动效果最佳。

2. 防抱死制动系统的组成

无论是气压制动系统还是液压制动系统,ABS 均是在普通制动系统的基础上增加了传感器、ABS 执行机构和 ABS 计算机(即 ABS、ECU)3 部分,其基本构成如图 9-59 所示,其结构形式和控制方法因车而异。

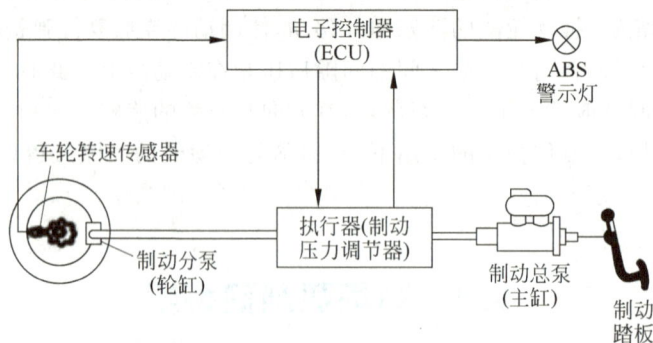

图 9-59　防抱死制动系统基本组成

3. 防抱死制动系统的工作原理

ABS 的工作过程可以分为常规制动、制动压力保持、制动压力减小和制动压力增大4 个阶段。

1）常规制动阶段

在常规制动阶段，ABS 并不介入制动压力控制，调节电磁阀总成中的各进液电磁阀均不通电且处于开启状态，各出液电磁阀均不通电且处于关闭状态，电动泵也不通电运转，制动主缸至各制动轮缸的制动管路均处于畅通状态，而各制动轮缸至储液器的制动管路均处于封闭状态，各制动轮缸的压力将随制动主缸的输出压力而变化。此时的制动过程与一般制动系统的制动过程完全相同。

2）制动压力保持阶段

在制动过程中，电控单元根据车轮转速传感器输入的车轮转速信号判定有车轮抱死时，ABS 就进入防抱死制动压力调节过程。例如，电控单元发现右前轮趋于抱死时，电控单元就使控制右前轮制动压力的进液电磁阀通电，使右前轮进液电磁阀转入关闭状态，制动主缸输出的制动液不再进入右前制动主缸。此时，右前出液电磁阀仍未通电且处于关闭状态，右前制动轮缸中的制动液也不会流出，右前制动轮缸的制动压力就保持一定，而其他未抱死车轮的制动压力仍会随制动主缸输出压力的增大而增大，如图 9-60 所示。

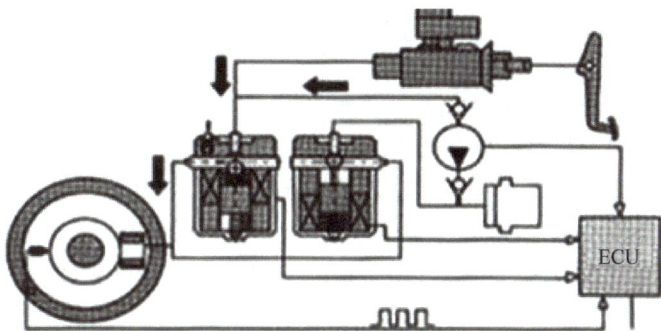

图 9-60　制动时保持制动压力

3）制动压力减小阶段

如果在右前制动轮缸的制动压力保持一定时，电控单元判定右前轮仍趋于抱死，电控单元又使右前出液电磁阀也转入开启状态，右前制动轮缸中的部分制动液就会经过出液电磁阀流出储液器，使右前制动轮缸的制动压力迅速减小，右前轮的抱死趋势将开始消失，如图 9-61 所示。

4）制动压力增大阶段

随着右前制动轮缸制动压力的减小，右前轮会在汽车惯性力的作用下逐渐加速，当电控单元根据车轮转速传感器输入的信号判定右前轮的抱死趋势已经完全消除时，电控单元就使右前进液和出液电磁阀都断电，使进液电磁阀转入开启状态，使出液电磁阀转入关闭状态，同时也使电动泵通电运转，向制动轮缸泵送制动液。由于制动主缸输出的制动液和电动泵泵送的制动液都经过处于开启状态的右前进液电磁阀进入右前制动轮缸，使右前制动轮缸的压力迅速增大，右前轮又开始减速运动，如图 9-62 所示。

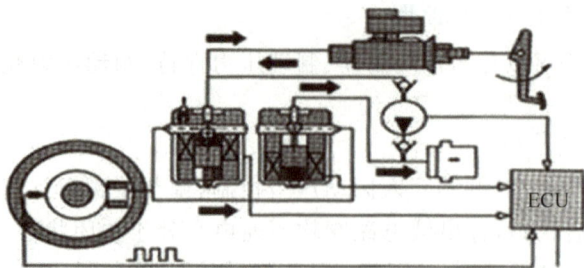

图 9-61　制动时制动压力减小过程

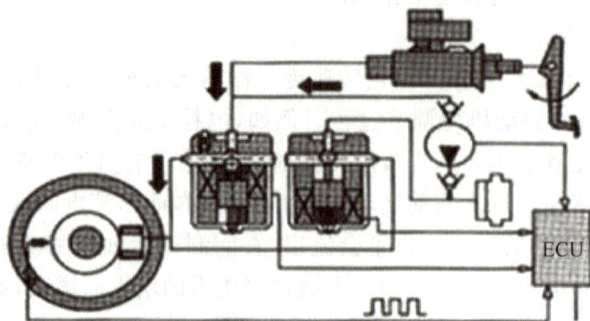

图 9-62　制动时制动压力增大过程

ABS 通过使趋于抱死车轮的制动压力循环往复的经历保持—减小—增大过程,而将趋于抱死车轮的滑移率控制在峰值附着力系数滑移率的范围内,直至汽车速度减小到很低或者制动主缸的输出压力不再使车轮趋于抱死时为止。一般制动压力调节循环的频率可达 3～20Hz。在四通道 ABS 系统中对应于每个制动轮缸各有一对进液和出液电磁阀,可由电控单元分别进行控制,因此,各制动轮缸的制动压力能够被独立进行调节,从而使四个车轮都不发生制动抱死现象。

虽然各种 ABS 系统的结构形式和工作过程并不完全相同,但都是通过对趋于抱死的车轮的制动压力进行自适应循环调节,来防止被控制车轮发生抱死现象。

复习思考题

一、填空题

1. 按承载性质不同,轴分为_____、_____和_____三种。

2. 汽车传动轴所传递的功率不变,当轴的转速降低为原来的 1/2 时,轴所受的外力偶矩较之转速降低前将_____。

3. 轴上零件的轴向固定方法主要有_____;轴上零件的周向固定方法主要有_____。

4. 代号为 6308 的轴承的类型为_____。

5. 离合器按工作原理可分为_____、_____和_____三类。

二、选择题

1. 下列方法中不属于轴上零件周向固定的方法是(　　)。

　　A. 轴肩　　　　　　B. 过盈配合　　　　C. 键连接　　　　D. 花键连接

2. 轴承的内径代号为06,则其内径为(　　)mm。

　　A. 12　　　　　　　B. 18　　　　　　　C. 24　　　　　　　D. 30

3. 当径向载荷比轴向载荷大很多,且转速较高时常采用(　　)。

　　A. 推力轴承　　　　　　　　　　B. 线接触的滚子轴承

　　C. 调心轴承　　　　　　　　　　D. 深沟球轴承

4. 下列构件不能用于轴上零件的周向定位的是(　　)。

　　A. 键、花键　　　　B. 紧定螺钉　　　　C. 套筒　　　　D. 过盈配合

三、简答题

1. 轴上零件的周向固定及轴向固定的常用方法有哪些? 各有什么特点?

2. 选择滚动轴承时,应考虑哪些因素?

3. 说明下列滚动轴承代号的含义。

6201　71311C　7308AC　610/32　30308/p6X

4. 说明图 9-63 所示轴系结构中用数字标出位置错误(不合理)的原因。

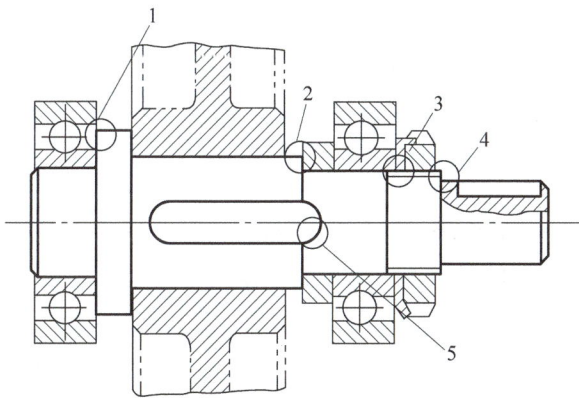

图 9-63　轴系

5. 联轴器和离合器有何不同?

6. 简述膜片弹簧离合器的工作原理。

7. 简述盘式制动器的工作原理。

单元 10

液压与气动技术基础知识

学习目标

(1) 知道液压传动的基本概念。

(2) 了解液压元件的作用和分类。

(3) 掌握汽车常用液压回路的基本工作原理。

液压与气动技术是机械工程学科的重要分支,也是一门独立的学科。随着时代的发展和进步,已广泛应用于农业、工业的轻纺、矿山和汽车等领域,与人们生活息息相关。

本单元简要讲解液压与气动技术的基本知识,其中包括液压与气动技术简介、工作原理介绍、系统组成、液压传动基础知识、液压动力装置、液压执行元件、液压方向、压力、流量控制元件与基础回路、液压辅助元件、工程实际典型液压回路应用、气压传动基础知识等部分。旨在帮助读者了解和掌握汽车行业中涉及的液压与气动技术,并让读者对这门技术有初步了解和认知。

10.1 液压与气动技术简介

液压与气动技术是实现工业自动化最有效的手段,是机械设备中发展速度最快的技术之一。它以流体(液压油、压缩空气)为工作介质,进行能量和信号的传递,来控制各种机械设备。一切机械都有其相应的传动机构,借助它达到对动力的传递和控制的目的。

在现代技术中,传动的方式有三种:机械传动、电气传动、流体传动。

机械传动:通过齿轮、齿条、蜗轮、蜗杆等机件直接把动力传送到执行机构的传递方式。

电气传动:利用电力设备,通过调节电参数来传递或控制动力的传动方式。

液压与气动技术是以流体(液压油或压缩空气)为工作介质进行能量传递和控制的一

种传动形式。利用多种元件组成不同功能的基本回路,再由若干个基本回路有机地组合成能完成一定控制功能的传动系统来进行能量的传递、转换和控制,以满足机电设备对各种运动和动力的要求。

液压传动:以液体为工作介质来传递动力(能量),包括液压传动和液力传动。其中液压传动主要以液体压力能来传递动力;液力传动主要以液体动能来传递动力。

气压传动:以压缩空气为工作介质来传递动力和控制信号,控制和驱动各种机械和设备实现生产过程机械化、自动化。

液压与气压传动相对机械传动来说是一门新兴技术,因其有许多突出的优点,故液压传动被广泛应用于机械制造(车床、铣床、磨床、组合机床、加工中心、压力机、压铸机)、工程建筑(挖掘机)、筑路机械(压路机)、建筑机械、起重运输机械(汽车起重吊、装载机)、石油化工、交通运输(汽车、重卡、新能源电动汽车)、军事器械、船舶港口机械(绞车、叉车)、塑料机械(注塑机、吹塑机)、冶金机械(轧钢机、铸钢机)、化工机械(压榨机)、农业机械(拖拉机、联合收割机)、航空机械(飞机的升降舵、起落架着陆装置)、矿山冶金、轻工、农机、海洋渔业、林业、核能工程和地震预测等各个工程技术领域。气压传动则被广泛应用于汽车制造业(自动生产线、车体部件的自动搬运与固定、自动焊接等)、电子及家电行业、加工制造业、流动介质管道输送业、包装自动线、机器人(装配、喷漆、焊接等工业机器人)等新兴技术领域。

液压与气动技术已广泛应用于国民经济各个领域,特别是近些年来,它与传感器技术、微电子技术紧密结合,发展成为包括传动、控制与检测在内的现代自动化控制技术,是生产自动化不可缺少的重要手段。

10.2 液压与气动传动的工作原理

10.2.1 液压传动的工作原理

1. 液压千斤顶的工作原理

液压千斤顶是一种简单的液压传动装置,图10-1所示为液压千斤顶的工作原理。

由图10-1可知,液压千斤顶的液压系统由举升液压缸和手动液压泵两部分组成,大油缸、大活塞、单向阀Ⅱ和卸油阀组成举升液压缸,杠杆手柄、小活塞、小油缸、单向阀Ⅰ和单向阀Ⅱ组成手动液压泵。活塞和缸体之间既保持良好的配合关系,又能实现可靠的密封。

提起手柄使小活塞向上移动,小活塞下端密封的油腔容积增大,形成局部真空,这时单向阀Ⅱ关闭并阻断其所在的油路,而单向阀Ⅰ打开使其所在油路畅通,油箱中的液压油在大气压的作用下通过吸油管道进入并充满小缸体,完成一次吸油动作;用力压下手柄,小活塞下移,小活塞下腔容积减小,腔内压力升高,这时单向阀Ⅰ关闭同时阻断其所在的油路,当压力升高到一定值时单向阀Ⅱ打开,小油缸中的油液经管道输入大油缸的下腔,

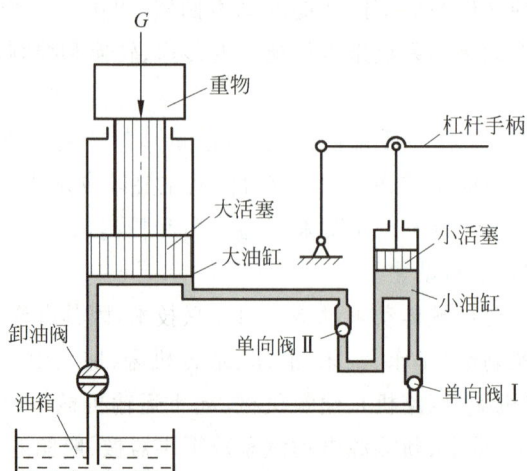

图 10-1　液压千斤顶的工作原理

由于卸油阀处于关闭状态,大油缸中的液压油增多迫使大活塞向上移动,顶起重物。再次提起手柄吸油时,单向阀Ⅱ自动关闭,使油液不能倒流,从而保证了重物不会自行下落。往复扳动手柄,就能不断地把油液压入大油缸下腔,使重物逐渐升起。如果打开卸油阀,大活塞在其自重和重物的作用下下移,大油缸下腔的油液便可通过管道流回油箱中,重物便向下运动。这就是液压千斤顶的工作原理。

2. 磨床工作台液压系统介绍

磨床是利用磨具对工件表面进行磨削加工的机床,如图 10-2 所示。磨床能加工硬度较高的材料,如淬硬钢、硬质合金等;也能加工脆性材料,如玻璃、花岗石。磨床能进行高精度和表面粗糙度很小的磨削,也能进行高效率的磨削,如强力磨削等。

图 10-2　磨床

如图 10-3 所示,磨床工作台液压系统由油箱、滤油器、液压泵、溢流阀、节流阀、换向阀、液压缸、磨床工作台以及连接这些元件的油管、管接头等组成。其工作原理如下:液压泵由电动机驱动后,从油箱中吸油。油液经滤油器进入液压泵,油液在泵腔中从入口低压油转换成泵出口的高压油,在图 10-3(a)所示状态下,换向阀手柄移动至右位,系统液压油通过节流阀、换向阀进入液压缸右腔,推动活塞使工作台向左移动。此时,液压缸左腔的油液经换向阀和回油管流回油箱。如果将换向阀手柄移动至左位所示状态,则管路中油液经过节流阀和换向阀进入液压缸左腔,推动活塞使工作台向右移动,并使液压缸右腔的油液经换向阀和回油管流回油箱。磨床工作台的移动速度是通过节流阀来调节的。当节流阀开大时,进入液压缸的油量增多,工作台的移动速度增大;当节流阀关小时,进入液压缸的油量减小,工作台的移动速度减小。为了克服移动工作台时所受到的各种阻力,液压缸必须产生一个足够大的推力,这个推力是由液压缸中的油液压力所产生的。要克服的阻力越大,缸中的油液压力越高;反之压力就越低。这种现象解释了液压传动的一个基本原理:**管路中系统压力取决于外负载大小**。

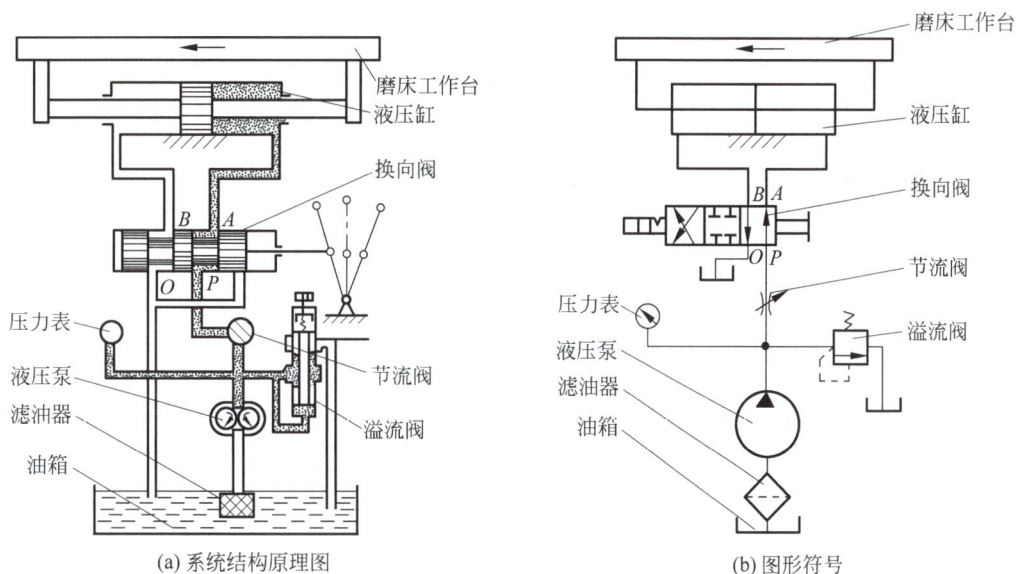

| (a) 系统结构原理图 | (b) 图形符号 |

图 10-3 磨床工作台液压系统工作原理

通过对上面液压千斤顶工作过程和磨床工作台液压传动系统的分析,可总结液压传动的基本工作原理如下。

(1) 液压传动是利用有压力的液体(液压油)作为工作介质来进行能量传递的一种传动形式,通过能量转换装置(液压泵),将原动机的机械能转换为液体的压力能,然后通过封闭管道、控制元件等,由另一能量装置(液压缸、液压电动机)将液体的压力能转变为机械能,驱动负载实现执行机构的直线或旋转运动。

(2) 液压传动中要经过两次能量转换,即先将机械能转换成油液的压力能,再将油液的压力能转换成机械能。

(3) 液压传动是依靠密封容器或密闭系统中密封容积的变化来实现运动和动力的传递。

(4) 液压系统的压力是靠液压泵对液压油的推动克服磨床负载产生的。

(5) 工作台运动方向由换向阀控制,工作台的速度大小由节流阀控制,泵输出的多余油液经溢流阀流回油箱,因此泵出口压力是由溢流阀决定的。

10.2.2 气压传动的工作原理

图 10-4(a)所示为气动剪切机的结构原理图,当工料送至剪板机并达到预定剪切位置

时,工料将行程阀的阀芯向右推动,换向阀的 A 腔经行程阀与大气相通,换向阀阀芯在弹簧作用下移到下位,将气缸上腔与大气连通,下腔与压缩空气连通。气缸活塞带动剪刀将工料切断,并随之松开行程阀的阀芯使其复位,将排气口堵死,换向阀的 A 腔压力上升,阀芯上移,使气路换向。气缸上腔通过气路 b 进压缩空气,下腔排气,活塞带动剪刀向下移到,系统又恢复到图示初始状态,待第二次进料剪切。图 10-4(b)所示为气动剪切机系统的图形符号。

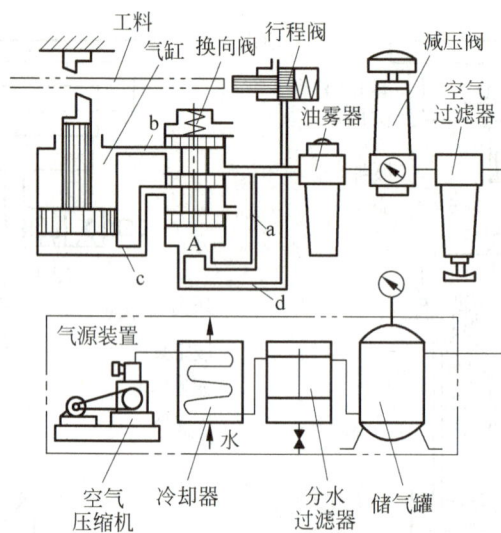

(a) 气压传动工作原理图

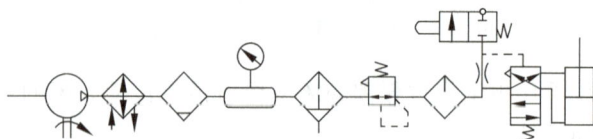

(b) 图形符号

图 10-4　气动剪切机的结构原理

从上面的分析可以看到:液压泵(空气压缩机)将电动机的机械能转换为流体的压力能,然后通过液压缸或液压电动机(气缸或气动电动机)将流体的压力能再转换为机械能以推动负载。

10.3　液压与气压传动系统的组成与优缺点

10.3.1　液压与气压传动系统的组成

从上面的典型实例可以看出,一个完整的、能够正常工作的液压与气动传动系统,由以下五个主要部分组成。

1. 工作介质

工作介质是传递力和能量的流体,如液压油、水、压缩空气等。

2. 动力装置

动力装置给液压系统供给压力油,是把机械能转换成液压能的装置。常见的动力装置有液压泵、空气压缩机、液压(气动)电动机等。

3. 执行装置

执行装置是把液压能转换成机械能的装置。常见的执行装置有做直线运动的液压缸,作回转运动的液压电动机等。

4. 控制调节装置

控制调节装置是对系统中的介质流动方向、压力、流量进行控制或调节的装置。常见的控制调节装置有方向控制阀、溢流阀、节流阀、调速阀等。

5. 辅助装置

辅助装置是连接动力、执行、控制调节装置或构成一个完整液压(气动)系统所必需的辅助元件,如油箱(气泵)、压力表、过滤器、管件、蓄能器、冷却装置等。

10.3.2　液压与气压传动的优缺点

1. 液压传动的优点

液压传动之所以能得到广泛的应用,是由于它具有以下的优点。

(1)单位功率的重量轻(比功率大),即在相同功率输出的条件下,体积小、重量轻、惯性小、结构紧凑、动态特性好,可在较大范围内实现无级调速。

(2)工作平稳、反应快、冲击小,能快速起动、制动和频繁换向。

(3)容易获得较大的力和转矩,可以使传动结构简单。

(4)操作控制方便,调节容易,易于实现自动化。当机、电、液配合使用时,易于实现较复杂的自动工作循环和较远距离的操控。

(5)易于实现过载保护,安全性好。采用矿物油为工作介质,相对运动表面间能自行润滑,可以延长元件的使用寿命。

(6)液压元件已实现标准化、系列化和通用化,便于液压系统的设计、制造和使用。

2. 液压传动的缺点

(1)液压传动以液压油为工作介质,在相对运动表面间会产生泄漏。

(2)由于液体可被压缩,因此液压传动不能保证严格的传动比。

(3)液压传动在工作过程中有较多的能量损失。

(4)液压传动的故障诊断比较困难,因此对维修人员的要求很高,需要系统地掌握液压传动知识并有一定的实践经验。

(5)随着液压系统向高压、高速、高效率和大流量方向发展,液压元件和系统的噪声增大,泄漏增多,容易造成环境污染。

3. 气压传动的优点

（1）工作介质是空气，取用方便，成本低，可以直接排入大气，污染小。

（2）空气黏度较低，流动阻力很小，压力损失少，适合集中供气和远距离传输与控制。

（3）对工作环境的适应性较好，在易燃、易爆、多尘埃、强辐射、大振动等恶劣工作环境中能保证可靠工作。

（4）维护简单方便，管道不易堵塞，能实现过载自动保护，并不易发生过热现象。

4. 气压传动的缺点

（1）工作压力较低（工业生产中常用压力为1MPa），一般用于小功率的场合。在相同输出力的情况下，气压传动装置比液压传动装置的体积要大。

（2）由于空气的可压缩性大，气压传动的速度稳定性差，给系统的位置和速度控制精度带来很大影响，一般采用气液联动才能获得较理想的效果。

（3）排气噪声大，须加消声器。

随着工业的发展，气动技术的应用领域已从汽车、采矿、钢铁、机械工业等行业迅速扩展到化工、轻工、食品、军事工业等各个领域。气动技术已发展成包含传动、控制与检测在内的自动化技术。未来将形成机、电、液、气、控的综合技术，将向节能化、小型化、轻量化、位置控制高精度化方向发展。

10.4 液压传动基础知识

10.4.1 液压传动介质知识

1. 液压油

液压油是液压传动系统中的传动介质，而且还对液压装置的机构、零件起着润滑、冷却和防锈作用。液压传动系统的压力、温度和流速在很大的范围内变化，因此液压油的质量优劣直接影响液压系统的工作性能。常见的液压油有普通液压油、专用液压油、抗磨液压油等。

2. 液压油的特性

1）密度

单位体积液体的质量称为液体的密度。液压油的密度随压力的增大而稍有增加，随温度的升高而减小。液体的密度越大，液压泵油液的吸入性越差。

$$\rho = m/V \tag{10-1}$$

通常矿物油的密度为 $850\sim950\mathrm{kg/m^3}$。

2）闪火点

油温升高时，部分油会蒸发而与空气混合成油气，该油气所能点火的最低温度称为闪火点。

3）黏性

液体在外力作用下流动时，由于液体分子间的内聚力而产生一种阻碍液体分子之间进行相对运动的内摩擦力，液体的这种产生内摩擦力的性质称为液体的黏性。黏性的大小用黏度来表示。

黏度是液压油的性能指标。习惯上使用运动黏度标注液体的黏度，我国的液压油以40℃时运动黏度中心值（m^2/s）为黏度等级标号，即牌号。例如，牌号为 L-HL22 的普通液压油在 40℃时运动黏度的中心值为 $22m^2/s$。

（1）压力对黏度的影响。压力增大，黏度增大。

（2）温度对黏度的影响。液压油黏度对温度变化十分敏感，温度升高，黏度降低。

4）可压缩性

液体受压力作用而体积减小的特性称为液体的可压缩性。

液压油在低、中压时可视为非压缩性液体，在高压状态时有一定的可压缩性，液压油的可压缩性是钢材的 100～150 倍。

10.4.2 管路中液体的压力损失和流量损失

实际黏性液体在流动时存在阻力，为了克服阻力需要消耗一部分能量，便会产生能量损失。在液压传动中，能量损失主要表现为沿程压力损失和局部压力损失两种情况。

1. 沿程压力损失

油液沿等直径直管流动时所产生的压力损失称为沿程压力损失，这是由液体流动时的内、外摩擦力所引起的。

2. 局部压力损失

油液流经局部障碍（如弯头、接头、管道截面突然扩大或收缩）时，由于液流的方向和速度的突然变化，在局部形成旋涡引起油液质点间、质点与固体壁面间相互碰撞和剧烈摩擦而产生的压力损失称为局部压力损失。

10.5 液压动力装置

液压动力装置是液压系统不可缺少的核心元件。液压泵将原动机（电动机或内燃机）输出的机械能转换为系统工作液体（液压油或压缩空气）的压力能，是一种能量转换装置。

液压泵的分类方式很多，它可按压力的大小分为低压泵、中压泵和高压泵；也可按流量是否可调节分为定量泵和变量泵；还可按泵的组成结构分为齿轮泵、叶片泵和柱塞泵，其中，齿轮泵和叶片泵多用于中、低压系统，柱塞泵多用于高压系统。

10.5.1 液压泵的工作原理

1. 单柱塞式液压泵工作原理

图 10-5 所示为单柱塞式液压泵的工作原理图。

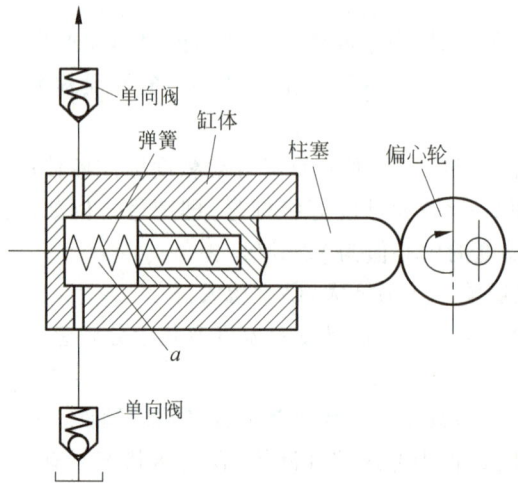

图 10-5　单柱塞式液压泵的工作原理

（1）吸油过程。柱塞在弹簧的作用下始终压紧在偏心轮上。原动机驱动偏心轮旋转使柱塞作往复运动，使密封容积 a 的大小发生周期性的交替变化。当 a 由小变大时就形成部分真空，使油箱中油液在大气压作用下，经吸油管顶开单向阀进入油箱，实现吸油。

（2）压油过程。当密封容积 a 由大变小时，a 中油液流向单向阀，单向阀阀口关闭，截止油液流入油箱，此时，a 中吸满的油液受柱塞挤压顶开单向阀的球阀，流入系统，实现压油。原动机驱动偏心轮不断旋转，液压泵就不断地吸油和压油，这样液压泵就将原动机输入的机械能转换成液体的压力能。

这种依靠泵密封工作腔的容积周期性变化来实现吸油和压油的液压泵，称为容积式液压泵。

2. 液压泵的主要性能参数

1）液压泵的工作压力

液压泵实际工作时的输出压力称为液压泵的工作压力，用符号 P 表示。工作压力取决于外负载的大小和排油管路的压力损失，而与液压泵的流量无关。

2）液压泵的排量和流量

（1）排量 V：理论上液压泵每转一周应排出的油液体积，单位是 L/r。液压泵排量的大小仅与泵的几何尺寸有关。

（2）理论流量 q_t：液压泵在单位时间内应排出的油液体积，$q_t = V \cdot n$（其中 n 为转速，V 为密封容积排量），单位为 L/min。

（3）实际流量 q_{ac}：液压泵在单位时间内实际排出的油液体积。

3）泵的功率

实际输出功率 P_{ac}：液压泵输出液压功率

$$P_{ac} = p \times q_{ac}/60 \tag{10-2}$$

4）液压泵的转速

额定转速 n：额定压力下能连续长时间正常运转的最高转速。

3. 液压泵的职能符号

液压泵的职能符号如图10-6所示。

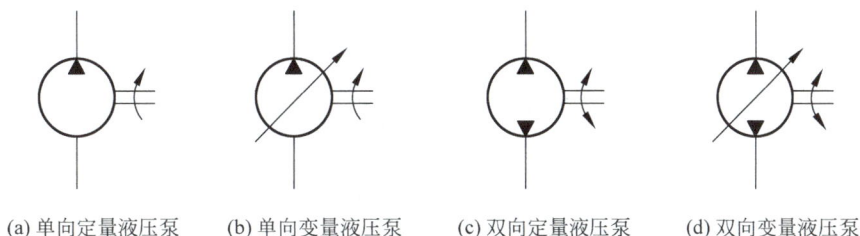

(a) 单向定量液压泵　　(b) 单向变量液压泵　　(c) 双向定量液压泵　　(d) 双向变量液压泵

图 10-6　液压泵的职能符号

10.5.2　齿轮泵

1. 外啮合齿轮泵结构与工作原理

外啮合齿轮泵具有结构简单、紧凑、容易制造、成本低,对油液污染不敏感,工作可靠、维护方便、寿命长等优点,因此广泛应用于各种低压系统中,如图10-7所示。

外啮合齿轮泵主要由液压泵壳体、一对啮合的齿轮、泵轴和前后泵盖组成。齿轮两侧由端盖罩住,壳体、端盖和齿轮的各个齿间槽组成了许多密封工作腔。

（1）吸油过程。当齿轮按图10-7所示方向旋转时,右侧吸油腔由于相互啮合的齿轮轮齿逐渐脱开,密封工作容腔逐渐增大,腔内压强减小,形成部分真空,油箱中的油液在外界大气压的作用下,经吸油管进入吸油腔,将齿间槽充满,并随着齿轮旋转,把油液带到左侧的压油腔。

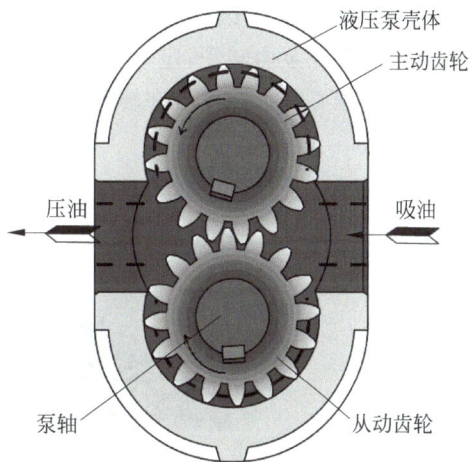

图 10-7　外啮合齿轮泵

（2）压油过程。在压油区一侧,由于齿轮在这里逐渐进入啮合,密封工作腔容积不断减小,油液便被挤出去,从压油腔输送到压油管路中去。

2. 内啮合齿轮泵结构与工作原理

1）内啮合齿轮泵结构特点

（1）优点:结构紧凑,体积小,零件少,转速可高达 10000r/mim,工作噪声低、运行平稳,容积效率较高,无困油现象。

（2）缺点：流量脉动大，转子的制造工艺较复杂，使用时容易受限。

2）内啮合齿轮泵工作原理

一对相互啮合的小齿轮和内齿轮与侧板所围成的密闭容积被齿轮啮合线分割成两部分，当传动轴带动小齿轮旋转时，轮齿脱开啮合的一侧密闭容积增大，为吸油腔；轮齿进入啮合的一侧密闭容积减小，为压油腔，如图 10-8 所示。

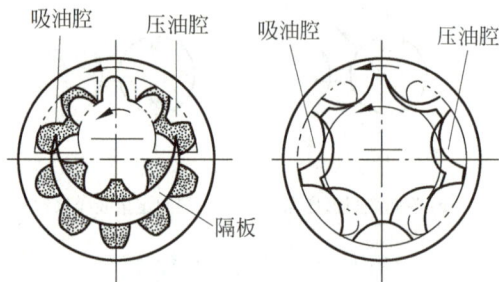

图 10-8　内啮合齿轮泵工作原理图

10.5.3　叶片泵

1. 叶片泵结构与工作原理

1）单作用叶片泵组成与工作原理

单作用叶片泵由转子、定子、叶片及壳体、端盖等组成。定子具有圆柱形内表面，定子和转子间有偏心距。叶片装在转子槽中，并可在槽内滑动，如图 10-9 所示。

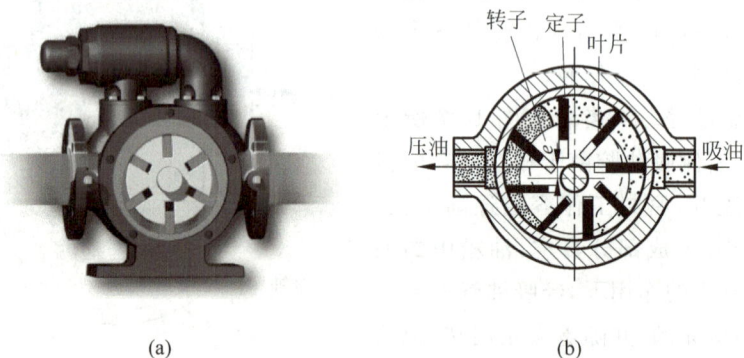

(a)　　　　　　　　　　(b)

图 10-9　单作用叶片泵

单作用叶片泵在定子、转子、叶片和两侧配油盘间形成若干个密封的工作容腔，转子每转一周，每个工作容腔就完成一次吸油和压油，因此称为单作用叶片泵。转子不停地旋转，泵就周期性地吸油和压油。

2）单作用叶片泵的特点

（1）改变定子和转子之间的偏心距，便可调节泵的输出流量。

（2）单作用叶片泵的叶片数一般为 13 或 15 片。

（3）由于转子受到不平衡的径向液压作用力，因此这种泵一般不宜用于高压。

2. 双作用叶片泵组成及工作原理

双作用叶片泵定子内表面似椭圆，由两个大半径 R 圆弧、两个小半径 r 圆弧和四段过渡曲线组成，且定子和转子同心。配油盘上开两个吸油窗口和两个压油窗口，如图 10-10 所示。

当转子按图 10-10 所示方向转动时，叶片由小半径 r 处向大半径 R 处移动，两叶片间容积增大，通过吸油口 a 吸油；当叶片由大半径 R 处向小半径 r 处移动时，两叶片间容积减小，油液压力升高，通过压油口 b 压油。

转子每转一周，每一叶片往复运动两次，故称为双作用叶片泵。双作用叶片泵的排量不可调节，属于定量泵。

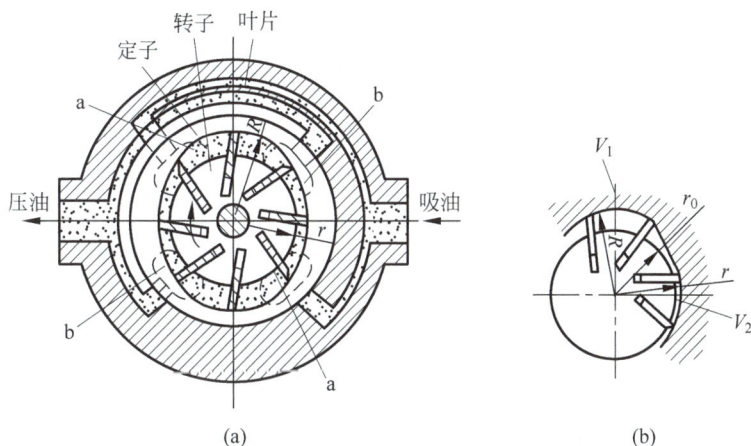

(a)　　　　　　　　(b)

图 10-10　双作用叶片泵结构图

10.5.4　柱塞泵

1. 径向柱塞泵

径向柱塞泵转子的中心与定子中心有一偏心距 e，缸体由原动机带动柱塞一起旋转，柱塞在离心力（或低压油）作用下抵紧定子内壁，当转子按图 10-11 所示方向旋转时，右半周的柱塞往外滑动，柱塞底部的密封工作腔容积增大，通过配流轴轴向孔吸油；左半周的柱塞往里滑动，柱塞孔内的密封工作腔容积减小，通过配流轴轴向孔压油。

2. 轴向柱塞泵

轴向柱塞泵由柱塞、缸体、配流盘等构成若干密封容积，如图 10-12 所示。当缸体转动时，柱塞滑履组始终与斜盘面接触，柱塞在水平方向作往复运动，产生相对水平位移。当柱塞在某一区域缩进（水平方向由左向右移动）时密封容积减小，通过配流盘压出液压油。当柱塞在某一区域伸出（水平方向由右向左移动）时密封容积增大，通过配流盘完成吸油。当改变斜盘的倾角即可改变泵的排量。

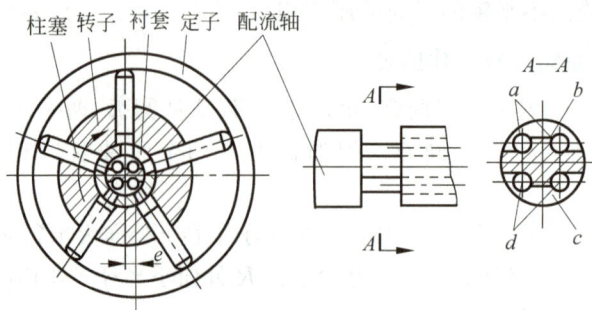

图 10-11　径向柱塞泵

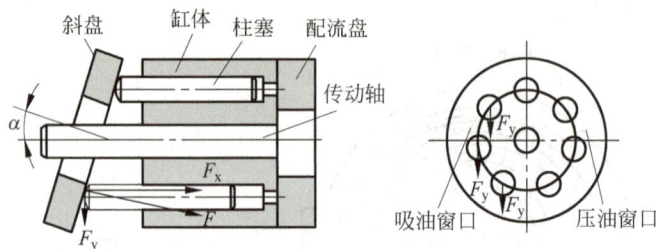

图 10-12　轴向柱塞泵

10.6　液压执行元件

液压执行元件是把液压能转变为机械能输出的装置,有液压缸和液压马达两大类。

10.6.1　液压缸

液压缸又称为油缸,它是液压系统中的一种执行元件,其功能就是将液压系统的压力能转变成液压执行机构直线往复式的机械运动。

1. 液压缸的分类

液压缸按结构特点的不同可分为活塞缸、柱塞缸和摆动缸三类。

活塞缸和柱塞缸用于实现直线运动,输出推力 P 和速度 v。

摆动缸用于实现小于 $360°$ 的转动,输出转矩 n 和角速度 ω。

液压缸按其作用方式不同可分为单作用液压缸和双作用液压缸两种。

单作用液压缸中液压力只能使活塞(或柱塞)单方向运动,反方向运动必须依靠外力(弹簧)实现,如图 10-13 所示。

双作用液压缸可由液压力实现(液压缸缸杆前伸/液压缸缸杆回退)两个方向的运动。

2. 液压缸的典型结构组成

活塞式液压缸通常由缸筒、缸盖、活塞、活塞杆、缓冲装置、放气装置和密封装置等组

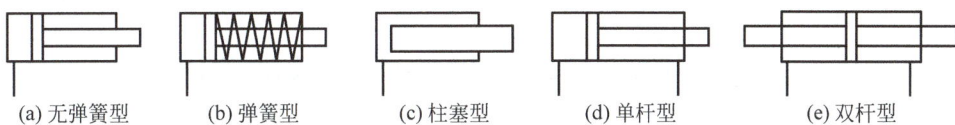

(a) 无弹簧型   (b) 弹簧型   (c) 柱塞型   (d) 单杆型   (e) 双杆型

图 10-13   单作用液压缸

成。选用液压缸时，首先应考虑活塞杆的长度，再根据回路的最高压力选用适合的液压缸。

10.6.2　液压马达

1. 液压马达概述

液压马达是将液体压力能转换为机械能的装置，输出转矩和转速。

液压马达图形符号如图 10-14 所示。

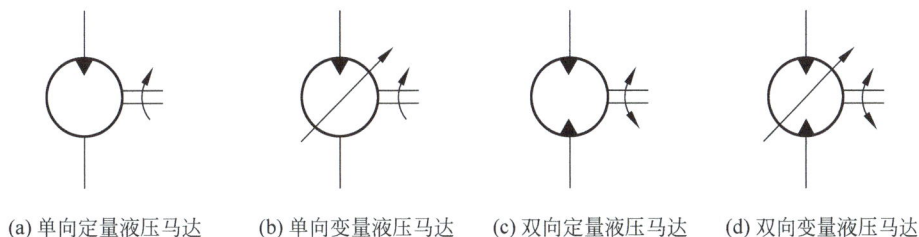

(a) 单向定量液压马达   (b) 单向变量液压马达   (c) 双向定量液压马达   (d) 双向变量液压马达

图 10-14   液压马达图形符号

液压马达按其结构可以分为齿轮式、叶片式、柱塞式和其他型式。

2. 液压马达工作原理

图 10-15 所示为齿轮式液压马达的工作原理图。齿轮式液压马达起动力矩小，低速稳定性差，适用于汽车液压系统的回转运动机构中。

图 10-16 所示为叶片式液压马达的工作原理。为了保证叶片式液压马达正反转的要求，叶片沿转子径向安放，进、出油口通径一样大，同时叶片根部必须与进油腔相通，使叶片与定子内表面紧密接触，在泵体内装有两个单向阀。

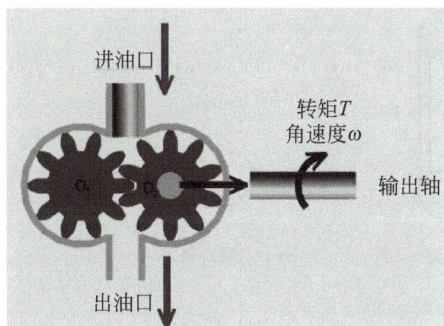

图 10-15   齿轮式液压马达的工作原理

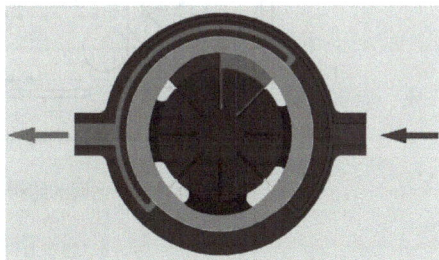

图 10-16   叶片式液压马达的工作原理

10.7　液压控制元件与液压基本回路

液压控制阀是液压系统的控制元件,通常由阀体、阀芯和驱动阀芯动作的元件组成。液压阀是利用阀芯在阀体内的相对运动来控制阀口的通断以及阀口开度的大小,来实现压力、流量和方向控制的,其作用是控制和调节液压系统中液体流动的方向、压力的高低和流量的大小,以满足执行元件的工作需要。

液压控制阀按用途不同可分为方向控制阀、压力控制阀和流量控制阀三大类。

方向控制阀:用来控制和改变液压系统液流方向,如单向阀、换向阀等。

压力控制阀:用来控制和调节液压系统液流压力,如溢流阀、减压阀、顺序阀等。

流量控制阀:用来控制和调节液压系统液流流量,如节流阀、调速阀等。

液压基本回路是能在实际工程中实现某种规定功能的液压元件的组合,是液压系统的组成部分。按完成的功能不同可分为方向控制回路、压力控制回路和速度控制回路等。

10.7.1　方向控制阀与方向控制回路

1. 方向控制阀

常用的方向控制阀有单向阀和换向阀两种。单向阀主要用于控制油液的单向流动;换向阀主要用于改变油液的流动方向或接通、切断油路。

1) 普通单向阀

普通单向阀用于控制液流作单一方向流动,图 10-17(a)所示为普通单向阀的结构原理图。

当液压油从左端 P_1 口流入,压力油作用在阀芯左端,克服右端弹簧力使阀芯右移,推动球阀,阀口开启,油液经阀芯上的径向孔、轴向孔从右端 P_2 口流出。若液压油从右端 P_2 口流入,压力油与弹簧力叠加同向(向左)作用,将阀芯(球阀)紧压在阀座上,阀口关闭,油液不能通过。图 10-17(b)所示是单向阀的图形符号。

单向阀特点:只允许液流单一方向流动,反向则被截止。

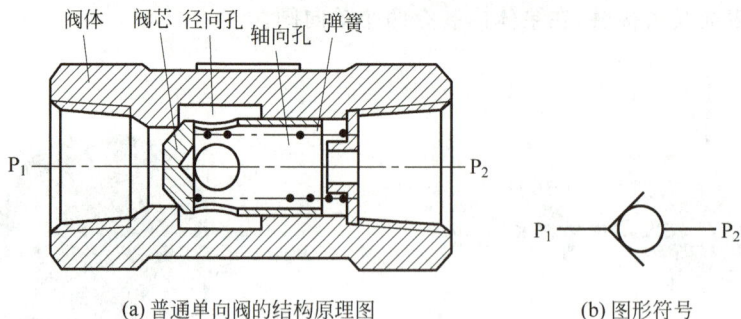

(a) 普通单向阀的结构原理图　　　　(b) 图形符号

图 10-17　单向阀

2) 换向阀

换向阀利用阀芯相对于阀体的相对运动,使油路接通、关断,或变换油流动的方向,从而使液压执行元件起动、停止或变换运动方向。

（1）对换向阀的基本要求。

① 油液流经换向阀时的压力损失要小。

② 互不相通的油口间的泄漏要小。

③ 换向要平稳、迅速且可靠。

（2）换向阀的分类见表 10-1。

表 10-1 换向阀的分类方式

分 类 方 式	换向阀类型
按阀芯结构组成分类	滑阀式、转阀式和锥阀式
按阀芯定位方式分类	钢球定位式、弹簧复位式
按阀芯位置数和通道数分类	二位二通、二位三通、二位四通、三位四通、三位五通
按阀的操纵方式分类	手动、机动、电磁动、液动、电液动
按阀的安装方式分类	管式、板式、法兰式、叠加式、插装式

（3）滑阀。常用的换向阀阀芯在阀体内作往复滑动称为滑阀。滑阀是一个有多段环形槽的圆柱体，其直径大的部分称台肩，台肩与阀体内孔相配合。阀体内孔中加工有若干段环形槽，阀体上有若干个与外部相通的通路口，并与相应的环形槽相通，如图 10-18 所示。

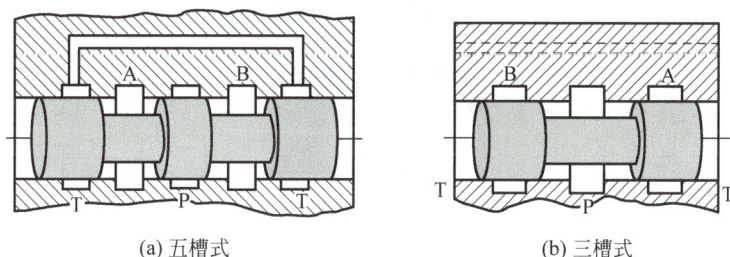

(a) 五槽式　　　　　　　(b) 三槽式

图 10-18 四通滑阀结构

3）换向阀的工作原理

如图 10-19 所示状态下，液压缸两腔不通压力油，活塞处于停止状态。若使阀芯左移，阀体的油口 P 和 A 连通、B 和 T 连通，则压力油经 P、A 进入液压缸左腔，右腔油液经 B、T 流回油箱，活塞向右运动；反之，若使阀芯右移，则油口 P 和 B 连通、A 和 T 连通，活塞向左运动。

4）换向阀的"位"与"通"

换向阀工作位置的个数称为"位"，与液压系统中油路相连通的油口个数称为"通"。阀芯在阀体中有左、中、右三个停留位置，即为

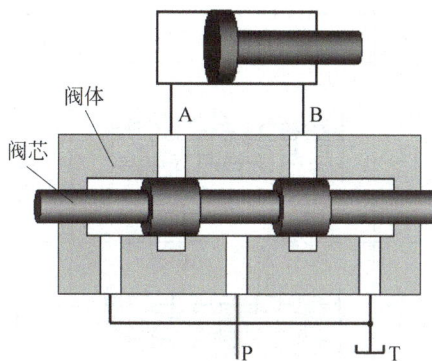

图 10-19 换向阀结构原理

"三位"阀,与外部液压系统有 4 个油口相通,即为"四通"。常用的换向阀有:二位二通、二位三通、二位四通、二位五通、三位三通、三位四通、三位五通和三位六通等。常用换向阀的主体结构及图形符号见表 10-2。换向阀中位机能见表 10-3。

表 10-2　常用换向阀的主体结构及图形符号

名　称	结构原理图	图形符号
二位二通	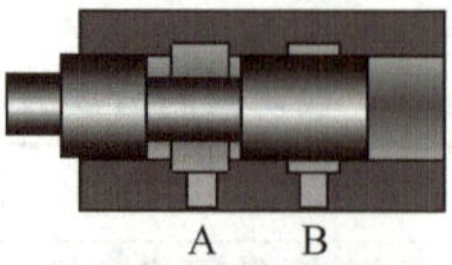 A　B	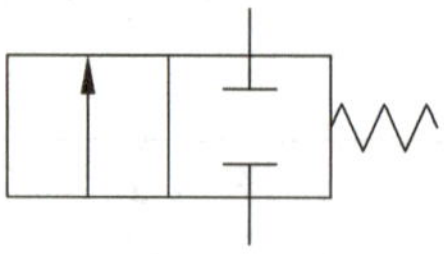
二位三通	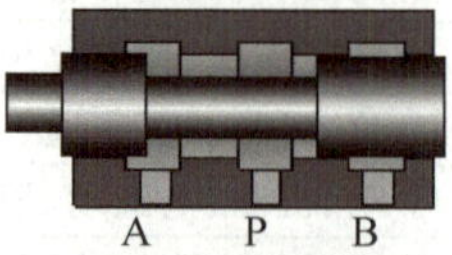 A　P　B	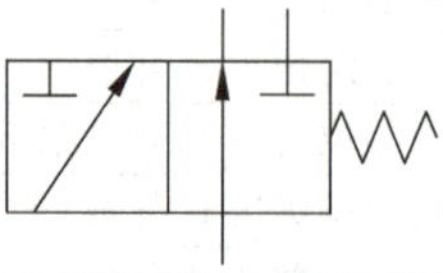
二位四通	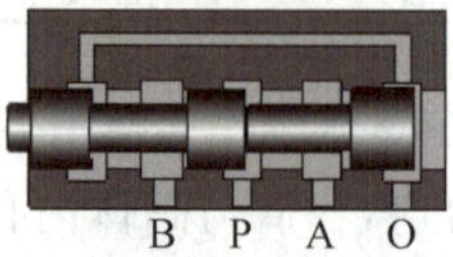 B　P　A　O	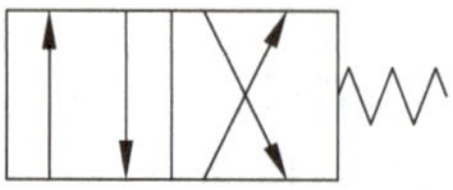
二位五通	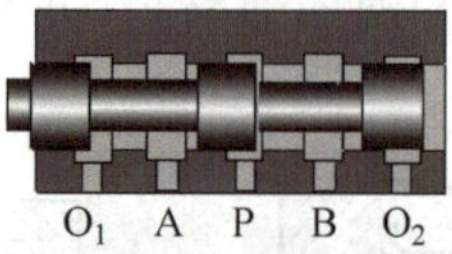 O_1　A　P　B　O_2	
三位四通	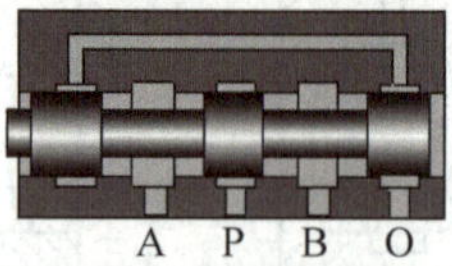 A　P　B　O	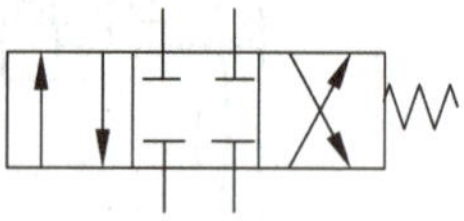
三位五通	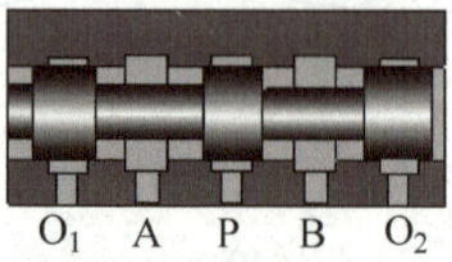 O_1　A　P　B　O_2	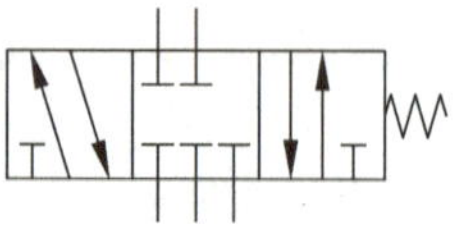

表 10-3　换向阀中位机能

型式	结构简图	图形符号	中位油口状况、特点及应用
O 型	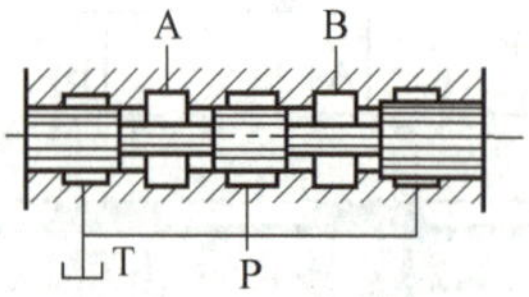 A　B　T　P	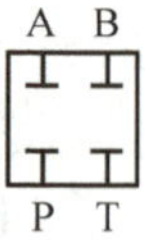 A B P T	各油口全封闭,换向精度高,但有冲击,缸被锁紧,泵不卸荷,并联缸可运动
H 型	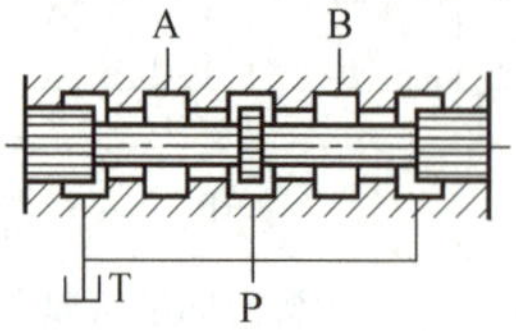 A　B　T　P	 A B P T	各油口全通,换向平稳,缸浮动,泵卸荷

续表

型式	结 构 简 图	图形符号	中位油口状况、特点及应用
Y 型	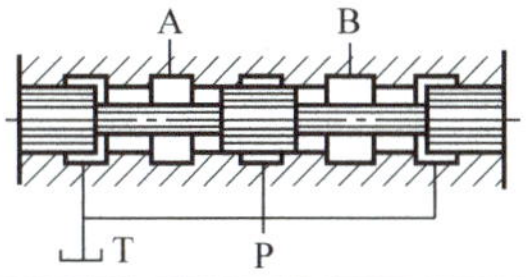	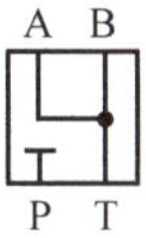	P 口封闭，A、B、T 口相通，换向较平稳，缸浮动，泵不卸荷，并联缸可运动
M 型	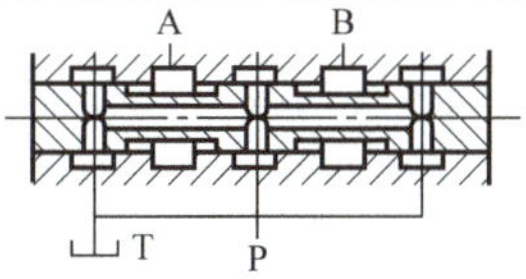	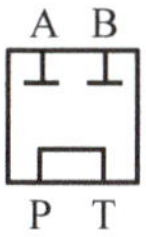	P、T 口相通，A 与 B 口均封闭，缸被锁紧，泵卸荷，换向精度高
P 型	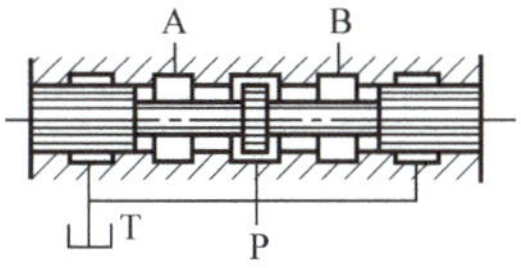	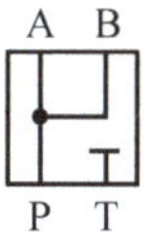	P、A、B 口相通，T 口封闭，换向最平稳，双杆缸浮动，单杠缸差动，泵不卸荷，并联缸可运动

5）换向阀图形符号和含义

（1）用方框表示阀的工作位置数，有几个方框就是几位阀。

（2）在一个方框内，箭头"↑"、堵塞符号"┬"或"⊥"与方框相交的点数就是通路数，有几个交点就是几通阀，箭头"↑"表示阀芯处在这一位置时两油口相通，但不一定是油液的实际流向，"┬"或"⊥"表示此油口被阀芯封闭（堵塞）不通流。

（3）三位阀中间的方框、两位阀画有复位弹簧的方框为常态位置（即未施加控制号以前的原始位置）。在液压系统原理图中，换向阀的图形符号与油路的连接一般应画在常态位置上。工作位置应按"左位"画在常态位的左面，"右位"画在常态位右面的规定，同时在常态位上应标出油口的代号。

（4）控制方式和复位弹簧的符号画在方框的两侧。

6）换向阀的操控方式

换向阀的操控方法见表10-4。

表 10-4　换向阀的操控方法

控制方法	图形符号	符号说明
手动控制	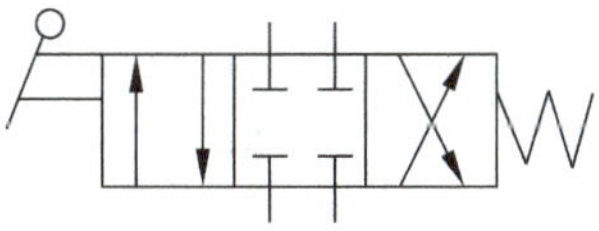	三位四通手动换向阀，左端表示手动把手，右端表示复位弹簧
机动（行程）控制	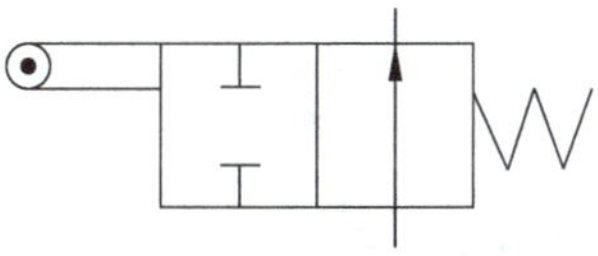	二位二通机动换向阀，左端表示可伸缩压杆，右端表示复位弹簧
电磁控制	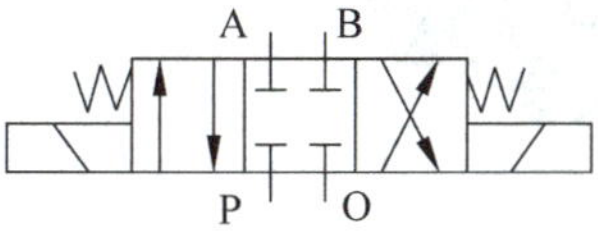	三位四通电磁换向阀，左、右两端都有驱动阀芯动作的电磁铁和对中位弹簧

续表

控制方法	图形符号	符号说明
液压控制		三位四通液动换向阀，K_1、K_2为控制阀芯动作的液压油进、出口，当K_1、K_2无压时，靠左、右复位弹簧复中位
电液控制		Ⅰ为三位四通先导阀，双电磁铁驱动弹簧对中位，Ⅱ为三位四通主阀，由液压驱动。X为控制压力进油口，Y为控制回油口

2. 其他常用换向阀

1）手动换向阀

图 10-20 所示为自动复位式手动换向阀。放开手柄，阀芯在弹簧的作用下自动回复中位，该阀适用于动作频繁、工作持续时间短的场合，操作比较安全，常用于工程机械的液压传动系统中。

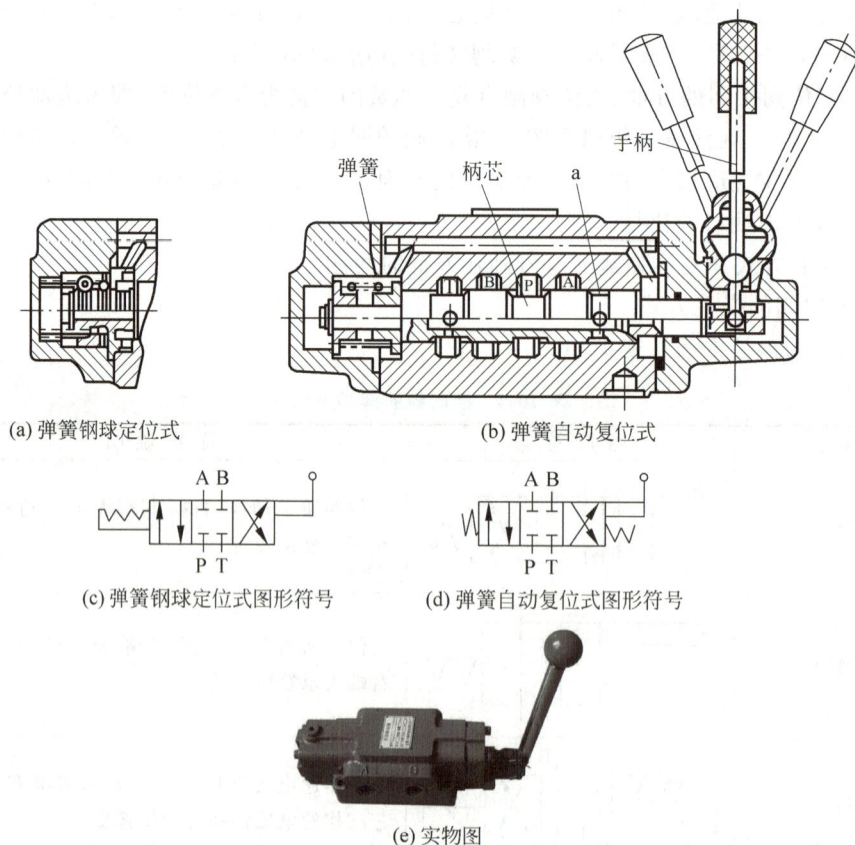

(a) 弹簧钢球定位式　　　　　(b) 弹簧自动复位式

(c) 弹簧钢球定位式图形符号　　(d) 弹簧自动复位式图形符号

(e) 实物图

图 10-20　自动复位式手动换向阀

2）行程换向阀

行程换向阀利用安装在运动部件上的挡块或凸块,推压阀芯端部滚轮使阀芯移动,从而使油路换向。图 10-21(a)所示为二位二通常闭式机动换向阀结构。

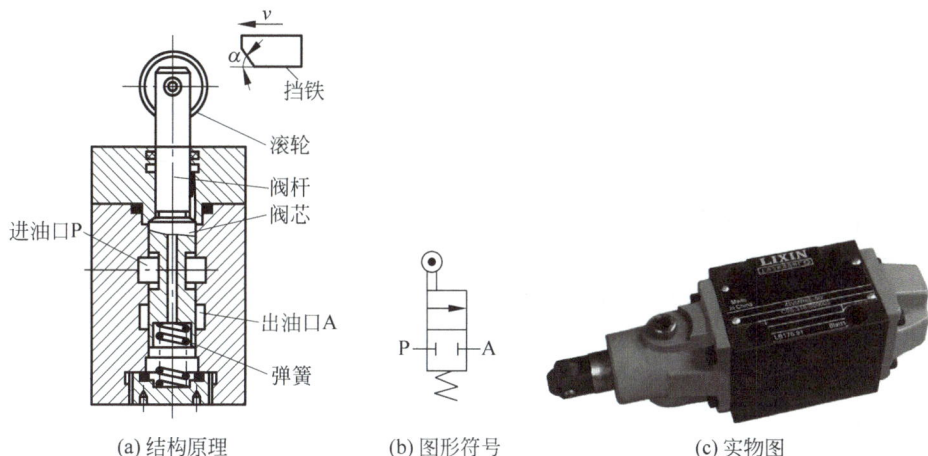

(a)结构原理　　　(b)图形符号　　　(c)实物图

图 10-21　二位二通常闭式机动换向阀结构

在图示状态下,阀芯被弹簧顶向上端,油口 P 和 A 不通。当挡铁压下滚轮时,阀芯换位移到下端,油口 P 和 A 连通。图 10-21(b)所示为图形符号。

3）电磁换向阀

电磁换向阀是利用电磁铁的通电吸合与断电释放直接推动阀芯来控制液流方向的换向阀。

按使用的电源不同,电磁换向阀可分为交流和直流两种,交流电压为 220V 或 380V,直流电压为 24V。

图 10-22 所示为二位三通交流电磁换向阀结构,在图示位置,油口 P 和 A 相通,油口 B 断开;当电磁铁通电吸合时,推杆将阀芯推向右端,这时油口 P 和 A 断开,而与 B 相通。当电磁铁断电释放时,弹簧推动阀芯复位。

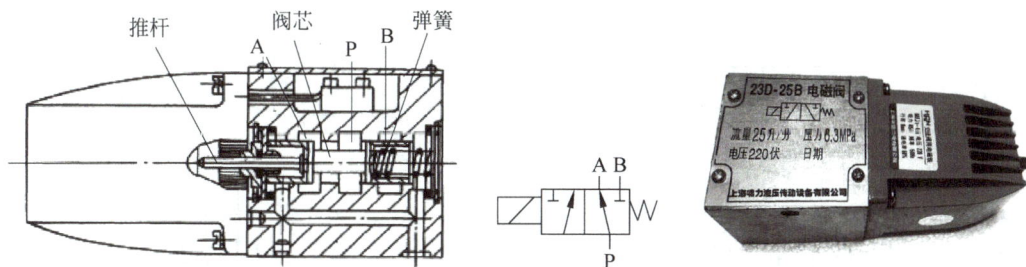

图 10-22　二位三通交流电磁换向阀结构

3. 方向控制回路

在液压系统中,起控制执行元件的起动、停止及换向作用的回路称为方向控制回路。方向控制回路包括换向回路、锁紧回路和制动回路等。

1）电磁换向阀组成换向回路

图 10-23 所示为采用三位四通电磁换向阀的换向回路（YA1、YA2 表示电磁铁）。

（1）当 YA1 通电、YA2 断电时，换向阀处于左位工作，液压缸左腔进油，液压缸右腔的油流回油箱，活塞向右移动。

（2）当 YA1 断电、YA2 通电时，换向阀处于右位工作，液压缸右腔进油，液压缸左腔的油流回油箱，活塞向左移动。

（3）当 YA1、YA2 都断电时，换向阀处于中位工作，活塞停止运动。

电磁换向阀的换向回路应用最为广泛，尤其在自动化程度要求较高的组合机床液压系统中被普遍采用。

2）锁紧回路

为了使工作部件能在任意位置上停留，以及在停止工作时，防止在受力的情况下发生移动，可以采用锁紧回路。

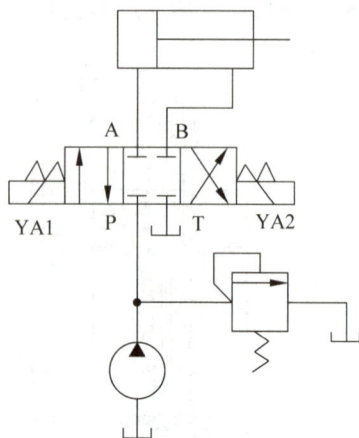

图 10-23　采用三位四通电磁换向阀的换向回路

采用 O 型或 M 型机能的三位换向阀，当阀芯处于中位时，液压缸的进、出口都被封闭，可以将活塞锁紧，这种锁紧回路由于受到滑阀泄漏的影响，锁紧效果较差。

图 10-24 所示为采用 O 型换向阀的锁紧回路。

图 10-25 是采用液控单向阀的锁紧回路。在液压缸的进、回油路中都串接液控单向阀（又称液压锁），活塞可以在行程的任何位置锁紧。其锁紧精度只受液压缸内少量的内泄漏影响，因此，锁紧精度较高。采用液控单向阀的锁紧回路，换向阀的中位机能使液控单向阀的控制油液卸压（换向阀采用 H 型或 Y 型），此时液控单向阀便立即关闭，活塞停止运动。

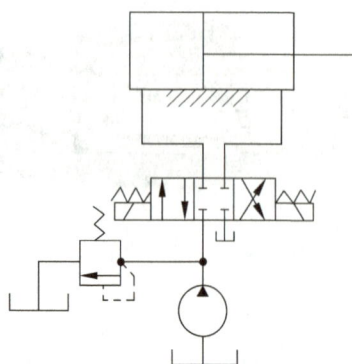

图 10-24　采用 O 型换向阀的锁紧回路

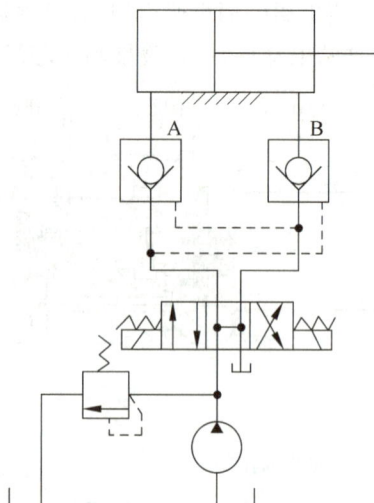

图 10-25　采用液控单向阀的锁紧回路

10.7.2 压力控制阀和压力控制回路

压力控制阀是控制液压系统压力或利用压力的变化来实现某种动作的阀,简称压力阀。这类阀的共同点是利用作用在阀芯上的液压力和弹簧力相平衡的原理进行工作的。按用途不同,压力控制阀可分溢流阀、减压阀、顺序阀和压力继电器等。

压力控制回路是对系统或系统某一部分的压力进行控制的回路。这种回路包括调压、卸荷、保压、减压、增压、平衡等多种回路。

1. 压力控制阀

1) 溢流阀

常用的溢流阀按其结构形式和基本动作方式可分为直动式和先导式两种。

溢流阀是利用被控压力作为信号来改变弹簧的压缩量,从而改变阀口的通流面积和系统的溢流量来达到调定系统压力的目的。

(1) 直动式溢流阀

直动式溢流阀是依靠液压系统中的压力油直接作用在阀芯上与弹簧力相平衡,以控制阀芯的启闭动作。图 10-26 所示是一种低压直动式溢流阀,P 是进油口,T 是回油口,调节调压手轮松紧即可改变弹簧的压紧力,也就调整了溢流阀进口处的油液压力的大小。

直动式溢流阀结构简单,制造容易,成本低,但系统压力较高时,要求弹簧刚度大,压力稳定性较差,动作时有振动和噪声,多适用于低压系统。

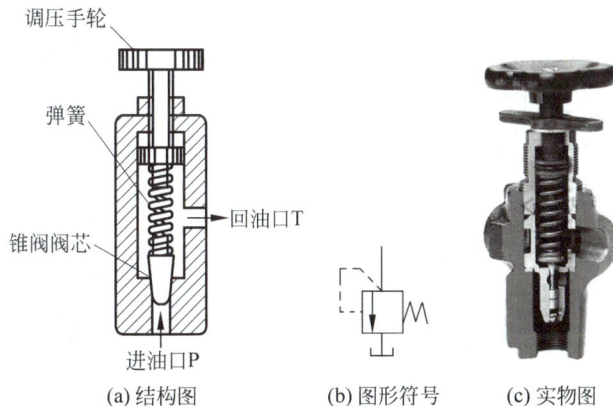

(a) 结构图　　　　(b) 图形符号　　(c) 实物图

图 10-26　低压直动式溢流阀

(2) 先导式溢流阀

图 10-27 所示为先导式溢流阀,它由先导阀和主阀两部分组成。

先导式溢流阀有一个远程控制口 K,如果 K 口通压力油,当压力油压力变化时,即可调节溢流阀主阀芯上端阀口处的液压力,从而对溢流阀的溢流压力实现远程调节。

当远程控制口 K 通过二位二通阀接通油箱时,主阀芯上端的压力接近于零,主阀芯上移到最高位置,阀口开得很大。由于主阀弹簧较软,这时溢流阀 P 口处压力很低,系统的油液在低压下通过溢流阀流回油箱,实现卸荷。

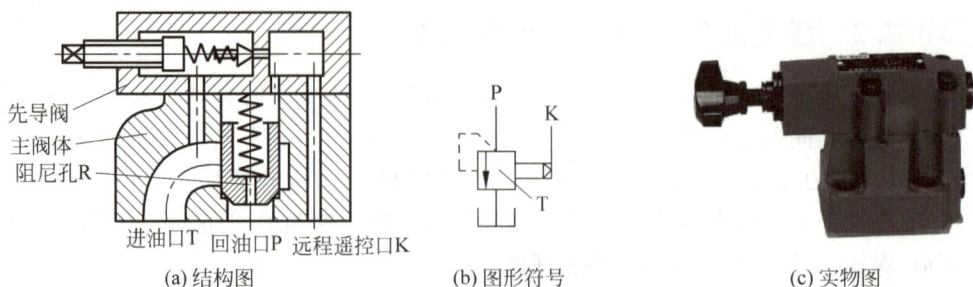

(a) 结构图　　　　　(b) 图形符号　　　　　(c) 实物图

图 10-27　先导式溢流阀

2）减压阀

减压阀是利用油液通过缝隙时产生压力损失的原理,使其出口压力低于进口压力的压力控制阀。

减压阀主要用来降低液压系统中某一分支油路的压力,使之低于液压泵的供油压力,以满足执行机构的需要,并保持压力基本恒定。

减压阀有直动式减压阀和先导式减压阀两类,先导式减压阀应用较多。

(1) 直动式减压阀

直动式减压阀减压实质：压力油流过缝隙后产生压力损失,使其出口压力低于进口压力。图 10-28 所示是直动式减压阀。

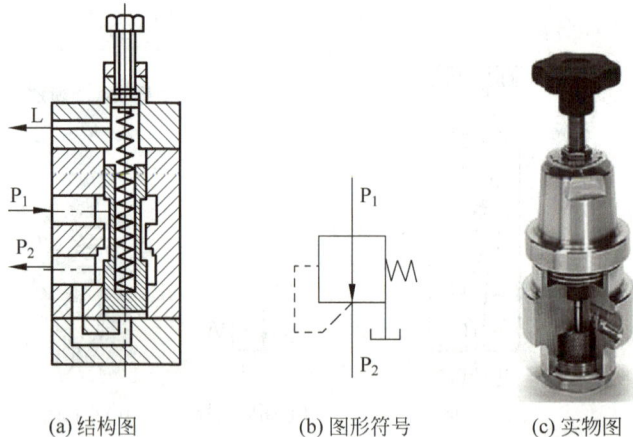

(a) 结构图　　　　　(b) 图形符号　　　　　(c) 实物图

图 10-28　直动式减压阀

(2) 先导式减压阀

工程实际中,当减压阀的输出压力较高或通过流量较大时,若用直动式减压阀直接调压,则弹簧刚度较大,流量变化时输出的压力脉动也较大,因此阀的结构尺寸也将增大。为克服这些缺点可使用图 10-29 所示的先导式减压阀。

先导式减压阀也是通过作用在阀芯的流体静压力与弹簧力相平衡、相比较的原理,促使阀芯运动并改变阀口的大小来调节输出量的。但减压阀的输出量是出口压力,不是进口压力。减压阀在不起减压作用的常态下阀口是全开的,减压时则关小。关得越小,减压

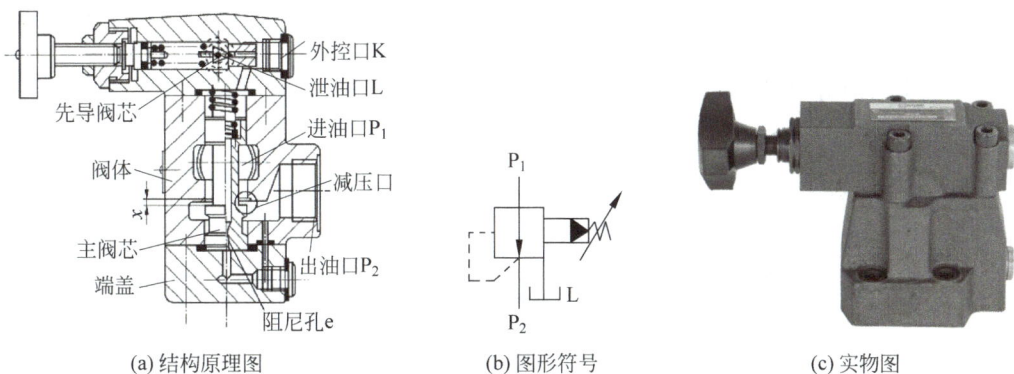

(a) 结构原理图　　　　　(b) 图形符号　　　　　(c) 实物图

图 10-29　先导式减压阀

量越大。

3）顺序阀

（1）顺序阀的结构和工作原理

顺序阀用来控制液压系统中各执行元件动作的先后顺序。根据控制压力的不同，顺序阀可分为内控式和外控式两种。内控式顺序阀的进口压力控制阀芯的启闭，外控式顺序阀用外来的控制压力油控制阀芯的启闭（即液控顺序阀）。

顺序阀有直动式和先导式两种，直动式顺序阀一般用于低压系统，先导式顺序阀用于中、高压系统。

（2）直动式顺序阀

图 10-30 所示为直动式顺序阀。当进油口 P_1 压力较低时，阀芯在弹簧作用下处于下端位置，进油口和出油口不相通。当作用在阀芯下端油液的液压力大于弹簧的预紧力时，阀芯向上移动，阀口打开，油液便通过阀口从出油口流出，从而控制另一个执行元件或其他元件动作。

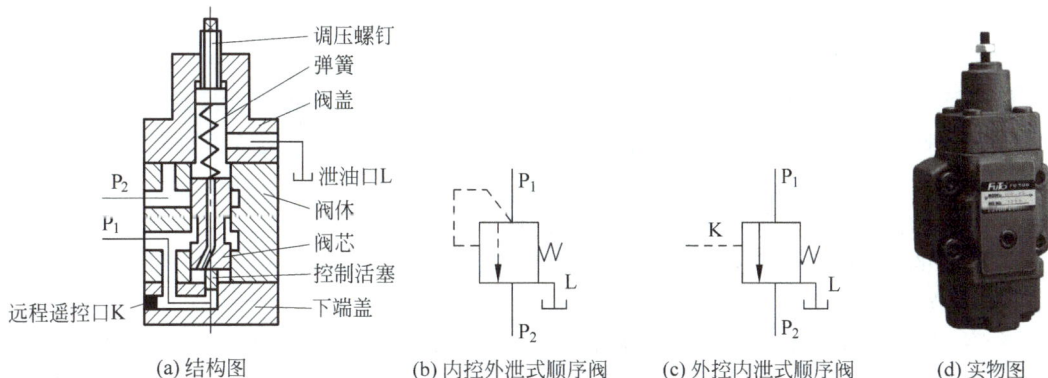

(a) 结构图　　　(b) 内控外泄式顺序阀　　　(c) 外控内泄式顺序阀　　　(d) 实物图

图 10-30　直动式顺序阀

（3）压力继电器

压力继电器是一种将油液的压力信号转换成电信号的电液控制元件，当油液压力达到压力继电器的调定压力时,即发出电信号,使继电器等元件动作,油路卸压、换向、执行元件实现顺序动作,或系统停止工作,起安全保护作用等。

图 10-31 所示为常用柱塞式压力继电器。

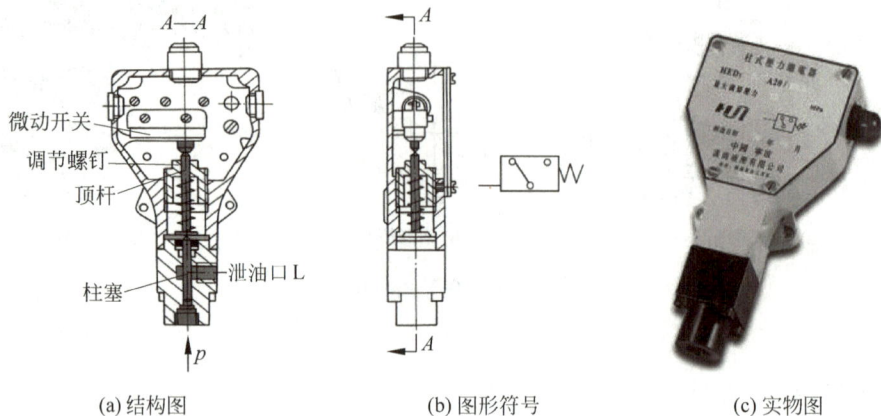

(a) 结构图   (b) 图形符号   (c) 实物图

图 10-31   常用柱塞式压力继电器

2. 压力控制回路

压力控制回路是用压力控制阀来控制和调节液压系统主油路或某一支路的压力,以满足执行元件速度换接回路所需的力或力矩的要求的基本回路。利用压力控制回路可实现对系统进行调压(稳压)、减压、增压、卸荷、保压与平衡等各种典型压力控制。

图 10-32 所示是典型压力控制回路,通过液压泵和溢流阀的并联连接,即可组成单级调压回路。

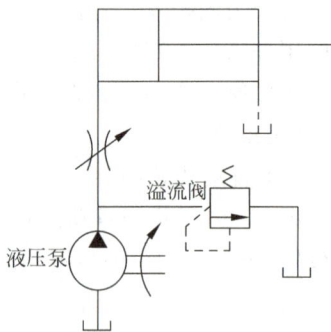

图 10-32   单级调压回路

10.7.3   流量控制阀与速度控制回路

1. 流量控制阀

液压系统中执行元件运动速度的大小,由输入执行元件的油液流量的大小来确定。流量控制阀就是依靠改变阀口通流面积(节流口局部阻力)的大小或通流通道的长短来控制流量的液压阀。

常用的流量控制阀有节流阀和调速阀两种。

常用的速度控制回路有调速回路、快速回路、速度换接回路等。

1) 节流阀

图 10-33 所示为节流阀。压力油分别从进油口 P_1 流入孔道 a 和阀芯左端的三角槽进入孔道 b,再从出油口 P_2 流出。调节手轮,可通过推杆使阀芯做轴向移动改变节流口的通流截面积以调节流量。阀芯在弹簧的作用下始终贴紧在推杆上,节流阀的进油口和出油口可互换。

节流阀结构简单、体积小、使用方便、成本低。但负载和温度的变化对流量稳定性的影响较大,因此只适用于负载和温度变化不大或速度稳定性要求不高的液压系统。

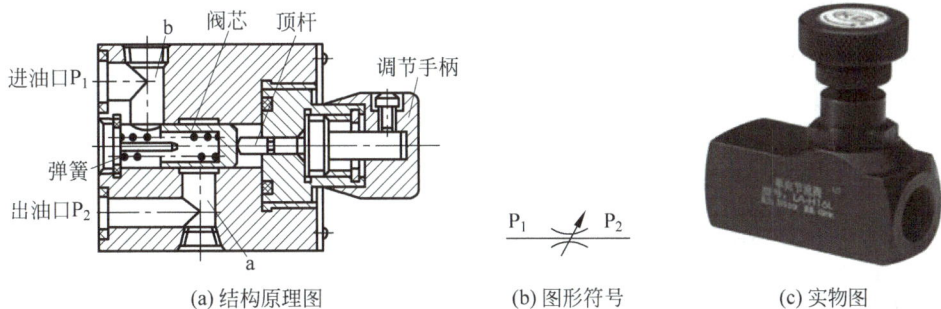

(a) 结构原理图　　　　　　(b) 图形符号　　　　　　(c) 实物图

图 10-33　节 流 阀

2）调速阀

调速阀是由一个定差减压阀与一个节流阀串联而成的组合阀。节流阀用来调节通过的油液流量，定差减压阀则自动补偿由负载变化对液压系统管路造成压力脉动的影响，使节流阀前后的压差 Δp 为定值（即节流阀前后压差 $\Delta p = p_2 - p_3$，不随负载变化而变化，基本保持一个定值），消除了负载变化对流量的影响。

如图 10-34(a) 所示，当外界负载力 F 增大时，压力 p_3 也增大，作用在减压阀阀芯左端的液压力也增大，阀芯右移，此时减压阀进油口开度增大，压力降减小，从而使减压阀出口压力 p_2 增大，保持了节流阀前后的压差 $\Delta p = p_2 - p_3$ 基本不变。

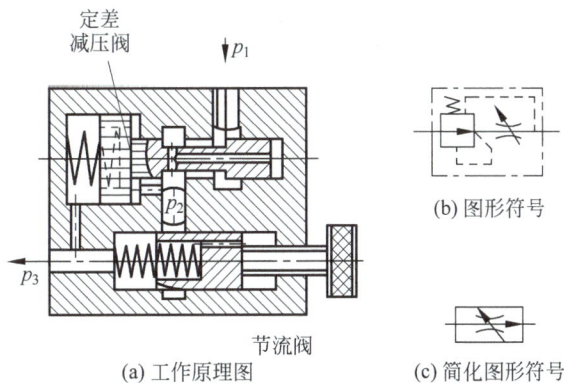

(b) 图形符号

(a) 工作原理图　　　　　　(c) 简化图形符号

图 10-34　调 速 阀

2. 速度控制回路

速度控制回路是调节和变换液压系统的速度，常用的速度控制回路有调速回路、快速回路、速度换接回路等。

1）节流调速回路

节流调速回路是用定量泵供油，通过调节流量阀的通流截面积大小来改变进入执行元件的流量，从而实现运动速度的调节。

（1）进油节流调速回路

进油节流调速回路是将节流阀装在执行机构的进油路上，如图 10-35 所示。泵的供油压力由溢流阀调定，调节节流阀的开口，改变进入液压缸的流量，即可调节缸的速度。泵出多余的流量经溢流阀流回油箱，故无溢流阀则不能调速。

（2）回油节流调速回路

回油节流调速回路将节流阀安装在液压缸的回油路上，其调速原理如图 10-36 所示。

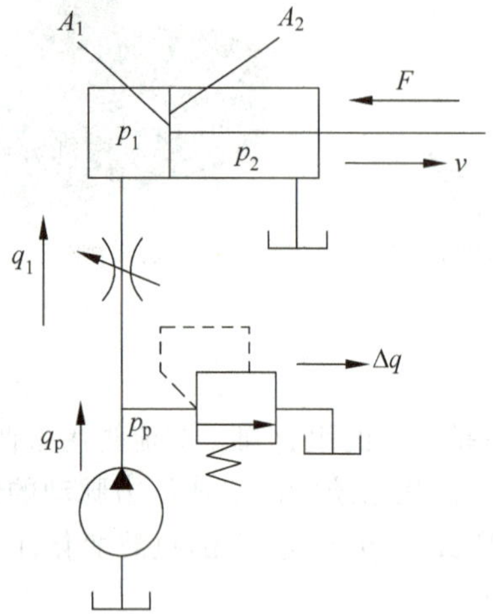

图 10-35 进油节流调速回路

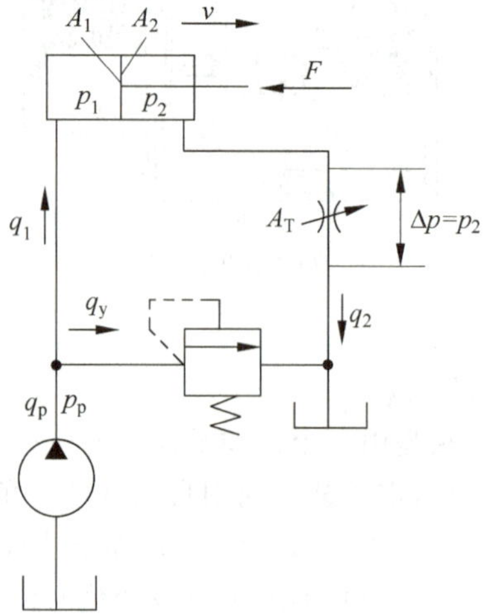

图 10-36 回油节流调速回路

回油节流调速回路结构简单，价格低廉，但效率较低，只宜用在负载变化不大、低速、小功率场合，如某些机床的进给系统中。实际应用中普遍采用进油路节流调速，并在回油路上加一个背压阀以提高运动的平稳性。

2）快速运动回路

为了提高生产效率，机床工作部件常常要求实现空行程（或空载）的快速运动，这时要求液压系统流量大而压力低。差动连接快速运动回路是在不增加液压泵输出流量的情况下，来提高工作部件运动速度的一种快速回路，其实质是改变了液压缸的有效作用面积。

图 10-37 所示为液压缸差动连接快速运动回路。

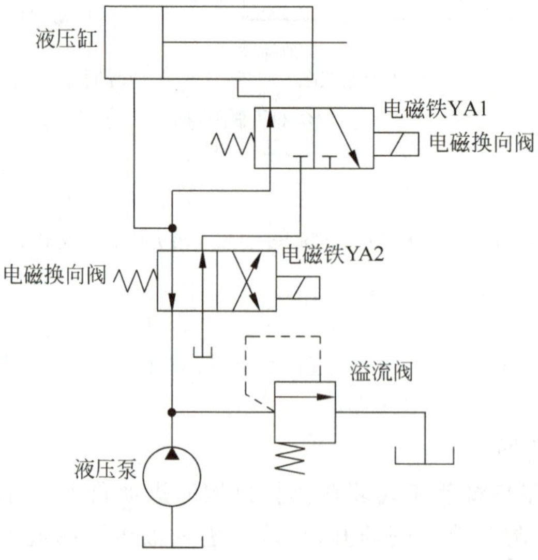

图 10-37 液压缸差动连接快速运动回路

当电磁铁 YA1 断电时,电磁换向阀换向到左位工作,液压缸变成差动连接方式,活塞快速向右运动。当电磁铁 YA1 通电时,差动连接消失,活塞平稳向右运动。电磁铁 YA2 的作用是使换向阀换向,改变主油路方向。用差动连接的快速回路方法简单,较经济,但快、慢速度的换接不够平稳。

10.8 液压辅助元件

液压系统中的辅助装置,如蓄能器、滤油器、油箱、热交换器、管件等,对系统的动态性能、工作稳定性、工作寿命、噪声和温升等都有直接影响。其中油箱可根据实际要求自行设计,其他辅助装置则做成标准件,供设计时选用。

1. 蓄能器

蓄能器是液压系统中的储能元件,它储存额外的液压油,在需要时供给系统压力油。

蓄能器有重力式、弹簧式和充气式三种。常用的是充气式蓄能器,它又可分为活塞式、气囊式和隔膜式三种。

1) 活塞式蓄能器

图 10-38(a)所示是利用在缸筒中浮动的活塞把缸中的液压油和气体隔开。这种蓄能器的活塞上装有密封圈,活塞的凹部面向气体,以增加气体室的容积。这种蓄能器的结构简单,易安装,维修方便;但是活塞的密封问题不能完全解决,有压气体容易漏入液压系统中。最高工作压力为 17MPa,总容量为 1～39L,温度适用范围为-4～+80℃。

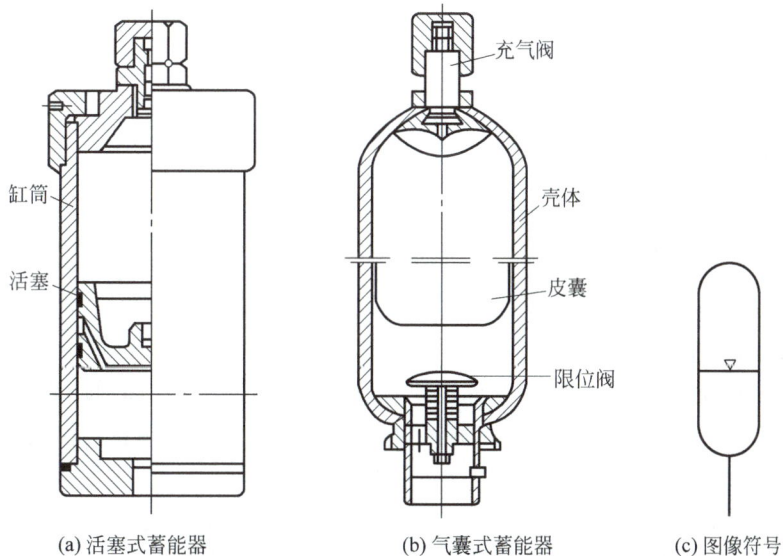

(a) 活塞式蓄能器　　(b) 气囊式蓄能器　　(c) 图像符号

图 10-38 充气式蓄能器

2) 气囊式蓄能器

图 10-38(b)所示为 NXQ 型皮囊折合式蓄能器。它由壳体、皮囊、充气阀、限位阀组

成。其优点是惯性小，反应灵敏，且体积小、重量轻，一次充气后能长时间保存气体，充气也较为方便，故在液压系统中得到广泛应用。

3) 蓄能器的功能

(1) 作辅助动力源。

(2) 保压和补充泄漏。

(3) 缓和冲击，吸收压力脉动。

4) 使用蓄能器须注意的问题

(1) 充气式蓄能器中应使用惰性气体，也可使用氮气，允许工作压力视蓄能器结构形式而定，例如，皮囊式为 3.5～35MPa。

(2) 皮囊式蓄能器原则上应垂直安装（油口向下），只有在空间位置受限制时才允许倾斜或水平安装。

(3) 安装在管路上的蓄能器须用支板或支架固定。蓄能器与液压泵之间应安装单向阀，防止液压泵停车时蓄能器内储存的压力油液倒流。

2. 滤油器

1) 滤油器的作用与分类

液压油中往往含有颗粒状杂质，造成液压元件相对运动表面的磨损、滑阀卡滞、节流孔口堵塞，使系统工作可靠性大为降低。液压油液的污染是液压系统发生故障的主要原因，控制污染的最主要措施是使用具有一定过滤精度的过滤器进行过滤。

过滤器的过滤精度是指滤芯能够滤除的最小杂质颗粒的大小，以直径 d 作为公称尺寸表示，按精度可分为粗过滤器（$d<100\mu m$）、普通过滤器（$d<10\mu m$）、精过滤器（$d<5\mu m$）、特精过滤器（$d<1\mu m$）。

2) 滤油器安装位置及安装注意事项

(1) 过滤精度应满足预定要求。

(2) 能在较长时间内保持足够的通流能力。

(3) 滤芯具有足够的强度，不因液压的作用而损坏。

(4) 滤芯抗腐蚀性能好，能在规定的温度下持久工作。

(5) 滤芯清洗或更换简便。

3. 油箱

1) 油箱的功能

油箱的功能主要是储存油液，此外还起着散发油液中热量（在周围环境温度较低的情况下则是保持油液中热量）、释放混在油液中的气体、沉淀油液中污物等作用。

2) 液压油箱

液压系统中的油箱有整体式和分离式两种。整体式油箱利用主机的内腔作为油箱。这种油箱结构紧凑，各处漏油易于回收，但增加了设计和制造的复杂性，维修不便，散热条件不好，且会使主机产生热变形。分离式油箱单独设置，与主机分开，减少了油箱发热和液压源振动对主机工作精度的影响，因此得到了普遍的采用，特别在精密机械上。

4. 管路和管接头

1）油管

液压系统中使用的油管种类很多,有钢管、铜管、尼龙管、塑料管、橡胶管等,须按照安装位置、工作环境和工作压力来正确选用。油管的特点及其适用范围见表10-5。

表 10-5　油管的种类特点及其适用范围

种　　类		特点和适用范围
硬管	钢管	能承受高压,价格低廉、耐油、抗腐蚀、刚性好,但装配时不能任意弯曲;常在装拆方便处用作压力管道,中、高压用无缝管,低压用焊接管
	紫铜管	易弯曲成各种形状,但承压能力一般不超过 6.51MPa,抗振能力较弱,又易使油液氧化;通常用在液压装置内配接不便之处
软管	尼龙管	乳白色半透明,加热后可以随意弯曲成型或扩口,冷却后又能定型不变,承压能力因材质而异,自 2.5MPa 至 8MPa 不等
	塑料管	质轻耐油,价格便宜,装配方便,但承压能力低,长期使用会变质老化,只宜用作压力低于 0.5MPa 的回油管、泄油管等
	橡胶管	高压管由耐油橡胶夹几层钢丝编织网制成,钢丝网层数越多,耐压越高,价格较高,用作中、高压系统中两个相对运动件之间的压力管道。低压管由耐油橡胶夹帆布制成,可用作回油管道

2）油管的安装要求

（1）管道应尽量短,最好横平竖直,拐弯少,避免管道皱折,以减少压力损失。

（2）管道尽量避免交叉,平行管距要大于 10mm,以防止干扰和振动,并便于安装管接头。

（3）弯曲半径要大于 10 倍软管外径,弯曲处到管接头的距离至少等于 6 倍外径。

3）管接头

管接头是油管与油管、油管与液压件之间的可拆式连接件,必须具有装拆方便、连接牢固、密封可靠、外形尺寸小、通流能力大、压降小、工艺性好等各项条件。

目前用于硬管连接的管接头型式主要有扩口式管接头,卡套式管接头和焊接式管接头三种。

5. 密封装置

密封是解决液压系统泄漏问题最重要和最有效的手段。

1）间隙密封

间隙密封是靠相对运动件配合面之间的微小间隙来进行密封的,常用于柱塞、活塞或阀的圆柱配合副中,一般在阀芯的外表面开有几条等距离的均压槽,它的主要作用是使径向压力分布均匀,减少液压卡紧力,同时使阀芯在孔中对中性好,以减小间隙的方法来减少泄漏。同时槽所形成的阻力,对减少泄漏也有一定的作用,如图 10-39 所示。

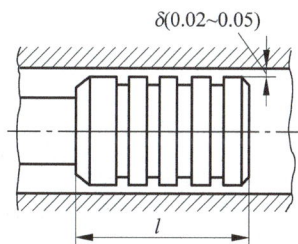

图 10-39　间隙密封

2）O 形密封圈

O 形密封圈一般用耐油橡胶制成，其横截面呈圆形。它具有良好的密封性能，内外侧和端面都能起密封作用，结构紧凑，运动件的摩擦阻力小，制造容易，装拆方便，成本低，且高低压均可以用，所以在液压系统中得到广泛的应用，如图 10-40 所示。

3）唇形密封圈

唇形密封圈根据截面的形状可分为 Y 形、V 形、U 形、L 形等，如图 10-41 所示。液压力将密封圈的两唇边 h_1 压向形成间隙的两个零件的表面。这种密封作用的特点是能随着工作压力的变化自动调整密封性能，压力越高则唇边被压得越紧，密封性越好；当压力降低时，唇边压紧程度也随之降低，从而减少了摩擦阻力和功率消耗。

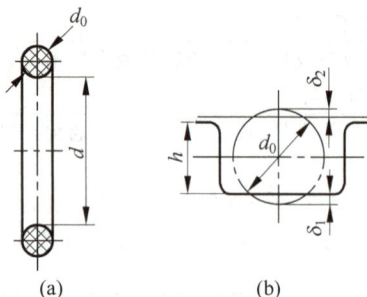

图 10-40　O 形密封圈

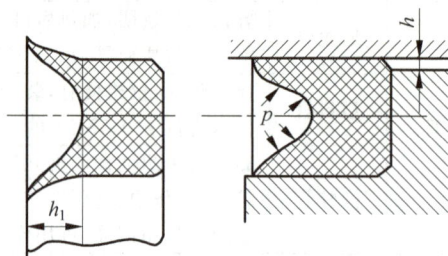

图 10-41　唇形密封圈

10.9　典型液压回路应用介绍

10.9.1　利用减压阀组成的夹紧回路

如图 10-42 所示，在工业生产中，常利用减压阀组成夹紧回路。主油路保持液压缸稳定运行工作，利用减压阀降低压力，驱动夹紧缸执行夹紧工件。为了避免夹紧后压力过高损坏工件，设定溢流阀。减压阀的工作压力必须低于主油路的压力。

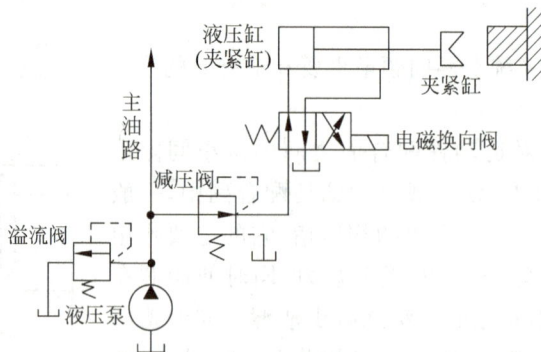

图 10-42　夹紧回路

10.9.2 锁紧回路

在工程实际中,汽车起重机在进行吊装货物时,需要承受较高的载荷,此时对汽车轮胎压力较大。为避免造成轮胎受压过高而损坏,汽车起重机常配有若干液压支腿,使其与地面触压,用于承载起重机所受过高压力。

图10-43所示是采用液控单向阀的锁紧回路。在液压缸的进、回油路中都串接液控单向阀(又称液压锁),活塞可以在行程的任何位置锁紧。换向阀的中位机能应使液控单向阀的控制油液卸压(换向阀采用H形或Y形),此时,液控单向阀便立即关闭,活塞停止运动。

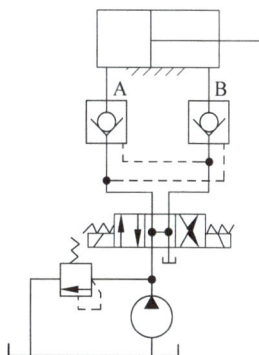

图10-43 采用液控单向阀的锁紧回路

10.9.3 汽车轮胎机械制动回路

如图10-44所示,液压马达装备轮胎行进时,可进行机械制动。执行元件是液压马达时,切断其进、出油口后理应停止转动,但因马达还有一泄油口直接通回油箱,当马达在重力负载力矩的作用下变成泵工况时,其出口油液将经泄油口流回油箱,使马达出现滑转。为此,在切断液压马达进、出油口的同时,需通过液压制动器来保证马达可靠地停转。

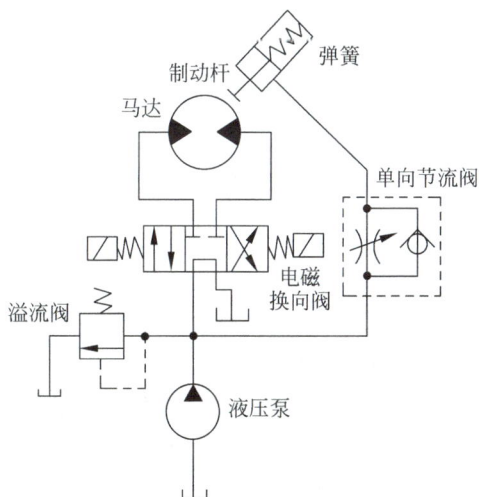

图10-44 汽车轮胎机械制动回路

10.10 气压传动基础知识

气压传动与液压传动原理类似。气源装置是气压传动系统的动力部分,气压辅助元件是气压传动系统正常工作必不可少的组成部分。气缸和气动马达是气动系统的能量转换装置,它们的工作原理与液压缸和液压马达相似。

10.10.1 气源装置及气动辅件

1. 气源装置组成

气源装置是气动系统的重要组成部分。气动系统对压缩空气的主要要求:具有一定压力和流量,并具有一定的净化程度。

气源装置构成如图 10-45 所示。气源装置一般由压缩空气发生装置、净化及储存压缩空气的装置和设备、传输压缩空气的管道系统和气动三联件四部分组成。

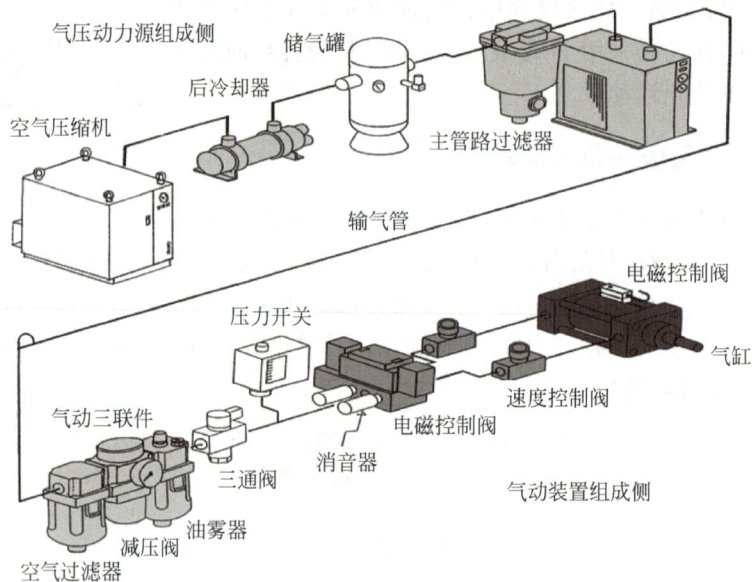

图 10-45 气源装置构成

2. 气源装置组成部分功能介绍

(1) 空气压缩机:用于产生压缩空气,一般由电动机带动。其吸气口装有空气过滤器,以减少进入空气压缩机内气体的杂质。

(2) 后冷却器:用于降温冷却压缩空气,使汽化的水、油凝结起来。

(3) 油、水分离器:用于分离并排出降温冷却凝结的水滴、油滴、杂质等。

(4) 储气罐:用于储存压缩空气的压力,并除去部分油分和水分。

(5) 干燥器:用于进一步吸收或排除压缩空气中的水分和油分,使之变成干燥空气。

(6) 空气过滤器:用于进一步过滤压缩空气中的灰尘、杂质颗粒。

(7) 加热器:可将空气加热,使热空气吹入闲置的干燥器中进行再生。

(8) 四通阀:用于转换两个干燥器的工作状态。

3. 气动执行装置

1) 气缸

气缸如图 10-46 所示,它由缸筒、活塞、活塞杆、前端盖、后端盖及密封件等组成。双作用气缸内部被活塞分成两个腔,有活塞杆腔称为有杆腔,无活塞杆腔称为无杆腔。

当从无杆腔输入压缩空气时,有杆腔排气,气缸两腔的压力差作用在活塞上所形成的力克服阻力负载推动活塞运动,使活塞杆伸出;当有杆腔进气,无杆腔排气时,活塞杆缩回。若有杆腔和无杆腔交替进气和排气,活塞实现往复直线运动。

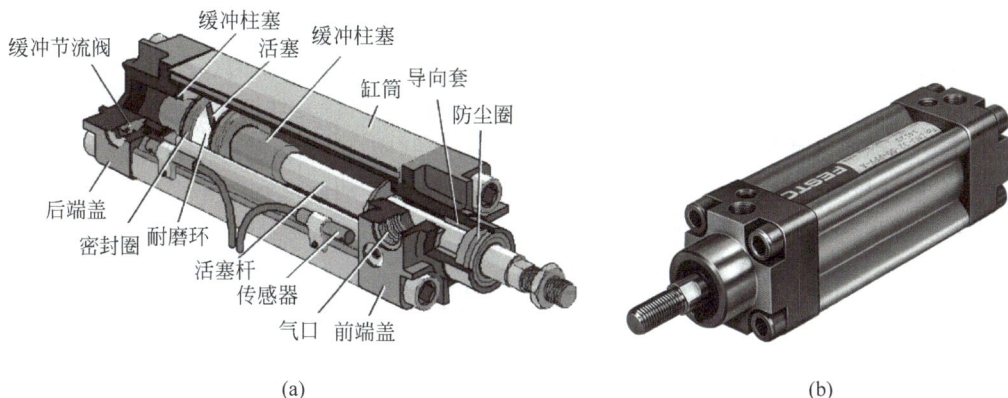

(a)   (b)

图 10-46   气缸

2) 气动马达

气动马达是把压缩空气的压力能转换成旋转的机械能的装置。它的作用相当于电动机或液压马达,即输出转矩以驱动机构做旋转运动。气压马达是容积式气动马达,利用工作容积的变化对外做功。常见的气动马达有齿轮式、叶片式和活塞式。

图 10-47 所示为叶片式气动马达,其工作原理:压缩空气由 A 孔输入时分为两路,一路经定子两端密封盖的槽进入叶片底部,将叶片推出,叶片靠此气压推力及转子转动后离心力的综合作用紧贴在定子内壁上;另一路压缩空气进入相应的密封工作空间并作用在叶片上,由于各个叶片伸出的长度不等,叶片受压后就产生了转矩差,使叶片与转子按逆时针方向旋转。做功后的气体由定子上的孔 C 排出,剩余残气经孔 B 排出。若改变压缩空气输入方向(即压缩空气由 B 孔进入,A 孔和 C 孔排出),则可改变转子的转向。

每个气动马达可安装 3～10 个叶片。叶片越多,漏气量越小。当增加叶片数目时,起动转矩和平稳性也会得到改善。

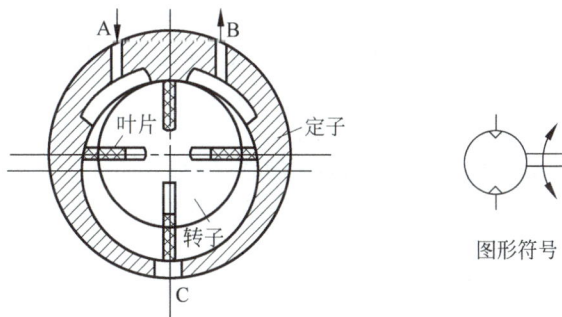

图 10-47   叶片式气动马达

气动马达体积较小,工作安全,具有防爆性能,可长期满载工作,适合用于频繁起动的场合;功率范围及转速范围均较宽,具有较高的起动转矩,能带载起动;不受外部环境的影响,在水中、多尘、潮湿、脏污等恶劣环境中也能正常工作;结构简单,操纵方便,维修容易,成本低。

10.10.2 典型气动控制元件

气压传动系统中的控制元件是控制和调节压缩空气的流量、压力、方向和发送信号的重要元件,利用它们可以组成各种气动控制回路,使气动执行元件按照设计的程序正常进行工作。气动控制元件按照功能和作用分为压力控制阀、流量控制阀和方向控制阀。此外,还有通过控制气流方向和通断实现各种逻辑功能的气动逻辑元件等。

表 10-6 所示为气动系统中的典型控制元件。

表 10-6   气动系统中的典型控制元件

名　　称	图 形 符 号	名　　称	图 形 符 号
单向阀	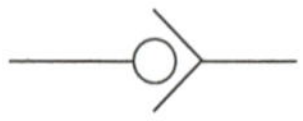	减压阀	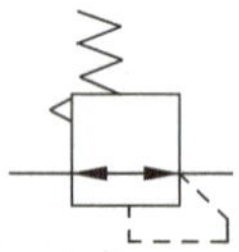
或门型梭阀	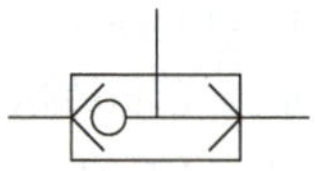	先导式减压阀	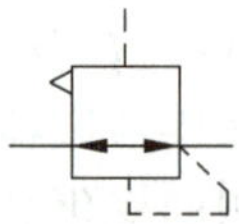
与门型梭阀	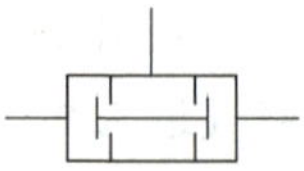	溢流阀(安全阀)	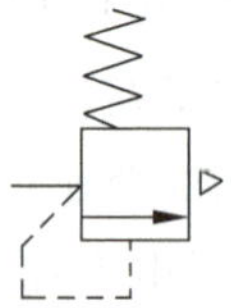
快速排气阀	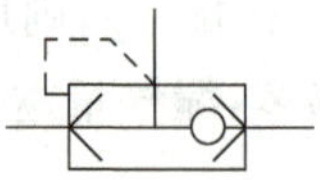	顺序阀	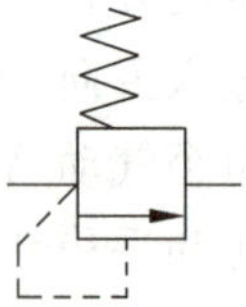
气控单向阀	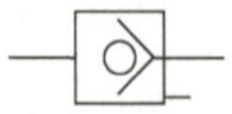	气动单向节流阀	

10.10.3 气动控制典型回路应用与分析

1. 单向调速回路

1) 节流供气调速回路

如图 10-48(a)所示,当气控换向阀不换向时,进入气缸 A 腔的气流流经节流阀,B 腔排出的气体直接经换向阀快排。当节流阀开度较小时,由于进入 A 腔的流量较小,压力上升缓慢,当气压达到能克服负载时,活塞前进。此时 A 腔容积增大,压缩空气膨胀,压力下降,作用在活塞上的力小于负载,活塞停止前进,待压力再次上升时,活塞才再次前进。节流供气多用于垂直安装的气缸供气回路中,在水平安装的气缸供气回路中一般采用节流排气回路。

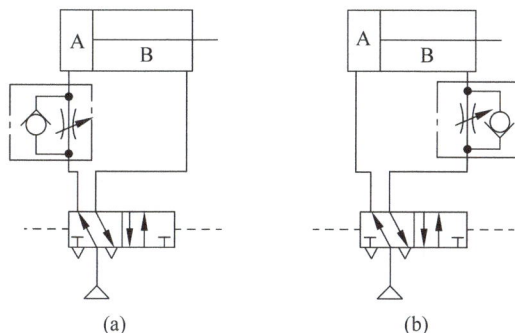

图 10-48　双作用气缸速度控制回路

2) 节流排气回路

如图 10-48(b)所示,当气控换向阀不换向时,从气源来的压缩空气经气控换向阀直接进入气缸的 A 腔,而 B 腔排除的气体必须经节流阀到气控换向阀排出,因此 B 腔中的气体就具有一定的压力,此时活塞在 A 腔和 B 腔的压力差作用下前进,从而减少了"爬行"发生的可能性。调节节流阀的开度,可控制排气速度,从而也就控制了活塞的运动速度。排气节流调速回路具有气缸运动速度随负载变化较小、运动较平稳,能承受与活塞运动方向相同的负载(反向负载)等特点。

2. 气动双向调速回路

在气缸的进、排气口装设节流阀,就组成了双向调速回路,在图 10-49 所示的双向节流调速回路中,图 10-49(a)所示为采用单向节流阀式的双向节流调速回路,图 10-49(b)所示为采用排气节流阀的双向节流调速回路。

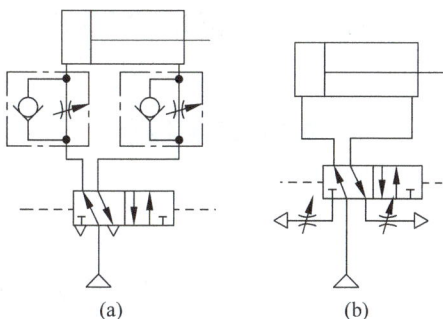

图 10-49　双向节流调速回路

3. 客车车门气压传动系统

司机和售票员可使用气动开关控制开关车门,并且当车门在关闭过程中遇到障碍物时,能使车门自动开启,起到安全保护作用。

图 10-50 所示是客车车门气压控制系统,车门的开启与关闭靠气缸 7 来实现,气缸由双气控阀 4 来控制,而双气控阀又由 A、B、C、D 的按钮阀来操纵,气缸运动速度的快慢由单向速度控制阀 5 或 6 来调节。通过阀 A 或 B 使车门开启,通过阀 C 或 D 使车门关闭。起安全作用的先导阀 8 安装在车门上。

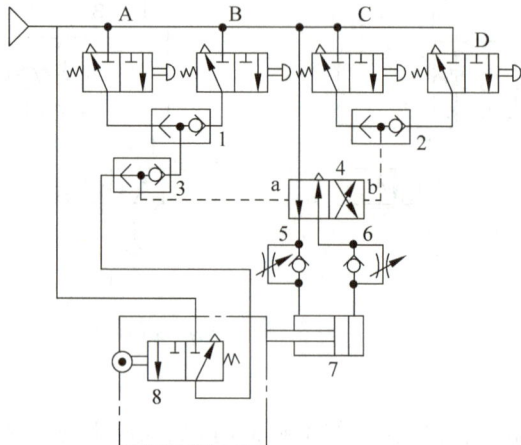

图 10-50　客车车门气压控制系统

当操纵按钮阀 A 或 B 时,气源压缩空气经阀 A 或 B 到单向阀 1,把控制信号送到阀 4 的 a 侧,使阀 4 向车门开启方向切换。压缩空气经阀 4 和阀 5 到气缸 7 的有杆腔,使车门开启。

当操纵按钮阀 C 或 D 时,压缩空气经阀 C 或阀 D 到单向阀 2,把控制信号送到阀 4 的 b 侧,使阀 4 向车门关闭方向切换。压缩空气经阀 4 和阀 6 到气缸 7 的无杆腔,使车门关闭。

车门在关闭的过程中如碰到障碍物,便推动阀 8,此时压缩空气经阀 8 把控制信号通过单向阀 3 送到阀 4 的 a 侧,使阀 4 向车门开启方向切换。必须指出,如果阀 C 或阀 D 仍然保持在压下状态,则阀 8 起不到自动开启车门的安全作用。

复习思考题

一、填空题

1. 液压与气压传动是以_____为工作介质进行能量传递和控制的一种传动形式。

2. 液压传动系统主要由_____、_____、_____、_____及传动介质等部分组成。

3. 能源装置是把_____转换成流体的压力能的装置,执行装置是把流体的_____转换成机械能的装置,控制调节装置是对液(气)压系统中流体的压力、流量和流动方向进行_____的装置。

二、判断题

1. 液压传动不容易获得很大的力和转矩。 （ ）

2. 液压传动可在较大范围内实现无级调速。 （ ）

3. 液压传动系统不宜远距离传动。 （ ）

4. 液压传动的元件要求制造精度高。 （ ）

5. 气压传动适合集中供气和远距离传输与控制。 （ ）

6. 与液压系统相比,气压传动的工作介质本身没有润滑性,需另外加油雾器进行润滑。 （ ）

7. 液压传动系统中,常用的工作介质是汽油。 （ ）

8. 液压传动是依靠密封容积中液体静压力来传递力的,如万吨水压机。 （ ）

9. 与机械传动相比,液压传动其中一个优点是运动平稳。 （ ）

三、选择题

1. 把机械能转换成液体压力能的装置是（   ）。

　　A. 动力装置　　　　B. 执行装置　　　　C. 控制调节装置

2. 液压传动的优点是（   ）。

　　A. 比功率大　　　　B. 传动效率低　　　　C. 可定比传动

3. 液压传动系统中,液压泵属于（   ）,液压缸属于（   ）,溢流阀属于（   ）,油箱属于（   ）。

　　A. 动力装置　　　　B. 执行装置　　　　C. 辅助装置　　　　D. 控制装置

四、简答题

1. 什么是液压传动? 什么是气压传动?

2. 液压和气压传动系统由哪些基本部分组成? 各部分的作用是什么?

参 考 文 献

[1] 王英杰.机械基础[M].北京：清华大学出版社,2016.
[2] 孙杰.汽车机械基础[M].北京：机械工业出版社,2014.
[3] 蔡广新.汽车机械基础[M].北京：高等教育出版社,2015.
[4] 王莉静.机械设计基础[M].武汉：华中科技大学出版社,2016.
[5] 康一.机械基础[M].北京：机械工业出版社,2014.
[6] 王德伦,高媛.机械原理[M].北京：机械工业出版社,2011.
[7] 徐小东.液压与气动应用技术[M].北京：电子工业出版社,2012.
[8] 张晓桂,王晓华.机械基础[M].北京：中国轻工业出版社,2014.
[9] 郭春启.汽车发动机构造与维修[M].北京：清华大学出版社,2017.
[10] 蒲永峰.汽车底盘构造与维修[M].北京：清华大学出版社,2012.
[11] 左健民.液压与气压技术[M].北京：机械工业出版社,2013.